Fluggesellschaften Weltweit

B. I. Hengi

NARA-Verlag

Herausgeber: Josef Krauthäuser

ISBN 3-925671-17-X
2. Auflage 1994

Umschlaggestaltung: LTA. Fotos: Uwe Gleisberg

Gesamtherstellung: Rieß-Druck, 83671 Benediktbeuern

Vorwort

Freude am Fliegen!
Doch mit welcher Fluggesellschaft?
Wer kennt die Gesellschaften, weiß sie einzuordnen?
Mit diesem, bereits in zweiter Auflage, vorliegendem Buch über die Fluggesellschaften weltweit, wollen Autor und Verlag eine gute Information liefern, die in dieser Form jedem Anspruch gerecht wird.
Nach Erscheinen der Erstauflage war die Leserresonanz überwältigend. Zahlreiche Wünsche, Tips und Empfehlungen für eine künftige Neuauflage gingen beim Verlag ein und finden in dieser überarbeiteten Fassung Berücksichtigung.
Ein repräsentativer Querschnitt durch die Welt der Zivilluftfahrt, jetzt alphabetisch und lexikonartig aufgebaut, vereinfachen den Zugriff zur gewünschten Gesellschaft.
Neben dem Dreilettercode wurde auch der allgemein verwendete IATA-Code berücksichtigt, neu ist eine Übersicht der Länderkennzeichen an den Flugzeugen, eine Vielzahl neuer Gesellschaften und über 100 neue Farbabbildungen.
Mit zahlreicher Hilfe von Freunden und Interessenten an dieser Publikation konnte eine zweite Auflage verwirklicht werden die auch im angelsächsischen Raum Beachtung findet und in einer englischen Ausgabe erscheint.
Gerne erwartet der Autor wieder die Meinungen, Anregungen, Tips und auch Kritik der Leser.
Allen uneigennützigen Freunden und Helfern die am Zustandekommen auch dieser Auflage mitwirkten sei herzlichst gedankt.

München, im Januar 1994
B. I. Hengi

time flies on

für C. W.

Inhaltsverzeichnis

Flughafenabkürzungen (Codes)

Europa

Aarhus (AAR)
Aberdeen (ABZ)
Adana (ADA)
Adler/Sotchi (AER)
Alicante (ALC)
Almeria (LEI)
Amsterdam (AMS)
Ancona (AOI)
Ankara (ANK)
Antalya (AYT)
Arrecife (ACE)
Athen (ATH)
Augsburg (AGB)
Avignon (AVN)
Barcelona (BCN)
Bari (BRI)
Basel/Mühlhausen (BSL/MLH)
Bastia (BIA)
Belfast (BFS)
Belgrad (BEG)
Bergamo (BGY)
Bergen (BGO)
Berlin-Schönefeld (SFX)
Berlin-Tegel (TXL)
Berlin-Tempelhof (THF)
Bern (BRN)
Bervelag (BVG)
Bilbao (BIO)
Billund (BLL)
Birmingham (BHX)
Bodo (BOO)
Bologna (BLQ)
Bordeaux (BOD)
Bratislava (BTS)
Bremen (BRE)
Brest (BES)
Bristol (BRS)
Brüssel (BRU)
Bukarest-Otopeni (OTP)
Budapest (BUD)
Caen (CFR)
Cagliari (CAG)
Cardiff (CWL)
Catania (CTA)
Clermont-Ferrand (CFE)
Dalaman (DLM)
Dinard (DNR)
Dresden (DRS)
Dublin (DUB)
Düsseldorf (DUS)
Dortmund (DTM)
East Midlands (EMA)
Edinburgh (EDI)
Eindhoven (EIN)
Erfurt (ERF)
Esbjerg (EBJ)
Faro (FAO)
Florenz (FLR)
Frankfurt (FRA)
Friedrichshafen (FDH)
Fuerteventura (FUE)
Funchal (FNC)
Gdansk (GDN)
Genf (GVA)
Genua (GOA)
Gerona (GRO)
Gibraltar (GIB)
Glasgow (GLA)
Göteborg (GOT)
Graz (GRZ)
Guernsey (GCI)
Hamburg (HAM)
Hammerfest (HFT)
Hannover (HAJ)
Helsinki (HEL)
Heraklion (HER)
Hof (HOQ)
Humberside (HUY)
Ibiza (IBZ)
Innsbruck (INN)
Inverness (INV)
Isle of Man (IOM)
Istanbul (IST)
Ivalo (IVL)
Izmir (ADB)
Jersey (JER)
Jonköpping (JKG)
Kalamata (KLX)
Kaliningrad (KGD)
Kattowitz (KTW)
Kefalonia (EFL)
Kevlavik (KEF)
Kharkov (HRK)
Kiel (KEL)
Kiew-Borispol (KBP)
Kirkenes (KKN)
Klagenfurt (KLU)
Köln/Bonn (CGN)
Kopenhagen (CPA)
Korfu (CFU)
Kos (KGS)
Kristiansund (KSU)
Larnaca (LCA)
Las Palmas (LPA)
Leeds/Bradford (LBA)
Le Havre (LEH)
Leipzig (LEJ)
Lille (LIL)
Linz (LNZ)
Lissabon (LIS)
Liverpool (LPL)
Ljubljana (LJU)
London-Gatwick (LGW)
London-Heathrow (LHR)
London-Luton (LTN)
London-Stansted (STN)
Lvov (LWO)
Lugano (LUG)
Luxembourg (LUX)
Lyon (LYS)
Maastricht (MST)
Madrid (MAD)
Mahon (MAH)
Mailand-Linate (LIN)
Mailand-Malpensa (MXP)
Malaga (AGP)
Malmö-Sturup (MMX)
Malta (MLA)
Manchester (MAN)
Marseille (MRS)
Minsk (MSQ)
Montpellier (MPL)
Moskau-Sheremetyeo (SVO)
Moskau-Domodedovo (DME)
Moskau-Vnukovo (VKO)
München FJS (MUC)
Münster/Osnabrück (FMO)
Murmansk (MMK)
Mykonos (JMK)
Nantes (NTE)
Narvik (NVK)
Neapel (NAP)
Newcastle (NCL)
Nizza (NCE)
Norrköpping (NRK)
Norwich (NWI)
Nürnberg (NUE)
Odessa (ODS)
Olbia (OLB)
Oslo-Fornebu (FBU)
Oslo-Gardermoen (GEN)
Paderborn/Lippstadt (PAD)
Palermo (PMO)
Palma de Mallorca (PMI)
Paphos (PFO)
Paris-Charles de Gaulle (CDG)
Paris-Orly (ORY)
Pisa (PSA)
Porto (OPO)
Prag (PRG)
Prestwick (PIK)
Pula (PUY)
Rennes (RNS)
Reykjavik (REK)
Rhodos (RHO)
Riga (RIX)
Rom-Chiampino (CIA)
Rom-Leonardo da Vinci (FCO)
Rotterdam (RTM)
Rouen (URO)
Rovaniemi (RVN)
Saarbrücken (SCN)
Salzburg (SZG)
Samos (SMI)
Santiago de Compostella (SCQ)
Santorin (JTR)
Sevilla (SVQ)
Shannon (SNN)
Simferopol (SIP)
Skiathos (JSI)
Skopje (SKP)
Sofia (SOF)
Sonderborg (SGD)
Southampton (SOU)
Southend (SEN)
Split (SPU)
Stavanger (SVG)
Stockholm-Arlanda (ARN)
Stockholm-Bromma (BMA)
Straßburg (SXB)
St. Petersburg (LED)
Stuttgart (STR)
Tallinn (TLL)
Tampere (TMP)
Tees-Side (MME)
Teneriffa (TFS)
Thessaloniki (SKG)
Timisoara (TSR)
Tirana (TIA)
Toulouse (TLS)
Triest (TRS)
Trondheim (TRD)
Turin (TRN)
Turku (TKU)
Valencia (VLC)
Varna (VAR)
Vasteras (VST)
Venedig (VCE)
Verona (VRN)
Warschau (WAW)
Westerland (GWT)
Wien (VIE)
Wilna (VNO)
Zagreb (ZAG)
Zakynthos (ZTH)
Zürich (ZRH)

Nordamerika

Abilene (ABI)
Akron (CAK)
Albany (ALB)
Albuquerque (ABQ)
Amarillo (AMA)
Anchorage (ANC)
Atlanta (ATL)
Atlantic City (ACY)
Augusta (AGS)
Austin (AUS)
Bakersfield (BFL)
Baltimore (BWI)
Bangor (BGR)
Baton Rouge (BTR)

Beaumont/Port Arthur (BPT)
Bermuda (BDA)
Billings (BIL)
Birmingham (BHM)
Boise (BOI)
Boston (BOS)
Bozeman (BZN)
Buffalo (BUF)
Burbank (BUR)
Calgary (YYC)
Charleston (CHS)
Charlotte (CLT)
Chicago-O'Hare (ORD)
Chicago-Midway (MDW)
Churchill (YYQ)
Cincinnati (CVG)
Cleveland (CLE)
Colorado Springs (COS)
Columbus (CMH)
Corpus Christi (CRP)
Dallas/Ft. Worth (DFW)
Dallas-Love Field (DAL)
Dallas-Meacham Field (FTW)
Dayton (DAY)
Deer Lake (YDF)
Denver (DEN)
Detroit (DTW)
Des Moines (DSM)
Edmonton (YEG)
El Paso (ELP)
Eugene (EUG)
Fairbanks (FAI)
Fayetteville (FYV)
Fort Lauderdale (FLL)
Fort Myers (RSW)
Goose Bay (YYR)
Greensboro/High Point (GSO)
Halifax (YHZ)
Hamilton (YHM)
Harrisburg (MDT)
Hartford/Springfield (BDL)
Hilo (ITO)
Honolulu (HNL)
Houston-Hobby (HOU)
Houston-Intl. (IAH)
Huntsville (HSV)
Indianapolis (IND)
Inuvik (YEV)
Iqalit-Frobisher (YFB)
Jackson (JAN)
Jacksonville (JAX)
Juneau (JNU)
Kansas City (MCI)
Key West (EYW)
Knoxville (TYS)
Kuujjuaq-Ft. Chimo (YVP)
Laredo (LRD)
Las Vegas (LAS)
Lexington (LEX)
Long Beach (LGB)
Los Angeles (LAX)
Louisville (SDF)
Madison (MSN)
Memphis (MEM)
Miami (MIA)
Midland/Odessa (MAF)
Milwaukee (MKE)
Minneapolis/St. Paul (MSP)
Mobile (MOB)
Monroe (MLU)
Monterey (MRY)
Montgomery (MGM)
Montreal-Dorval (YUL)
Montreal-Mirabel (YMX)
Nashville (BNA)
New Orleans (MSY)
New York-Kennedy (JFK)
New York-La Guardia (LGA)
New York-Newark (EWR)
Norfolk (ORF)
Norman Wells (YVQ)
Oakland (OAK)
Oklahoma City (OKC)
Omaha (OMA)
Ontario (ONT)
Orange County (SNA)
Orlando (MCO)
Ottawa (YOW)
Palm Springs (PSP)
Pensacola (PNS)
Philadelphia (PHL)
Phoenix (PHX)
Pittsburgh (PIT)
Portland (PDX)
Prince George (YXS)
Prince Rupert (YPR)
Quebec (YQB)
Raleigh/Durham (RDU)
Regina (YQR)
Reno (RNO)
Resolute Bay (YRB)
Sacramento (SMF)
Saint John (YSJ)
St. Louis (STL)
Salt Lake City (SLC)
San Antonio (SAT)
San Diego (SAN)
San Francisco (SFO)
Santa Barbara (SBA)
Saskatoon (YXE)
Seattle/Tacoma (SEA)
Spokane ((GEG)
Tampa/St. Petersburg (TPA)
Toronto (YYZ)
Toronto-Island (YTZ)
Tucson (TUS)
Tulsa (TUL)
Vancouver (YVR)
Victoria (YYJ)
Washington-Dulles (IAD)
Washington-National (DCA)
West Palm Beach (PBI)
Winnipeg (YWG)
Windsor (YOG)
Yellowknife (YZF)

Südamerika-Karibik

Acapulco (ACA)
Aguadilla (BQN)
Anguilla (AXA)
Antofagasta (ANF)
Antigua (ANU)
Arequipa (AQP)
Aruba (AUA)
Asuncion (ASU)
Bahia Blanca (BHI)
Barbados (BGI)
Barcelona (BLA)
Baranquilla (BAQ)
Belem (BEL)
Belize (BZE)
Belo Horizonte (BHZ)
Bogota (BOG)
Bonaire (BON)
Brasilia (BSB)
Buenos Aires-Pistarini (EZA)
Buenos Aires-J. Newbery (AEP)
Cali (CLO)
Cancun (CUN)
Caracas (CCS)
Cartagena (CTG)
Cayenne (CAY)
Cochabamba (CBB)
Cordoba (COR)
Cozumel (CZM)
Curacao (CUR)
Cusco (CUZ)
Dominica (DOM)
Fortalezza (FOR)
Fort de France (FDF)
Freeport (FPO)
Georgetown (GEO)
Grand Cayman (GCM)
Grenada (GND)
Guadalajara (GDL)
Guatemala City (GUA)
Guayaquil (GYE)
Havanna (HAV)
Holguin (HOG)
Iquassu (IGU)
Iquitos (IQT)
Kingston (KIN)
La Paz (LPB)
Lima (LIM)
Managua (MGA)
Manaus (MAO)
Mar del Plata (MDQ)
Mayaguez (MAZ)
Mazatlan (MZT)
Medellin (MDE)
Merida (MRD)
Mexiko City (MEX)
Montego Bay (MBJ)
Monterrey (MTY)
Montevideo (MVD)
Montserrat (MNI)
Mount Pleasant (MPN)
Mustique (MQS)
Nassau (NAS)
Natal (NAT)
Panama City (PTY)
Paramaribo (PBM)
Pointe a Pitre (PTP)
Porlamar (PMV)
Port au Prince (PAP)
Port of Spain (POS)
Porto Alegre (POA)
Puerto Ordaz (PZO)
Puerto Plata (POP)
Puerto Vallarta (PVR)
Punta Arenas (PUQ)
Punta Cana (PUJ)
Quito (UIO)
Recife (REC)
Rio de Janeiro (GIG)
Santos Dumont (SDU)
St. Croix (STX)
St. Kitts (SKB)
St. Lucia (SLU)
St. Maarten (SXM)
St. Thomas (STT)
San Andres (ADZ)
San Jose (SJO)
San Juan (SJU)
San Pedro Sula (SAP)
San Salvador (SAL)
Santa Cruz (VVI)
Santiago (SCL)
Santo Domingo (SDQ)
Salvador (SSA)
Sao Paulo (GRU)
Tegucigalpa (TGU)
Tortola (EIS)
Trujillo (TRU)
Union Island (UNI)
Valencia (VLN)
Virgin Gorda (VIJ)

Asien-Pazifik

Abu Dhabi (AUH)
Aden (ADE)
Adelaide (ADL)
Agra (AGR)

Aleppo (ALP)
Alice Springs (ASP)
Alma Ata (ALA)
Alor Setar (AOR)
Amman (AMM)
Amritsar (ATQ)
Anadyr (DYR)
Apia (APW)
Ashkhabad (ASB)
Auckland (AKL)
Bahrain (BAH)
Baghdad (SDA)
Baku (BAK)
Bandar Seri Begawan (BWN)
Bandung (BDO)
Bangalore (BLR)
Bangkok (BKK)
Beijing (BJS)
Beirut (BEI)
Bintulu (BTU)
Bishkek (FRU)
Bombay (BOM)
Bora Bora (BOB)
Brisbane (BNE)
Canberra (CBR)
Cebu (CEB)
Cheju (CJU)
Chelyabinsk (CEK)
Chiang Mai (CNX)
Chittagong (CGP)
Christchurch (CHC)
Colombo (CMB)
Dacca (DAC)
Damaskus (DAM)
Darwin (DRW)
Delhi (DEL)
Denpasar (DPS)
Dohar (DOH)
Dubai (DXB)
Dushanbe (DYU)
Erewan (EVN)
Fukuoka (FUK)
Goa (GOI)
Guam (GUM)
Guangzhou (CAN)
Hanoi (HAN)
Harbin (HRB)
Hat Yai (HDY)
Ho Chi Minh City (SGN)
Honaira (HIR)
Hongkong (HKG)
Ipoh (IPH)
Irkutsk (IKT)
Isfahan (IFN)
Islamabad (ISB)
Jakarta-Halim (HLP)
Jakarta-Soekarno (CGK)
Jeddah (JED)
Johur Bahru (JHB)
Jokjakarta (JOG)
Kabul (KBL)
Kalkutta (CCU)
Kaoshiung (KHH)
Karachi (KHI)
Kathmandu (KTM)
Khabarovsk (KHV)
Kota Bharu (KBR)
Kota Kinabalu (BKI)
Krasnojarsk (KJA)
Kuala Lumpur (KUL)
Kuching (KCH)
Kuwait (KWI)
Lae (LAE)
Lahore (LHE)
Langkawai (LGK)
Luang Prabang (LPQ)
Madras (MAA)
Magadan (GDX)
Male (MLE)
Mandalay (MDL)
Manila (MNL)
Medan (MES)
Melbourne (MEL)
Miri (MYY)
Mount Hagen (HGU)
Muscat (MCT)
Nadi (NAN)
Nagasaki (NGS)
Nagoya (NGO)
Nanjing (NKG)
Niigata (KIJ)
Norilsk (NSK)
Noumea (NOU)
Novosibirsk (OVB)
Okinawa (OKA)
Osaka (OSA)
Pago Pago (PPG)
Palembang (PLM)
Papetee (PPT)
Penang (PEN)
Perth (PER)
Phnom Penh (PNH)
Phuket (HKT)
Port Moresby (POM)
Port Vila (VLI)
Pusan (PUS)
Pyönyang (FNJ)
Rabaul (RAB)
Rarotonga (RAR)
Riyadh (RUH)
Sanaa (SAH)
Sandakan (SDK)
Semipalatinsk (PLX)
Seoul (SEL)
Shanghai (SHA)
Sharjah (SHJ)
Shenyang (SHE)
Sibu (SBW)
Singapur (SIN)
Srinagar (SXR)
Surabya (SUB)
Suva (SUV)
Sydney (SYD)
Taipeh (TPE)
Sung Shan (TSA)
Tashkent (TAS)
Teheran (THR)
Tel Aviv (TLV)
Tongatapu (TBU)
Tokio-Haneda (HND)
Tokio-Narita (NRT)
Townsville (TSV)
Trivandrum (TRV)
Ulan Bator (ULN)
Ulan Ude (UUD)
Ulsan (USN)
Vientiane (VTE)
Vladivostok (VVO)
Wagga Wagga (WGA)
Wellington (WLG)
Wuhan (WUH)
Xiamen (XMA)
Yangoon (RGN)
Zamboanga (ZAM)
Zhengzhou (CGO)

Afrika

Abidjan (ABJ)
Abu Simbel (ABS)
Accra (ACC)
Addis Abeba (ADD)
Agadir (AGA)
Algier (ALG)
Alexander Bay (ALJ)
Alexandria (ALY)
Alula (ALU)
Antananarivo (TNR)
Asmara (ASM)
Assuan (ASW)
Bangui (BGF)
Banjul (BJL)
Bamako (BKO)
Beira (BEW)
Bengasi (BEN)
Benguela (BUG)
Bissao (BXO)
Blantyre (BLZ)
Bloemfontain (BFN)
Boa Vista (BVC)
Brazzaville (BZV)
Bujumbura (BJM)
Bukoba (BKZ)
Bulawayo (BUQ)
Cabinda (CAB)
Casablanca (CMN)
Conakry (CKY)
Cotonou (COO)
Dar-Es-Salaam (DAR)
Dakar (DKR)
Denis Island (DEI)
Djerba (DJE)
Djibouti (JIB)
Douala (DLA)
Durban (DUR)
Entebbe (EBB)
Freetown (FNA)
Gabarone (GBE)
Harare (HRE)
Johannesburg (JNB)
Juba (JUB)
Kairo (CAI)
Kananga (KGA)
Kano (KAN)
Kapstadt (CPT)
Karika (KAB)
Keetmannshoop (KMP)
Khartoum (KRT)
Kigali (KGL)
Kinshasa (FIH)
Lagos (LOS)
Libreville (LBV)
Lilongwe (LLW)
Livingstone (LVI)
Lome (LFW)
Luanda (LAD)
Lüderitz (LUD)
Lusaka (LUN)
Mahe (SEZ)
Majunga (MJN)
Marrakech (RAK)
Maputo (MPM)
Maseru (MSU)
Mauritius (MRU)
Mogadishu (MGQ)
Mombasa (MBA)
Monastir (MIR)
Monrovia-Roberts (ROB)
Moroni (YVA)
Nairobi (NBO)
Ndjamena (NDJ)
Niamey (NIM)
Nouakchott (NKC)
Oran (ORN)
Ougadougou (OUA)
Port Gentil (POG)
Port Harcourt (PHC)
Port Sudan (PZU)
Praia (RAI)
Pretoria (PRY)
Rabat (RBA)
Sal (SID)
Sao Thome (TMS)
St. Denis (RUN)
Tamanrasset (TMR)
Tanger (TNG)
Tripolis (TIP)
Victoria Falls (VFA)
Windhoek (WDH)

Foto: DeHavilland DHC-7 (Uwe Gleisberg/München FJS)

ADRIA AIRWAYS

Kuzmiceva 7, 61000 Ljubljana
Tel. 061313366
Slowenien

3 L-Code	IATA-Nr.	ICAO-Callsign
ADR	—	Adria

Geschichte:

Im Jahre 1960 kam es zur Gründung von Adria Airways. Den Flugbetrieb begann man im März 1961 mit einer DC-6. 1969 wurde die Fluggesellschaft ein Teilbereich der Aktivitäten des Handelshauses Interexport. Der Name lautete künftig Inex Adria Airways. 1970 wurden, mit neuen DC-9-32 Flugzeugen, die ersten Linienflüge von Ljubljana nach Belgrad durchgeführt. Ab 1985 flog Inex auch erstmals München an, und zwar im Liniendienst, ebenfalls nach Ljubljana. Neben diesen Liniendiensten werden für verschiedene Reiseveranstalter auch Charterflüge durchgeführt. Mit Ablieferung des ersten Airbus A 320 änderte die Gesellschaft im Jahre 1989 die Bemalung ihrer Flugzeuge und übernahm wieder den ursprünglichen Namen. 1992 wird Adria Flagcarrier des selbständigen Staates Slowenien.

Routen

London, Athen, Larnaca, Djibouti, München, Paris, Tel Aviv, Zürich im Liniendienst, Charterflüge von vielen europäischen Flughäfen zu Zielen in Kroatien und Slowenien, dazu kommen noch spezielle Gastarbeiterflüge.

Flotte

1 Airbus A320
5 McDonnell Douglas MD-81/82
3 McDonnell Douglas DC-9-32
2 DeHavilland DHC-7

Foto: Boeing 737-400

AER LINGUS

Dublin-Airport
Tel. 01-370011
Republik Irland

3 L-Code	IATA-Nr.	ICAO-Callsign
EIN	53	Shamrock

Geschichte:

1936 wurde für den Regional-und Europaverkehr die Aer Lingus Teoranta, sowie 1947 die Aerliñe Eireann Teoranta für den internationalen Flugverkehr gegründet. Beide Gesellschaften bilden die im Staatsbesitz befindliche Aer Lingus. Der Flugbetrieb wurde mit einer DeHavilland DH 84 von Dublin nach Bristol, aufgenommen. Das war im Jahre 1936 und gestartet wurde vom berühmten Flugfeld Baldonnel, da Dublin noch über kein eigenes Flugfeld verfügte. Es folgten bald Flüge nach London, Liverpool und zur Isle of Man. Während des Krieges wurde nur die Strecke zwischen Dublin und Shannon aufrecht erhalten. 1947 wurden 7 Vickers Viking gekauft. Mit der größeren Vickers Viscount kamen dann Flüge nach Paris, Amsterdam, Düsseldorf, Frankfurt und Rom, mit der Lockheed Constellation erfolgte der Sprung über den Atlantik. Ab 1958 flog Aer Lingus nach New York. Nach der Boeing 707 kam ab 1971 auch die Boeing 747 zum Einsatz. Anfang der achtziger Jahre gerät Aer Lingus in eine schwere Krise, zahlreiche Destinationen werden aufgegeben und Überkapazitäten im Fluggerät durch Verkauf oder Vermietung abgebaut. Eine Reorganisation findet statt, verbunden mit einem Flottenerneuerungsprogramm. Zum Einsatz kommen Boeing 737-200, der Charteranteil am Flugaufkommen steigt stetig. Für die regionalen Dienste werden Short 360 und Fokker 50 bestellt, auch wird die Boeing 737-300/400 ab 1988/89 eingesetzt und löst ältere Flugzeuge ab.

Routen

Linienflüge nach Boston und New York, zu zahlreichen Städten in Großbritannien, Amsterdam, Zürich, Düsseldorf, Frankfurt, München, Salzburg und Charterflüge in die Mittelmeerregion.

Flotte		Bestellt
3 Boeing 747-100	6 Fokker 50	3 Airbus A 330
9 Boeing 737-200	2 Boeing 767-300 ER	
2 Boeing 737-300	4 Saab SF 340 B	
6 Boeing 737-400		
10 Boeing 737-500		

Foto: Iljuschin IL-86 (André Dietzel/Frankfurt)

AEROFLOT

Leningradsky Prospect 37, 125167 Moskau
Tel. 095-1555494
Rußland

3 L-Code	IATA-Nr.	ICAO-Callsign
AFL	555	Aeroflot

Geschichte:

Mit der politschen Entwicklung in der früheren Sowjetunion verläuft auch eine veränderte Luftfahrtentwicklung parallel. War Aeroflot bis 1991 dominierend in allen Bereichen der Luftfahrt, (siehe. 1. Auflage) so veränderte sich ab diesem Zeitpunkt alles. Die früheren Aeroflot-Direktorate wurden selbstständig und etablierten bis zu 30 — oder mehr — eigene Gesellschaften. Die neu entstandenen Länder gründeten ebenfalls eigene Gesellschaften und übernahmen ehemalige Aeroflot-Flugzeuge.
Erst im Laufe des Jahres 1993 entwickelte sich, eine dem westlichen Verständnis vergleichbare, neue Aeroflot. Diese nennt sich Aeroflot-Russian International Airlines. Alle anderen Dienste werden an eigenständige Gesellschaften deligiert.
Übernommen wurde nur ein geringer Teil der ehemaligen Flotte, erstmals leaste man 5 Airbus A 310-300. Diese erhielt Aeroflot ab Juli 1992 speziell für Routen nach Japan und Ostasien. Wurden Linienflüge früher oft nach anderen Kriterien durchgeführt, so zählt auch jetzt in erster Linie die Wirtschaftlichkeit solcher. So wurden auch nicht automatisch alle Routen übernommen.

Routen

Aeroflot-Russian International Airline fliegt zu etwa 120 Zielen in Europa, Amerika, Asien und Afrika.

Flotte		Bestellt
27 Iljuschin IL-62M	8 Tupolev Tu-134	Iljuschin 96-300
19 Iljuschin IL-86	30 Tupolev Tu-154	Iljuschin IL-114
19 Iljuschin IL-76	5 Airbus A 310-300	Tupolev Tu-204
		(keine Mengenangaben)

Foto: Boeing 747-200 (Josef Krauthäuser/Frankfurt)

AEROLINEAS ARGENTINAS

Paseo Colon 185, 1063 Buenos Aires
Tel. 01-306391
Argentinien

3 L-Code	IATA-Nr.	ICAO-Callsign
ARG	44	Argentina

Geschichte:

Durch Zusammenschluß von vier kleineren Gesellschaften entstand im Mai 1949, auf Veranlassung des argentinischen Verkehrsministeriums, die Aerolineas Argentinas als nationale Fluggesellschaft. Mit den in die Gesellschaft eingebrachten Flugzeugen wie DC-3 und DC-4 wurden neben inländischen Diensten, ab März 1950 auch New York bedient. 1959 kam die Comet 4B auf internationalen Strecken zum Einsatz, bis 1966 die erste von insgesamt zehn Boeing 707 geliefert wurde. Boeing 747 kamen erstmals 1976 auf der New York-Route und ab 1977 auch nach Europa zum regelmäßigen Einsatz. Für Regionaldienste werden Boeing 737, 727 und Fokker 28 eingesetzt, diese werden mit MD-80 ab Anfang der 90er Jahre ergänzt. Iberia ist mit 20% am Kapital beteiligt.

Routen

Frankfurt, Zürich, Rom, Madrid, Johannesburg, Los Angeles, Auckland, Ziele in Süd-und Mittelamerika, nach Miami und New York. Dichtes Inlandsnetz.

Flotte

6 Boeing 747-200	3 Fokker F-28
8 Boeing 727-200	1 McDonnell Douglas MD-83
10 Boeing 737-200	6 McDonnell Douglas MD-88

Foto: McDonnell Douglas MD-83 (Uwe Gleisberg/München FJS)

AERO LLOYD

Lessingstr. 7-9, 61440 Oberursel
Tel. 06171-6404
Deutschland

3 L-Code	IATA-Nr.	ICAO-Callsign
AEF	633	Aero Lloyd

Geschichte:

Aero Lloyd ist eine private Fluggesellschaft die 1980 gegründet wurde und im Jahre 1981 den Flugbetrieb mit 3 SE 210 Caravelle aufnahm. Zunächst wurden Charterflüge in die traditionellen Gebiete rund ums Mittelmeer geflogen. Neben den Caravelle setzte Aero Lloyd auch bald drei DC-9-32 ein. Ab Mai 1986 folgte dann eine Phase der Expansion mit neuen Flugzeugen vom Typ MD-83, ab Sommer kamen neue Strecken und auch die erste MD-87 zum Einsatz. Neben den Charterflügen stieg Aero Lloyd 1988 ins Liniengeschäft ein und bot innerdeutsche Verbindungen und einige Destinationen in Westeuropa an. Mit Beginn des Sommerflugplanes 1992 zog sich Aero Lloyd aus dem Liniengeschäft zurück, nachdem sich Lufthansa für einen Einstieg bei Aero Lloyd entschied. Ende 1993 wurden die letzten DC-9 verkauft.

Routen

Im Charterverkehr werden alle Ziele, insgesamt etwa 40, in die Urlaubsregionen angeflogen. Hier ist man ab vielen Flughäfen der Bundesrepublik im Einsatz.

Flotte

4 McDonnell Douglas MD-87
13 McDonnell Douglas MD-83

Foto: McDonnell Douglas MD-88

AEROMEXICO

Paseo de la Reforma 445, 06500
Mexiko-Stadt, Tel. 207-6311
Mexiko

3 L-Code	IATA-Nr.	ICAO-Callsign
AMX	139	Aeromexico

Geschichte:

Die heutige Aeromexico ist seit 1. Oktober 1988 tätig, nachdem die Vorgängergesellschaft gleichen Namens Anfang 1988 den Bankrott erklärte und den Flugbetrieb einstellen mußte. Mit einer sich immer mehr verjüngenden Flotte findet Aeromexico heute wieder Anschluß an andere Fluggesellschaften und die Passagierzahlen steigen stetig. Aeromexico ist an Mexicana und Aero Peru beteiligt.

Routen

Etwa 20 Ziele in Mexiko, weitere Routen nach Los Angeles, Dallas, Miami, der Karibik, Mittel- und Südamerika.

Flotte		Bestellt
5 McDonnell Douglas DC-10-15/30	4 Boeing 767-200	5 Boeing 757-200
18 McDonnell Douglas DC-9-32	1 Boeing 757-200	
23 McDonnell Douglas MD-82/88		
3 McDonnell Douglas MD-87		

Foto: DC-10-10 (Patrick Lutz/Miami)

AERO PERU

Avenida Jose Pardo, 601 Lima 18
Tel. 478900
Peru

3 L-Code	IATA-Nr.	ICAO-Callsign
PLI	210	Aeroperu

Geschichte:

Im Mai 1973 wurde Aero Peru von der Regierung des Andenstaates gegründet und als neuer nationaler Carrier bestimmt. Die neue Gesellschaft ersetzte Aerolinas Peruanas SA, welche am 3. Mai 1971 den Flugbetrieb einstellte. Mit Aero Peru wurden die APSA und SATCO zu einer Linie zusammengeführt. Satco stand unter Verwaltung des peruanischen Militärs und brachte drei F-28 in die neue Gesellschaft. Mit diesen Flugzeugen wurde der Flugbetrieb, zunächst nur im Inland, aufgenommen. Zwei DC-8-50 wurden im Jahre 1974 für internationale Flüge gekauft. Vom Dezember 1978 bis 1982 setzte Aero Peru auch zwei Lockheed Tristar ein, diese konnten aber nicht wirtschaftlich effizient eingesetzt werden. Die Privatisierung der Aero Peru konnte im Jahre 1981 abgeschlossen werden. 1992 beteiligte sich Aeromexico an Aero Peru. Die Flüge beider Gesellschaften werden aufeinander abgestimmt und Aero Peru erhält auch Fluggeräte von Aeromexico.

Routen

Von Lima nach Bogota, Mexico City, Buenos Aires, Caracas, Miami, Rio de Janeiro, Santiago, weiterhin zu 20 Zielen im Inland wie Cuzco, Iquitos, Juanjui, Piura, Tacma, Trujillo.

Flotte

4 McDonnell Douglas DC-8-50
4 Boeing 727-200
2 Fokker F-28
1 McDonnell Douglas DC-10-10

Foto: McDonnell Douglas DC-9-32

AERO POSTAL

Torre Este, Pisos 46-48, Parque Central
Caracas 1010, Tel. 5093800
Venezuela

3 L-Code	IATA-Nr.	ICAO-Callsign
LAV	46	Aeropostal

Geschichte:

1930 wurde, unter französischem Einfluß, die Compagnie Generale Aeropostale gegründet, jedoch nach Übernahme durch die Regierung 1933 in Linea Aeropostal Venezolana umbenannt. Ab 1953 wurden, via Bermuda und Azoren, Lissabon, Madrid und Rom bedient. 1957 expandierte Aeropostal durch Übernahme von TACA de Venezuela und weitete den Flugverkehr auf ganz Venezuela aus. Zum Einsatz kamen DC-3, Martin 202, Lockheed L-1049 Constellation. Nach Aufteilung der Linien, dies geschah nach Gründung von VIASA, konzentrierte sich Aeropostal auf den regionalen Verkehr mit HS 748 und ab 1968 mit DC-9.

Routen

Aruba, Barbados, Curacao, Grenada, Havanna, Puerte Espana, San Juan, Santo Domingo sowie zu über 20 inländischen Zielen.

Flotte

3 McDonnell Douglas MD-83
12 McDonnell Douglas DC-9-/32/51

Foto: DC-10-30 (Björn Kannengiesser/Frankfurt)

AFRICAN SAFARI AIRWAYS

Postfach 158, 4030 Basel
Tel. 061-3252941
Schweiz

3 L-Code	IATA-Nr.	ICAO-Callsign
QSC	—	Zebra

Geschichte:

Diese Chartergesellschaft wurde am 1. August 1967 gegründet, um „Clubmitglieder" des African Safari Clubs nach Kenia zu bringen. Im Dezember des Jahres 1967 erfolgte dann der erste Flug mit einer Bristol Britannia. Sechs Jahre später wurden von KLM DC-8-33 gekauft, diese waren bis 1982 in Diensten von African Safari. Ab 24. März 1982 flog dann die erste DC-8-63 der ASA, zehn Jahre später die DC-10. Mit Einführung der DC-10 Anfang 1993 änderte sich auch das Erscheinungsbild.

Routen

Von Basel, Zürich, Frankfurt, London, München, Köln und Hannover nach Mombasa.

Flotte

1 McDonnell Douglas DC-8-63
1 McDonnell Douglas DC-10-30

Foto: McDonnell Douglas DC-10-30

AIR AFRIQUE

3, Ave. Joseph Anoma, 01BP 3927 Abidjan
Tel. 320900
Elfenbeinküste

3 L-Code	IATA-Nr.	ICAO-Callsign
RKA	92	Airafric

Geschichte:

Die Etablierung der Gesellschaft erfolgte am 28 März 1961 im Zusammenwirken mit Air France, UAT (jetzt UTA) und den ehemaligen französischen Kolonien Benin, Burkina-Faso, Zentralafrikanische Republik, Tschad, Kongo, Elfenbeinküste, Mauretanien, Niger, Senegal, Kamerun und Gabun. Die beiden letztgenannten Länder zogen sich aus dem Konsortium zurück, dafür trat Togo bei. Flüge begannen mit DC-4 und DC-6. Noch im Gründungsjahr wurde auch ein Kurs mit L-1649 Constellation nach Paris eingerichtet. Mit einer von UTA geleasten DC-8 erhielt Air Afrique das erste Strahlflugzeug am 5. 1. 1962. 1973 erfolgte die Auslieferung der DC-10-30, des ersten Großraumgerätes der Gesellschaft. Zeitweise kam auch die Boeing 747 zum Einsatz, diese Maschine erwies sich aber nicht flexibel genug für die Einsatzbedingungen der Air Afrique. So kommen verstärkt Airbus A 310 zum Einsatz, offenbar das ideale Flugzeug für die Air Afrique. Mit Eröffnung einer neuen Route nach Johannesburg ist erstmals 1992 auch wieder ein Passagieranstieg zu verzeichnen.

Routen

Innerhalb der an der Gesellschaft beteiligten Länder Afrikas, nach Europa insbesondere Frankreich und den Mittleren Osten.

Flotte	Bestellt
3 McDonnell Douglas DC-10-30 3 Airbus A 300B 4 1 Antonow 12 2 Boeing 707-300F 4 Airbus A 310-300	5 Airbus A 310-300

Foto: Airbus A 310-200

AIR ALGERIE

1, Place Maurice Audiens, Algiers
Tel. 642428
Demokratische Volksrepublik Algerien

3 L-Code	IATA-Nr.	ICAO-Callsign
DAH	124	Air Algerie

Geschichte:

1947 entstand, noch unter französischer Herrschaft, die Compagnie Generale de Transport Aerien. Nach Zusammenschluß mit der Compagnie AirTransport entstand am 22. 5. 1953 die heutige Air Algerie. Zum Einsatz kamen auf Strecken nach Paris, Marseille die DC-4 und Lockheed Constellation. Ab Dezember 1959 erhielt Air Algerie die SE 210 Caravelle. 1972 erfolgte die Verstaatlichung der Gesellschaft, 1974 konnte der erste Airbus A 300B4 von TEA übernommen werden, bevor auch die ersten eigenen A 310 geliefert wurden.

Routen

Nordafrika, Europa, besonders nach Frankreich. Frankfurt, Zürich und Destinationen im Mittleren Osten, dichtes inländisches Liniennetz.

Flotte

16 Boeing 737-200Adv.
11 Boeing 727-200
4 Airbus A 310-200
3 Boeing 767-300
7 Fokker F-27
2 Lockheed L-382 Hercules

Foto: McDonnell Douglas MD-88

AIR ARUBA

P.O. Box, Reina Beatrix
Aruba, Tel. 23151
Niederländische Antillen

3 L-Code	IATA-Nr.	ICAO-Callsign
ARU	276	Aruba

Geschichte:

Die regionale Gebietsverwaltung von Aruba gründete im September 1986 Air Aruba. Zunächst war man im Abfertigungsbetrieb tätig. Mit Hilfe von Air Holland und KLM wurde jedoch auch 1988 der Flugbetrieb zu den Nachbarinseln aufgenommen. Zum Einsatz kamen NAMC YS-11. Saisonal konnte auch eine geleaste Boeing 757 eingesetzt werden, diese wurde jedoch durch die größere Boeing 767 im Jahre 1991 ersetzt. Air Aruba ist heute im Linien-und Chartergeschäft tätig und bediente zeitweise auch Ziele in Europa wie Amsterdam und Köln.

Routen

Bonaire, Buenos Aires, Caracas, Curacao, Las Piedras, Maracaibo, Miami, New York, St. Marten, San Jose.

Flotte

1 Boeing 767-300ER
2 McDonnell Douglas MD-88
1 Embraer 120

Foto: BAe 146-200

AIR ATLANTIC

P. O. Box 9040 St. Johns, Newfoundland
A1A 2X3, Tel. 709-5700791
Kanada

3 L-Code	IATA-Nr.	ICAO-Callsign
ATL	—	Air Atlantic

Geschichte:

1985 wurde Air Atlantic als Regionalfluggesellschaft in St. John's gegründet. Als Partner von Canadian Airlines werden heute etwa 20 Ziele im Nordosten Kanadas bedient.
Mit der 1990 in Dienst gestellten BAe 146 verkehrt Air Atlantic inzwischen auch in die USA. 1993 verzeichnete die Gesellschaft etwa 300 000 Passagiere.

Routen

Boston, Churchill, Deer Lake, Fredericktown, Gander, Goose Bay, Halifax, Montreal, Quebec, St. John, Stephenville, Wabush, Yarmouth.

Flotte

11 DeHavilland DHC-8
3 BAe 146-200

Foto: DeHavilland DHC-6 Twin Otter

AIR BC

4740 Agar Drive, Vancouver Intl. Airport
South Richmond BC, V7B 1A6, Tel. 2732464
Kanada

3 L-Code	IATA-Nr.	ICAO-Callsign
ABL	742	Aircoach

Geschichte:

Air BC (BC steht für British Columbia) entstand 1980 durch Zusammenschluß verschiedener kleinerer Gesellschaften an Kanadas Westküste, u.a. Canadian Air Transit, Flight Operation, Gulf Air Aviation, Haida Airlines, Island Airlines, Ominecca Air, Pacific Coastal Airlines, Trans Provincial Airlines und West Coast Air Services. Neben eigenständigen Flügen wurde auch für Canadian Pacific Airlines (CP Air) Zubringerdienste geflogen. 1988 schloß man mit Air Canada eine Vereinbarung über künftige Zusammenarbeit und orderte die ersten Jet-Flugzeuge vom Typ BAe 146.

Routen

Als Zubringer für Air Canada bedient Air BC etwa 30 Ziele im Westen Kanadas.

Flotte

5 BAe 146-200
4 DeHavilland DHC-6
12 DeHavilland DHC-8-100
6 BAe Jetstream 31
6 DeHavilland DHC-8-300

Foto: Boeing 737-400 (Josef Krauthäuser/Köln-Bonn)

AIR BELGIUM

Vilvoordelaan 192, 1930 Zaventem
Tel. 7206120
Belgien

3 L-Code	IATA-Nr.	ICAO-Callsign
ABB	—	Air Belgium

Geschichte:

Air Belgium ist eine private Charterfluggeschaft die im Mai 1979 gegründet wurde. Bereits einen Monat nach Gründung, also im Juni 1979, nahm Air Belgium den Flugbetrieb auf. Ziele waren die bekannten Regionen ums Mittelmeer. Zum Einsatz kam eine geleaste Boeing 737-200. 1988 erfolgte die Ablieferung der eigenen Boeing 737-400 und 1989 folgte die Boeing 757.

Routen

Charterflüge vorzugsweise in den Mittelmeerraum, nach Nordafrika, Türkei, den Kanarischen Inseln.

Flotte

1 Boeing 737-400
1 Boeing 757-200

Foto: Boeing 737-400 (André Dietzel/München FJS)

AIR BERLIN

Flughafen Tegel, 13405 Berlin
Tel. 030-41012781
Deutschland

3 L-Code	IATA-Nr.	ICAO-Callsign
BER	745	Air Berlin

Geschichte:

Air Berlin USA wurde im Juli 1978 gegründet. Die ersten Charterflüge starteten ab Berlin im April 1979. Bekanntlich durften bis zur Wiedererlangung der deutschen Einheit am 3. Oktober 1990 nur Fluggesellschaften der Siegermächte des 2. Weltkrieges Berlin anfliegen. Charterflüge mit bestimmten Abflugzeiten bot Air Berlin mit Boeing 707 zwischen Berlin und Florida an. Dieser Dienst, mit Zwischenstop in Brüssel, wurde aber nur vom Oktober 1980 bis Oktober 1981 durchgeführt. Seither fliegt Air Berlin mit einer Boeing 737-300. Eine Boeing 737-400 mit 167 Plätzen steht seit April 1990 in Diensten. Nach der Wiedervereinigung ist Air Berlin auch weiter im Charterverkehr tätig. Inzwischen ist Air Berlin eine Firma nach deutschem Recht und beschränkt sich nicht nur auf Abflüge ab Berlin.

Routen

Charterflüge, vorzugsweise ins Mittelmeergebiet und zu den Kanarischen Inseln.

Flotte	Bestellt
5 Boeing 737-400	1 Boeing 737-400

Foto: Dornier 228 (DASA)

AIR BOTSWANA

P.O.Box 92, Gabarone
Tel. 352182
Botswana

3 L-Code	IATA-Nr.	ICAO-Callsign
BOT	636	Botswana

Geschichte:

Per Präsidialdekret vom Juli 1972 wurde Air Botswana als nationale Fluggesellschaft gegründet. Nach Botswana National Airways (1966-1969) und Botswana Airways (1969-1972) übernahm Air Botswana am 1. August 1972 den Flugbetrieb mit Fokker F-27 und Britten-Norman „Islander". Ein Flottenerneuerungsprogramm begann 1988 mit Ablösung der F-27 durch die neue ATR-42. Ende 1989 erhielt Air Botswana auch den ersten Jet, eine BAe 146-100.

Routen

Nationale Routen von Gabarone nach Francistown, Maun, Maputo, Maseru. International wird Harare, Johannesburg, Luanda, Windhoek und Lusaka bedient.

Flotte

2 BAe 146-100
2 ATR-42
1 Dornier 228

Foto: Dornier 228 (DASA)

AIR CALEDONIE

BP 212 Aerodrome de Magenta
Noumea, Tel. 252339
Neu Kaledonien (Nouvelle-Caledonie)

3 L-Code	IATA-Nr.	ICAO-Callsign
TPC	190	Aircal

Geschichte:

1955 wurde Transpac Airlines gegründet. Die lokale Regierung hielt an dieser Gesellschaft 76% der Anteile. 1968 übernahm die Gesellschaft den Namen Air Caledonie. Neben eigenen Strecken werden auch solche im Auftrag der UTA betrieben. Bewährte Flugzeuge waren neben der Cessna 310 auch Britten-Norman „Islander" und DeHavilland „Twin Otter". Wurden 1983 noch 135000 Passagiere im Regionalverkehr gezählt, so stieg die Anzahl der beförderten Passagiere imJahre 1989 auf über 180000. Mit der ATR-42 und den Dornier 228 wurde ab 1987 die Flotte ergänzt und erneuert.

Routen

Noumea, Lifon, Mare, Ovre, Tiga, Huailon, Tonho, Kone, Koumac, Belep.

Flotte	Bestellt
3 ATR-42 2 Dornier 228	1 Dornier 328

Foto: Boeing 747-400

AIR CANADA

Place Air Canada Montreal, Quebec
H2Z 1X5, Tel. 514-8797766
Kanada

3 L-Code	IATA-Nr.	ICAO-Callsign
ACA	14	Air Canada

Geschichte:

Die kanadische Regierung gründete am 10. April 1937 die Trans Canada Air Lines (TCA) die von CNR, der kanadischen Eisenbahn, verwaltet wurde. Am 1. September wurde die erste Verbindung zwischen Vancover und Seattle, mit einer Lockheed 10A, aufgenommen. Der Aufbau eines innerkanadischen Streckennetzes war in den folgenden Jahren wichtigstes Anliegen der TCA. Im April 1939 fand der erste Flug auf der Strecke Vancover-Montreal statt, von Montreal nach New York flog TCA wenig später. Während des 2. Weltkriegs wurde, mit umgebauten Lancaster Bombern, eine regelmäßige Verbindung zwischen Kanada und Schottland geschaffen. Nach dem Krieg kam TCA, im Rahmen sogenannter Auswandererflüge auch schon 1953 nach Düsseldorf. Neben der DC-3 waren noch Lockheed Constellation, Canadair Northstar, Bristol 170, Vickers Viscount und Vickers Vanguard während der Prop Ära im Einsatz. Am 1. April 1960 gelangten die ersten Jets vom Typ DC- 8 zur Flotte. 1964 wurde der Name Air Canada und auch das heute noch gültige Farbschema eingeführt. 1967 trafen die ersten DC-9 ein, Air Canada expandierte weltweit und führte das erste Großraumflugzeug 1971 ein. Für die Überseeflüge kamen Boeing 747 und Lockheed Tristar zum Einsatz. Diese werden mit Zulauf der Boeing 767 ergänzt. 1988 erfolgt die Teilprivatisierung der Gesellschaft. Mit Übernahme des ersten Airbus A 320 Anfang 1990 wird die Erneuerung der Flotte fortgesetzt. Mit Eintreffen der neuen Flugzeuge wurde auch die Bemalung leicht verändert. Mit etwa 10 Millionen Passagieren im Jahr 1993 ist Air Canada die führende Gesellschaft im Lande.

Routen

Engmaschiges Streckennetz in Kanada, zum Teil mit kleineren Partnerfirmen als Zubringer, nach USA, Karibik (auch im Charterverkehr), nach Europa wurden die Routen mit Canadian abgesprochen und eine Aufteilung erfolgte 1989. So fliegt ACA nach Athen, Düsseldorf, Genf, Lissabon, London, Madrid, Nizza, Paris, Zürich, Frankfurt, Berlin.

Flotte		Bestellt
6 Boeing 747-100/200	35 McDonnell Douglas DC-9-32	6 Airbus A 320
7 Lockheed L-1011 Tristar	3 McDonnell Douglas DC-8F	4 Boeing 767-300ER
21 Boeing 767-200ER	34 Airbus A 320-200	3 Boeing 747-400
3 Boeing 747-400		
2 Boeing 767-300ER		

Foto: Boeing 727-200

AIR CHARTER

4, rue de la Couture, Sillic 318
Tel. 145603300
94588 Rungis, Frankreich

3 L-Code	IATA-Nr.	ICAO-Callsign
ACF	—	Air Charter

Geschichte:

Air Charter ist eine Tochtergesellschaft der Air France und Air Inter mit dem Zweck, Pauschalreisende bevorzugt in die Feriengebiete des Mittelmeeres zu befördern. Sie wurde am 3. Februar 1966 als Air Charter International gegründet (ACI). Der Flugbetrieb begann im Juli mit SE 210 Caravelle, welche von Air France übernommen wurden. Im Mai 1979 erhielt Air Charter die erste Boeing 727 und 1988 Airbus A 300B4 Flugzeuge. Im Bedarfsfalle mietet oder vermietet Air Charter von/an Air France, Air Inter, EAS, Euralair. Etwa 2 Millionen Charterfluggäste wurden 1993 befördert.

Routen

Charterflüge ins Mittelmeergebiet, Nordafrika und dem übrigen Europa.

Flotte

2 Airbus A 300 B4
7 Boeing 727-200
8 Boeing 737-200
1 Boeing 737-500

Foto: Boeing 767-200 ER (Josef Krauthäuser/Hongkong)

AIR CHINA

155 Dong-Si St. West, P.O. Box 644
Beijing, Tel. 550626
Volksrepublik China

3 L-Code	IATA-Nr.	ICAO-Callsign
CCA	989	Air China

Geschichte:

Air China International wurde durch die CAAC im Juli 1988 als selbstständige internationale Division gegründet. Die Flugzeuge sind zum Teil mit Air China-Titel, bei Bedarf werden von CAAC aber auch weitere Maschinen geleast. Air China ist für den internationalen Dienst der Volksrepublik zuständig. Neue Routen führten ab Ende 1992 nach Wien, Frachtdienste nach Los Angeles und 1993 nach Kopenhagen.

Routen

Adis Abeba, Alma Ata, Bangkok, Bagdad, Belgrad, Bukarest, Frankfurt, Hongkong, Kopenhagen, Karachi, London, Los Angeles, Manila, Melbourne, Moskau, New York, Paris, Rom, Singapur, Sydney, Toronto, Tokio, Zürich, Wien.

Flotte		Bestellt
4 Boeing 747-200	6 Boeing 767-200ER	2 Boeing 767-300
4 Boeing 747 SP	3 Boeing 737-200	1 Boeing 747-400
7 Boeing 747-400	2 Boeing 767-300	
12 Boeing 737-300	6 Xian Y-7	
5 Boeing 707-300	4 BAe 146-100	

Foto: Boeing 737-300 (Wolfgang Grond/München)

AIR COLUMBUS

Aeroporto do Funchal Santa Caterina
9100 Santa Cruz, Tel. 91-53334
Madeira, Portugal

3 L-Code	IATA-Nr.	ICAO-Callsign
CNB	—	Air Columbus

Geschichte:

Die 1989 gegründete Transporte Aereo Nào Regular ist ein Gemeinschaftsunternehmen von portugiesischen Firmen und der dänischen Sterling Airways. Sterling hält einen Anteil von 34%. Mit geleasten Boeing 727 stieg man ins Chartergeschäft ein und flog überwiegend für Reiseveranstalter aus Deutschland. 1991 kamen noch zwei Boeing 737-300 zur Flotte. Heimatbasis ist die Atlantikinsel Madeira. Nach dem Zusammenbruch des wichtigsten Air Columbus Kunden in Deutschland und dem Konkurs von Sterling Airways 1993, hofft man bei Air Columbus wieder auf bessere Zeiten.

Routen

Charterflüge ab Stuttgart, München, Nürnberg, Paris, Zürich nach Faro und weiteren Zielen in Portugal.

Flotte	Bestellt
2 Boeing 737-300	3 Boeing 737-300
3 Boeing 727-200 Adv.	2 Boeing 757-200

Foto: DeHavilland DHC-8-300 (Uwe Gleisberg/München FJS)

AIR DOLOMITI

Via Aquilera 45, 34077 Trieste
Tel. 474421
Italien

3 L-Code	IATA-Nr.	ICAO-Callsign
DLA	101	Dolomiti

Geschichte:

Die bereits im Januar 1988 gegründete Air Dolomiti konnte im Mai 1991 den Flugbetrieb, mit Dash 8, auf der Route Triest - Genua aufnehmen. Weitere Verbindungen innerhalb Italiens folgten schnell. Ab November 1992 verkehrt Air Dolomiti erstmals ins Ausland auf der Linie Verona-München. Verona entwickelt sich dabei zu einem kleinen Drehkreuz der Gesellschaft, mit zahlreichen Anschlußverbindungen. Basis ist der Regionalflughafen von Triest.

Routen

Barcelona, Bari, Genua, Florenz, München, Triest, Turin, Venedig, Verona.

Flotte	Bestellt
3 DeHavilland DHC-8-300	4 ATR-42-300 2 ATR-42-500

Foto: Boeing 737-300 (Sammlung André Dietzel)

AIR EUROPA

Gran Via Asima 23, 07009 Palma de Mallorca
Tel. 178100
Spanien

3 L-Code	IATA-Nr.	ICAO-Callsign
AEA	—	Air Europa

Geschichte:

Air Europa ist das rentable Überbleibsel der ehemals multinationalen Vereinigung Air Europe und wurde bereits im Juni 1986 auf der Insel Mallorca gegründet. Die als Air Espana SA eingetragene Gesellschaft gehörte bei Gründung zu 75% zwei spanischen Banken und mit 25% war, bis zu deren Konkurs im Jahre 1991, die britische ILG beteiligt. Der Flugbetrieb konnte am 21. November 1986 mit einer Boeing 737-300 aufgenommen werden. Der Erstflug führte von London-Gatwick nach Palma de Mallorca. Dort ist auch die Basis der Air Europa. Nach dem Konkurs des britischen Partners übernahmen einige Reiseveranstalter und Banken deren Anteile und der Flugbetrieb konnte fortgeführt werden. 1991 erhielt Air Europa drei Boeing 757-200 die auf Langstrecken zum Einsatz kommen. Als Langstrecke gelten auch die Skandinavien-Flüge.

Routen

Charterflüge von Großbritannien, Skandinavien und Westeuropa nach Zielen auf dem spanischen Festland, zu den Kanaren und Mallorca. Bangkok, Cancun, Delhi, Halifax, Havanna, New York und Santo Domingo sind einige Ziele im Langstreckencharter.

Flotte

7 Boeing 737-300
3 Boeing 757-200

Foto: Boeing 737-200 (Uwe Gleisberg/Cairns)

AIRFAST INDONESIA

Kuningan Plaza, Suite 304 Jl HR Rasuna Sard Kar
C11-14 Djakarta, Tel. 21-5207696
Indonesien

3 L-Code	IATA-Nr.	ICAO-Callsign
AFE	—	Airfast

Geschichte:

1971 als ein Joint Venture zwischen Indonesien und Australien gegründet mit dem Ziel, Passagier-und Frachtcharter in Südostasien anzubieten. Der Flugbetrieb wurde mit DC-3 aufgenommen. Fokker F-27 und diverse Kleinflugzeuge, für die Versorgung der indonesischen Inseln, kamen ebenso zum Einsatz. Seit 1982 ist das Unternehmen im indonesischen Privatbesitz und die Aufgaben sehen neben den ursprünglichen Zielen auch Off-Shore-Flüge zu Bohrinseln, Luftbildfotografie und Erderkundungsflüge vor. Hauptbasis ist Djakarta, eine weitere in Singapur.

Routen

Passagier- und Frachtflüge innerhalb Indonesiens, Singapur, Malaysia, Südostasien und Australien.

Flotte

3 Boeing 737-200	3 Bell 204
3 BAe HS-748	3 Bell 206
2 DeHavilland DHC-6 Twin Otter	1 Bell 212
1 Douglas DC-3	2 Bell 412
1 CASA-NPTN 212	5 Sikorsky S-58

Foto: Airbus A 340 (Uwe Gleisberg/München FJS)

AIR FRANCE

1 Square Max Hymans, 75741 Paris
Cedex 15, Tel. 1-43238181
Frankreich

3 L-Code	IATA-Nr.	ICAO-Callsign
AFR	57	Airfrans

Geschichte:

Vier Gesellschaften schlossen sich am 30. August 1933 zur nationalen Fluggesellschaft Air France zusammen. Bis zum Ausbruch des 2. Weltkrieges baute Air France seine führende Stellung in Europa und Nordafrika aus. Es gab Verbindungen zu allen damaligen Kolonnien bis nach Indochina. Während des Krieges waren Flüge aus dem „freien“ Frankreich oder von Nordafrika (Casablanca) möglich. 1946 wurde Air France verstaatlicht, um einen Neuaufbau sicherzustellen. In Diensten der Gesellschaft standen anfangs französische Typen wie Breguet 763, erstmals geliefert am 27. 2. 1953, SE 161 und noch andere nicht sehr bekannte Flugzeuge. 1953 erfolgte mit Lieferung der Comet die Aufnahme des Jet-Verkehrs. Weitere englische Maschinen vom Typ Vickers Viscount kamen auf den Kurz- und Mittelstrecken zum Einsatz, während die Langstrecken von DC-4 und Lockheed Constellation bedient wurden. Am 26. Mai 1959 nahm die SE 210 Caravelle ihren erfolgreichen Einzug bei Air France. Boeing 707 und 747 waren für die Kontinentalstrecken als Ersatz für die Propellerflugzeuge im Einsatz. Ab Mai 1974 wird auch der Airbus A 300 erstmals zwischen Paris und London eingesetzt, ab 21. 1. 1976 die Concorde zum Linienverkehr zugelassen. Neuester Typ in der Air France-Flotte ist der Airbus A 340. Air France gliederte Aeromaritim und UTA 1992 in die Muttergesellschaft ein. Dadurch ergaben sich Auswirkungen auf Strecken und Flugzeuge.

Routen

Air France hat ein dichtes Streckennetz weltweit, vornehmlich auch in frühere Kolonien und in die Überseeprovinzen. In Europa werden alle wichtigen Städte bedient.

Flotte		Bestellt
7 Concorde	16 Boeing 737-500	12 Boeing 737-500
37 Boeing 747-100/200	6 Boeing 737-300	15 Airbus A 340-200/300
10 Boeing 727-200 Adv.	6 Airbus A 340-200/300	9 Boeing 747-400
19 Boeing 737-200	25 Airbus A 320	
8 Airbus A 300	15 Boeing 747-400	
8 Boeing 767-200/300	2 Boeing 747-300	

Foto: Fokker 100

AIR GABON

P.B. 2206, Libreville
Tel. 732197
Gabun

3 L-Code	IATA-Nr.	ICAO-Callsign
AGN	185	Golf November

Geschichte:

1951 als Compagnie Aerienne Gabonaise gegründet, gehörte die Gesellschaft von 1961-1977 zum Konsortium und Gründungsmitglied der Air Afrique. Neben dem Air Afrique Engagement für internationale Routen war die heutige Air Gabon im Inland jedoch selbstständig tätig. 1974 erhielt sie die erste F-28, gefolgt von einer weiteren Maschine dieses Typs und einer Boeing 737. Nach dem Ausstieg bei Air Afrique bekam dann Air Gabon 1978 eine Boeing 747-200 für Liniendienste nach Europa. 1988 erfolgte eine Reorganisation der Gesellschaft und eine Straffung des Streckennetzes. Die erste Fokker 100 wurde 1990 in Empfang genommen. Etwa 400.000 Passagiere nutzten jedes Jahr die Flüge von Air Gabon.

Routen

Abidjan, Bangui, Bitam, Cotonou, Dakar, Douala, Fougamou, Franceville, Gamba, Kinshasa, Lagos, Lambarene, Lome, Luanda, Marseille, Mekambo, Moanda, Nizza, Oyem, Paris, Port Gentil, Rom.

Flotte

1 Boeing 747-200
2 Boeing 737-200
1 Fokker 100
2 Fokker F-28
1 Boeing 727-200

Foto: ATR-42-300

AIR GUADELOUPE

Aeroport du Raizet 97110 Abymes
Tel. 903737
Französisch-Guadeloupe

3 L-Code	IATA-Nr.	ICAO-Callsign
AGU	—	Air Guadeloupe

Geschichte:

1970 wurde die Gesellschaft von Air France und der lokalen Regierung des französischen Übersee-Departments, gegründet. Mit Fairchild FH-27 begann der Flugbetrieb mit einem Shuttle-Service zwischen Pointe-a-Pitre und Fort de France. Die FH-27 wurden 1987 von der ATR-42 abgelöst. Mit Zulieferung der neuen ATR-72 verfügt Air Guadeloupe über eine moderne Regionalverkehrsflotte. Nach hohen Verlusten im Jahre 1992 stellte die Gesellschaft Vergleichsantrag, der Flugbetrieb ging weiter.

Routen

Marie-Galante, Les Saintes, La Desirade, Saint Bartholmy, Saint Martin, Saint Thomas und San Juan sind wichtige Ziele in der Karibik.

Flotte	Bestellt
2 ATR-42 2 DeHavilland DHC-6 3 Dornier 228	2 ATR-72

Foto: Boeing 757-200

AIR HOLLAND

Stationsplein Gebouw, Postbus 75116
1117 AA Schiphol-Oost, Tel. 02968-84444
Niederlande

3 L-Code	IATA-Nr.	ICAO-Callsign
AHR	—	Orange

Geschichte:

Air Holland wurde von privaten Unternehmen 1984 gegründet. Mit einer Boeing 727-200 begann am 2. April 1985 der Flugbetrieb, die zweite Maschine dieses Typs folgte bereits im Mai 1985. Ab Amsterdam, Rotterdam, Maastricht und Eindhoven ist Air Holland für Reiseveranstalter tätig. Ab 1988 werden die B-727 gegen vier neue und modernere Boeing 757 ausgetauscht, eine weitere Maschine folgte jeweils 1989 und 1990. Air Holland selbst führt nicht nur Charterflüge für Veranstalter durch, sondern verleast auch die Flugzeuge an andere Gesellschaften. 1992 mußte Air Holland aus finanziellen Gründen den Flugbetrieb einstellen. Nach einer Reorganisation gelang jedoch 1993 der Wiedereinstieg ins Chartergeschäft.

Routen

Charterflüge vorzugsweise in den Mittelmeerraum und zu den Kanarischen Inseln, im Winter auch in die Alpenregion und die Karibik.

Flotte

2 Boeing 757-200
1 Boeing 737-300

Foto: Boeing 747-200 (Josef Krauthäuser/Frankfurt)

AIR INDIA

A. I. Buildg. 218 Backbay Rec. Nairnam Point
Bombay 40021, Tel. 022-2024142
Indien

3 L-Code	IATA-Nr.	ICAO-Callsign
AIC	98	Airindia

Geschichte:

Als TATA Air im Juli 1932 gegründet, übernahm die Gesellschaft am 29. 7. 46 den Namen Air India. 1948 wurde der regelmäßige Flugverkehr mit London aufgenommen, im Jahre 1953 wurde dann der gesamte indische Luftverkehr unter staatliche Kontrolle gestellt. Am 18. 2. 1960 erhielt Air India die erste Boeing 707 mit welcher auch der Flugverkehr nach New York aufgenommen werden konnte. Das erste Großraumflugzeug vom Typ Boeing 747 wurde dann im Jahre 1971 geliefert. Mit diesem Typ begann der Liniendienst nach London, Frankfurt ist ab 1973 im Flugplan der Air India verzeichnet. Ab August verfügt Air India auch über Airbus-Flugzeuge. 1989 ist das Jahr der Umstrukturierung bei Indiens Flagcarrier, auch die Flugzeuge erhalten eine „modernere" Bemalung. Ende 1993 erhielt Air India die ersten Boeing 747-400.

Routen

Sydney, Perth, Singapur, Hongkong, Tokio, New York, Mauritius, Moskau, Rom, Frankfurt, Genf und London.

Flotte	Bestellt
2 Boeing 747-300 9 Boeing 747-200 3 Airbus A300 B4 8 Airbus A 310-300 2 Boeing 747-400	2 Boeing 747-400

Foto: Airbus A 320-100 (Airbus Industrie)

AIR INTER

1 Ave. Marechal Devaux, 91550 Paray
Vieille Poste, Tel. 1-46751212
Frankreich

3 L-Code	IATA-Nr.	ICAO-Callsign
ITF	279	Air Inter

Geschichte:

Im Jahre 1954 wurde Lignes Aériennes Intèrieures bereits gegründet, der Erstflug jedoch zum 17. März 1958 vollzogen. Dieser fand mit einer geleasten Maschine von Paris nach Straßburg statt. Air Inter bediente, bis zur Einstellung des Flugbetriebs im November 1958, noch einige Linien, der wirtschaftliche Erfolg blieb dem Unternehmen jedoch versagt. Nach Reorganisation nahm — wiederum mit geleastem Gerät — Air Inter den Flugbetrieb erneut auf. Die ersten eigenen Flugzeuge waren im Jahre 1962 sechs Vickers Viscount 708, gekauft von Air France. Von dieser kamen auch 3 SE 210 Caravelle im Jahre 1965. Am 16. Mai 1974 übernahm Air Inter die erste von insgesamt 11 „Mercure“, einer französischen Maschine die allerdings kein Erfolg wurde. Mit diesem Flugzeug wurde die Linie Paris - Lyon, inzwischen die Erfolgsstrecke von Air Inter, eröffnet. Im Oktober 1976 erhielt Air Inter Großraumflugzeuge vom Typ Airbus A 300. Das neueste Airbus-Produkt A 320 erhielt Air Inter als einer der Launch-Customer bereits im Juni 1988. Auch für den neuen zweistrahligen Großraumjet vom Typ Airbus 330 war Air Inter Launch-Customer und erhielt diesen Anfang 1994.

Routen

Bedient werden alle wichtigen französischen Städte mit Paris, einschließlich der Insel Korsika. Seit 1988 fliegt Air Inter auch ins benachbarte Ausland nach Madrid, Ibiza, Rom, Athen, London und Basel.

Flotte	Bestellt
9 Dassault-Breguet Mercure 100	13 Airbus A 330
31 Airbus A 320	8 Airbus A 321
21 Airbus A 300	9 Airbus A 319
2 Airbus A 330	

Foto: Airbus A300B4

AIR JAMAICA

72-76 Harbour Street, Kingston
Tel. 809-9223460
Jamaika

3 L-Code	IATA-Nr.	ICAO-Callsign
AJM	201	Juliett Mike

Geschichte:

Air Jamaica ist eine Gründung der Regierung des Inselstaates, zusammen mit Air Canada und wurde 1968 im Handelsregister eingetragen. Mit einer, von Air Canada geleasten, DC-9 wird im April 1969 der Flugverkehr nach Miami und mit einer DC-8 auch nach New York aufgenommen. London stand ab 1974 als einziges europäisches Ziel im Flugplan, diese Verbindung wurde jedoch nach einigen Jahren eingestellt. Die DC-8 war zu groß für die Bedürfnisse der Gesellschaft und wurde 1983 vom Airbus A300 abgelöst, diese kommen nach USA und Kanada zum Einsatz.

Routen

Atlanta, Baltimore, Curacao, Grand Cayman, Miami, Kingston, New York, Philadelphia.

Flotte

5 Airbus A 300B4
4 Boeing 727-200 Adv.

Foto: Iljuschin IL-62M (Wilfried Salomon/Berlin)

AIR KORYO

Sunan Distrikt, Pjönjang
Tel. 5472
Volksrepublik Korea

3 L-Code	IATA-Nr.	ICAO-Callsign
KCA	120	Airkorea

Geschichte:

1954 wurde Choson Minhang gegründet, um die 1950 installierte SOKAO, eine sowjetische Gründung, zu übernehmen. Zum Einsatz kamen IL-14, die von IL-18 abgelöst wurden. Die Flottenpolitik stand im Einklang mit der jeweiligen sowjetischen Produktion. Air Koryo ist der neue Name seit 1993.

Routen

Internationale Strecken nach Beijing, Berlin-Schönefeld, Khaborosk, Moskau und Sofia. Gelegentliche Dienste auch nach Prag und Tirana. Regionaldienste nach Kaesong, Wonsan, Hamhun, Kilchu, Kanggye, Chongsin und Sinuiju.

Flotte

4 I1-62M
4 Tu-154B
2 Tu-134 B
2 IL-18
8 Antonow 24
3 IL-76 TD

Foto: Lockheed L-1011-500 Tristar (Stefan Höllering/Zürich)

AIR LANKA

P. O. Box 670, 14 Sir Baron Jagatilaka
Mawatha, Colombo 1, Tel. 21291
Sri Lanka

3 L-Code	IATA-Nr.	ICAO-Callsign
ALK	603	Airlanka

Geschichte:

Air Lanka ist eine Gründung aus dem Jahre 1979, um die seit 1978 ruhenden Geschäfte der Air Ceylon fortführen zu können. Mit zwei geleasten Boeing 707 der SIA wurde der Flugbetrieb aufgenommen. Ab 2. November 1980 flog der erste eigene „Tristar" von Colombo nach Paris. Es folgten bald Zürich, Frankfurt und London. Zeitweise wurde mit geleasten Boeing 747 nach London-Gatwick geflogen, jedoch ist das Passagieraufkommen — bedingt durch die politische Lage im Land — etwas rückläufig. Die Boeing 737 ergänzt die Tristar für regionale Flüge nach Indien und die Malediven. Eine geplante Erneuerung der Langstreckenflotte mußte 1993 auf längere Sicht verschoben werden, da für die geplanten Airbus A 340 eine Finanzierung nicht möglich war.

Routen

Regionales Netz ab Colombo, sonst überwiegend Flüge nach Europa zu Zielen wie London, Amsterdam, Paris, Frankfurt, Wien und Zürich.

Flotte

5 Lockheed L-1011-500
4 Lockheed L-1011
1 Boeing 737-200
2 Airbus A 320-200

Foto: Airbus A 310-300 (Josef Krauthäuser/Bangkok)

AIR LIBERTE

1 rue de Courson, Senia 128 Tiasis
94517 Rungin Cedex, Tel. 46862500
Frankreich

3 L-Code	IATA-Nr.	ICAO-Callsign
LIB	718	Liberte

Geschichte:

Air Libertè ist eine Gründung vom Juli 1987. Insbesondere für den Club Aquarius, einer der größten Reiseveranstalter Frankreichs, wurde 1988 mit MD-83 der Flugbetrieb aufgenommen. Von ihrer Basis Paris-Orly nahm Air Libertè 1993 erstmals eine Linienverbindung nach Montreal auf. Sonst ist man aber nur im Chartergeschäft tätig, oder verleast Flugzeuge an andere Gesellschaften.

Routen

Ziele im Mittelmeergebiet und Nordafrika, Reunion sowie in die Karibik und nach Ostasien.

Flotte

8 McDonnell Douglas MD-83
1 Airbus A 310-300
2 Airbus A 300-600

Foto: Boeing 747-200 (B. I. Hengi/Zürich)

AIR MADAGASCAR

31 Ave. de l'Independence, BP 437
Antanaraivo, Tel. 22222
Republik Madagaskar

3 L-Code	IATA-Nr.	ICAO-Callsign
MDG	258	Madair

Geschichte:

Gegründet wurde Air Madagascar im Januar 1961, ein Jahr nach der Unabhängigkeit des Staates, von Air France und der Regierung von Madagaskar, sowie mit Beteiligung der „alten" Air Madagascar, welche schon seit 1947 existierte. Die von Air France durchgeführten Inlandsflüge wurden mit den entsprechenden Flugzeugen als Beteiligung in die neue Gesellschaft eingebracht. Die erste internationale Route führte über Djibouti und Marseille nach Paris. Zum Einsatz kamen auf dieser Strecke Boeing 707. Weitere Flugzeuge in der ersten Zeit waren DC-3 und DC-4, 1979 kam mit der Boeing 747-200SC, das erste und einzige Großraumflugzeug zur Flotte.

Routen

Paris, Zürich, Reunion, Mauritius, Kenia, Djibouti, Johannesburg, Mauritius, Reunion und zu über 20 Destinationen im Inland.

Flotte

2 Boeing 737-200
1 Boeing 747-200
3 BAe HS-748
4 DeHavilland DHC-6

Foto: Dornier 228 (DASA)

AIR MALDIVES

P. O. Box 2049 Male
Tel. 322430
Malediven

3 L-Code	IATA-Nr.	ICAO-Callsign
AMI	—	Maldives

Geschichte:

1974 wurde Air Maldives gegründet. Mit einer Convair 440 wurde der Flugbetrieb aufgenommen. Es bestand ein Service zwischen Male und Colombo auf Sri Lanka und zu einigen Nachbarinseln. Zeitweise wurde der Flugbetrieb — mangels geeignetem Fluggerät — eingestellt. Ab Ende 1989 kamen neue Dornier 228 zur Flotte und die Gesellschaft wurde reorganisiert.

Routen

Male nach Gaun als regelmäßiger Liniendienst.

Flotte

2 Dornier 228

Foto: Boeing 737-200 (Josef Krauthäuser/München FJS)

AIR MALTA

Luqa Airport
Tel. 824330
Republik Malta

3 L-Code	IATA-Nr.	ICAO-Callsign
AMC	643	Air Malta

Geschichte:

Air Malta ist nationale Fluglinie der Inselrepublik Malta und existiert seit März 1973 auf Beschluß der Regierung. Die erste Verbindung war Malta-Rom ab 1. April 1973. Air Malta setzte von Anfang des Flugbetriebs an nur Strahlflugzeuge ein. Das Streckennetz wurde ausgebaut und regelmäßige Flüge, auch im Charterverkehr, führten nach London, Amsterdam, Paris, Zürich, München, Kairo und Tripolis. Zum Einsatz kamen Boeing 720, die ab 1978 durch Boeing 737-200 ergänzt, später ersetzt, wurden. Ab Frühjahr wurde der Airbus A320 als neuestes Muster in die Flotte übernommen. Mit Einführung dieses Typs veränderte Air Malta auch das Erscheinungsbild und das Farbschema seiner Flugzeuge. Air Malta hatte auch 1993 wieder etwa 1,3 Millionen Fluggäste.

Routen

Linien- und Charterflüge nach München, Zürich, Frankfurt, London, Rom, den Mittleren Osten, Nordafrika.

Flotte	Bestellt
6 Boeing 737-200 2 Airbus A 320 2 Boeing 737-300 1 BAe ATP	4 BAe/Avro RJ 70

Foto: McDonnell Douglas DC-8-62

AIR MARSHALL ISLANDS

P. O. Box 959 Majuro
Tel. 3373
Republik der Marshallinseln

3 L-Code	IATA-Nr.	ICAO-Callsign
MRS	778	Marshallislands

Geschichte:

1980 wurde eine unabhängige staatliche Fluggesellschaft gegründet, die bessere Verkehrsverbindungen der einzelnen Inseln des Staatsgebietes, mit der Hauptinsel Majuro schaffen sollte. Mit GAF-Nomad wurde der Flugverkehr aufgenommen. Wichtigste Route ist von Majuro nach Kwajalein, wo eine amerikanische Raketenbasis und Luftwaffenstützpunkt ist. Mit einer geleasten DC-8-62 wird neuerdings auch eine touristische Infrastruktur erschlossen, vor allen Dingen sollen Touristen aus den USA ins Land gebracht werden. Die GAF-Nomad wurden durch Dornier 228, welche 1984 und 1985 geliefert wurden, ersetzt. Die Umbenennung in Air Marshall Islands erfolgte 1993.

Routen

Im Pazifischen Raum, zu mehr als 20 Atollen die zum Staatsgebiet gehören, nach Kwajalein, Kiribati, Turalu, nach Honululu und Los Angeles.

Flotte	Bestellt
2 Dornier 228 1 BAe HS-748 1 McDonnell Douglas DC-8-62	2 Saab 2000

Foto: Fokker F28-4000

AIR MAURITANIE

B.P. 41, Nouakchott 174
Tel. 522211
Mauretanien, Islamische Republik

3 L-Code	IATA-Nr.	ICAO-Callsign
MRT	174	Air Mauretania

Geschichte:

Mauretaniens „National Carrier“ wurde 1962 gegründet und begann den Flugbetrieb 1963 mit Fokker F-27. Seit 1983 sind 2 Fokker 28 „Fellowship“ im Einsatz.

Routen

Dakar, Las Palmas und einige inländische Destinationen.

Flotte

2 Fokker F-28-4000
1 Pilatus Britten-Norman „Islander“

Foto: Boeing 747 SP (Josef Krauthäuser/München)

AIR MAURITIUS

Rogers House 5, President John Kennedy Street
Port Louis, Tel. 08-6801
Mauritius

3 L-Code	IATA-Nr.	ICAO-Callsign
MAU	239	Airmauritius

Geschichte:

Gegründet am 14. Juni 1967, war Air Mauritius zunächst als Handling Agent tätig. Zur Unabhängigkeit Mauritius vom britischen Commonwealth 1976, war der Wunsch nach einer eigenen Fluggesellschaft groß. Mit Hilfe der Regierung, Air India, British Airways und auch der Unterstützung von Air France wurde mit einer Piper PA-31 der Flugbetrieb aufgebaut. Erstes Ziel war die Insel Rodrigues, etwa 600 km von der Hauptinsel entfernt. Das war im Jahre 1972, 1973 wurde in Zusammenarbeit mit Air India und deren Fluggerät eine Verbindung nach Bombay aufgebaut. Ebenso verfuhr man mit Flügen nach London. Erst am 31. 10. 1977 nahm Air Mauritius eine Boeing 707 in eigenen Farben in Empfang. Im April 1978 wurde Rom ins Streckennetz aufgenommen, 1981 folgten Durban, Johannesburg, Nairobi und Antananaraivo, im Jahre 1983 dann Jeddah und Zürich. Von SAA wurde 1984 eine Boeing 747SP geleast um Flüge-non stop-nach Paris aufnehmen zu können, neues Ziel ab April 1987 wird München und Singapur. Die Flüge nach München und neu auch nach Frankfurt werden inzwischen mehrmals wöchentlich durchgeführt. Die Boeing 707 konnte durch neue Boeing 767 ersetzt werden.

Routen

Madagaskar, Reunion, Bombay, Durban, Johannesburg, London, Paris, Zürich, München, Frankfurt, Rom, Singapur, Perth, Genf, Harare, Hongkong, Kuala Lumpur.

Flotte	Bestellt
3 Boeing 747SP	1 ATR-72
2 Boeing 767-200ER	5 Airbus A 340-300
2 ATR-42	

Foto: Tupolev Tu-134A (Uwe Gleisberg/München FJS)

AIR MOLDOVA

Airport, 277026 Kishinev
Tel. 2233424
Moldawien

3 L-Code	IATA-Nr.	ICAO-Callsign
MLD	572	Moldova

Geschichte:

Auch die ehemalige Sowjetrepublik Moldawien, an der Grenze zu Rumänien gelegen, erklärte sich 1992 für unabhängig und bestand auf einer eigenständigen Fluggesellschaft. Bereits im Mai 1992 wurde die regelmäßige Verbindung von Kishinev nach Frankfurt aufgenommen. Zum Einsatz kam eine Tu-134A. Gelegentliche Charterflüge führen auch zu anderen Zielen in Westeuropa wie München oder Zürich.

Routen

Moskau, Bukarest, Frankfurt werden regelmäßig bedient.

Flotte

9 Tupolev Tu-134A
3 Tupolev Tu-154B

Foto: Boeing 747 SP (Wolfgang Grond/Frankfurt)

AIR NAMIBIA

P. O. Box 731, Windhoek 9100
Tel. 061-38220
Namibia

3 L-Code	IATA-Nr.	ICAO-Callsign
NMB	186	Namibair

Geschichte:

Obwohl die Gesellschaft bereits 1947 gegründet wurde, trat sie doch erst nach der Unabhängugkeit des ehemaligen „Südwestafrika" als Nationalcarrier von Namibia in Erscheinung. Nach der Gründung als South-West-Airtransport wurden mit DC-3 regelmäßige Flüge ab Windhoek nach Swakopmuk aufgenommen. 1959 wurde die Oryx Aviation übernommen und der Name in Suidwes Lugdiens angenommen. Eine weitere Übernahme erfolgte Ende der sechziger Jahre mit der Chartergesellschaft Namibair Pty. Lt. Der Name der Gesellschaft wurde im Jahre 1978 übernommen. Am 24. 4. 1990 nahm Namib Air mit einer Boeing 747SP den regelmäßigen Dienst nach Frankfurt auf. Den neuen Namen übernahm Air Namibia im Laufe des Jahres 1993. In diesem Jahre kaufte man von SAA eine weitere Boeing 747 SP.

Routen

Von Windhoek nach Swakopmuk, Grotfontein, Tsumbeli, Lüderitz, Oshakati, Maun, Keetmanshoop, Kapstadt, Johannesburg, Frankfurt, Sambia und Botswana.

Flotte

3 Beechcraft 1900
1 Boeing 737-200
2 Boeing 747SP

Foto: Boeing 767-200 ER (Björn Kannengiesser/Sydney)

AIR NEW ZEALAND

1 Queen Street, Auckland 1
Tel. 09-797515
Neuseeland

3 L-Code	IATA-Nr.	ICAO-Callsign
ANZ	86	New Zealand

Geschichte:

Die heutige Air New Zealand geht auf das Jahr 1939 zurück. Damals wurde die Tasman Empire Airways Ltd. (TEAL) gegründet. Mit Short S-30 Flugbooten wurde der regelmäßige Flugverkehr zwischen Australien und Auckland aufgenommen. Die Flugboote waren noch bis 1954 im Einsatz und wurden dann durch DC-6 abgelöst. 1965 startete TEAL ins Jet-Zeitalter mit dem Kauf von drei DC-8 Maschinen. Im Jahre 1965 wurde auch der Name von TEAL in Air New Zealand geändert. Neue Routen nach USA wurden erschlossen, 1978 die Inlandsfluggesellschaft NAC übernommen. DC-8 Flugzeuge wurden durch die größeren DC-10 und Boeing 747 ergänzt, die letzte DC-8 verließ ANZ am 1. 9. 1989. Ab 31. 10. 1987 wird erstmals Frankfurt, neben London einziges europäisches Ziel, bedient. Boeing 747-400 und Boeing 767-300 ergänzen ab 1992 die Flotte, wobei einige Maschinen aber verleast werden.

Routen

Air New Zealand verbindet 19 inländische Flughäfen miteinander. Internationale Flüge führen nach Australien, Singapur, Kuala Lumpur, Bali, Bangkok, Hongkong, den pazifischen Raum, Los Angeles, Honolulu, London, Frankfurt.

Flotte		Bestellt
2 Fokker F-27	6 Boeing 767-300ER	1 Boeing 747-400
12 Boeing 737-200		3 Boeing 767-300 ER
8 Boeing 767-200ER		6 Boeing 737-300
5 Boeing 747-200		
3 Boeing 747-400		

Foto: Fokker F28 (Uwe Gleisberg/Cairns)

AIR NIUGINI

Ang House, Jacksons Airport P. O. B. 7186
7186 Boroko, Tel. 273200
Papua-Neu Guinea

3 L-Code	IATA-Nr.	ICAO-Callsign
ANG	656	Niugini

Geschichte:

Ansett, Qantas, TAA und die Regierung von Papua-Neu Guinea gründeten gemeinsam 1973 Air Niugini. Mit 8 Fokker Friendship und 12 DC-3 übernahm am 1. November 1973 die neue Gesellschaft den Flugbetrieb von Ansett und TAA, diese führten bis zur Unabhängigkeit den Flugbetrieb im australisch verwalteten Neu Guinea durch. Internationale Flüge wurden ab 1975 nach Sydney und Singapur geführt, das internationale Streckennetz konnte mit Boeing 707 bis nach Honolulu ausgeweitet werden. Ein geleaster Airbus A 300 B4 — mit einer wunderschönen Bemalung — löste 1984 die Boeing 707 ab. Den ersten eigenen Airbus A310 erhielt Air Niugini dann Anfang 1989.

Routen

Port Moresby, Brisbane, Cairns, Hongkong, Manila, Port Vila, Sydney, Singapur. Im Inland werden etwa 20 Ziele bedient.

Flotte

1 Airbus A310-300
8 Fokker F-28
2 DeHavilland DHC-7

Foto: BAe 146-200

AIR NOVA

1550 Bedford Highway, Bedford B4A 1EG
Nova Scotia, Tel. 903 835 990
Kanada

3 L-Code	IATA-Nr.	ICAO-Callsign
ARN	983	Nova

Geschichte:

Mit drei DeHavilland DHC-8-100 begann 1986 Air Nova ihre Dienste im Nordosten Kanadas. Die neue Gesellschaft war bereits in den ersten Jahren so erfolgreich, daß neben weiteren DHC-8, auch Jets vom Typ BAe 146 gekauft werden konnten. Air Nova fliegt als Air Canada Partner und war eine der ersten Gesellschaften die diese Verbindung mit Air Canada eingingen, wobei Air Canada auch Teilhaber an der Gesellschaft ist.

Routen

Montreal, Ottawa, Saint John, Halifax, Gander, Goose Bay, Bathurst, Deer Lake, Blanc Sablon, Boston.

Flotte

5 BAe 146-200
10 DeHavilland DHC-8-100

Foto: Boeing 767-200 ER

AIR PACIFIC

263-269 Grantham Road, Suva
Tel. 386444
Fiji (Fidschi)

3 L-Code	IATA-Nr.	ICAO-Callsign
FJI	260	Pacific

Geschichte:

Fidschis nationale Fluggesellschaft wurde 1951 als Fiji Airways gegründet. Im September 1951 wurde mit DeHavilland DH 88 Rapide der Flugverkehr aufgenommen. Mit Unterstützung der australischen QANTAS und in enger Zusammenarbeit mit dieser wurde das Streckennetz erweitert. 1957 übernahm QANTAS Fiji Airways als Tochterunternehmen. Im Jahre 1959 wird die Flotte mit DeHavilland „Heron" ergänzt, bevor 1960 Air New Zealand und BOAC jeweils ein Drittel der Fiji Airways übernahmen. Die Flotte wird 1967 mit HS-748 und Britten-Norman „Trislander" erneuert, als erster Jet wird im März 1972 eine BAC 1-11-400 eingeführt. Bereits im Jahre 1971 wurde der Name in Air Pacific geändert, 1978 übernahmen die Regierung von Fidschi, Kiribati, Tonga, Nauru und einige Privateigner die Mehrheit an der Gesellschaft. Für Regionaldienste wurden 1980 Embraer Bandeirante gekauft. Verstärkte Nachfrage im Passagieraufkommen führte 1988 zum Kauf von 2 ATR-42 und Boeing 767.

Routen

Suva, Nandi, Tonga, Vila, Brisbane, Christchurch, Tokio, Melbourne, West-Samoa und Sydney.

Flotte	Bestellt
2 Boeing 747-200 1 Boeing 767-200ER	1 Boeing 767-200ER 1 Boeing 737-500 2 Boeing 767-300ER

Foto: Boeing 707-300 C

AIR RWANDA

P.O.B. 808, Kigali
Tel. 75492
Republik Rwanda

3 L-Code	IATA-Nr.	ICAO-Callsign
RWD	178	Air Rwanda

Geschichte:

Als nationale Fluggesellschaft wurde Air Rwanda im Juli 1975 gegründet. Von Kigali, der Hauptstadt der Republik Ruanda, werden Flüge innerhalb des Landes und in die Nachbarländer durchgeführt, wobei die DHC-6 Twin Otter häufig an das Internationale Rote Kreuz verchartert ist.

Routen

Von Kigali nach Butare, Ruhengeri, Gisengi, Bujumbura, Entebbe, Kamembe, Fracht- und Charterflüge auch nach Ostende.

Flotte

1 Boeing 707-300C
1 De Havilland DHC-6

Foto: Boeing 767-200 (Josef Krauthäuser/Frankfurt)

AIR SEYCHELLES

P.O.Box 386, Mahe
Tel. 21400
Seychellen

3 L-Code	IATA-Nr.	ICAO-Callsign
SEY	61	Seychelles

Geschichte:

Im Juli 1979 kaufte die Regierung der Seychellen die beiden inländischen Gesellschaften, Air Mahe und Inter Island Airways, um Air Seychelles als nationale Fluggesellschaft zu gründen. Die Routen und Flugzeuge wurden übernommen. Mit Pilatus Britten-Norman Islander und Trislander wurden Verbindungen zu den einzelnen Inseln geschaffen. Der stark geförderte Tourismus erbrachte Nachfrage nach internationalen Verbindungen. Mit einer gecharterten DC-10 wurden Anfang der 80'er Jahre von Europa aus Flüge nach Mahe durchgeführt. 1985 übernahm Air Seychelles im November einen Airbus A 300B4 von Air France und setzte diesen auf Linienflügen nach Amsterdam, Rom und Frankfurt ein. 1989 ersetzte vorübergehend eine Boeing 707 den Airbus, bis zum Eintreffen der ersten Boeing 767-200. Diese wurde 1993 mit einer Boeing 757-200 ergänzt.

Routen

Praslin Island, Bird Island, Denis Island, Fregate Island, Amsterdam, Paris, Rom, London, Frankfurt, Singapur, Bahrain, Nairobi und Zürich.

Flotte

1 Pilatus BN 2A „Islander“
4 DeHavilland DHC-6
1 Boeing 767-200
1 Boeing 757-200

Foto: Fokker F-27-500

AIR SINAI

12 Kasr el Nil Street, Kairo
Tel. 2-750600
Ägypten

3 L-Code	IATA-Nr.	ICAO-Callsign
ASD	903	Air Sinai

Geschichte:

Anfang 1982 gegründet, begann Air Sinai einen regelmäßigen Service nach Tel Aviv. Es folgten Verbindungen nach Eilat, Sharm el Sheik, Hurgada, Santa Katharina, also besonders zu Orten, die für Touristen von Interesse sind. Air Sinai bedient neben den regelmäßigen Linienflügen auch Charterdienste, so im Auftrag der Egypt Air und Pilgerflüge.

Routen

Innerhalb Ägyptens nach Sharm el Sheik, Al Arish, Hurgada, Mesa Matruh, Ras An Nayb. Gelegentliche Flüge im Auftrag der Egypt Air führen auch nach München und anderen Zielen in Europa.

Flotte

1 Boeing 737-200
2 Fokker F-27-500

Foto: ATR-42

AIR TAHITI

BP 314 Boulevard Pomare, Papeete
Tel. 422333
Tahiti

3 L-Code	IATA-Nr.	ICAO-Callsign
VTA	135	Air Tahiti

Geschichte:

Die teilweise im Privatbesitz befindliche Air Tahiti wurde 1953 gegründet. Die Verbindung zu den einzelnen Inseln dieser französischen Provinz sollte verbessert werden. Zu diesem Zeitpunkt hieß sie R. A. I. 1970 wurde der Name in Air Polynesie geändert, nachdem sich die UTA mit 62 % am Kapital beteiligte. Standardflugzeuge waren über viele Jahre hinweg die Fokker Friendship und BN-Islander, aber auch Twin Otter. Im Januar 1987 wurde dann der Name, nach dem Ausstieg der UTA, in Air Tahiti geändert. Als Ausdruck der Eigenständigkeit und mit Einführung der ATR-42 in diesem Jahr, erhielten die Flugzeuge auch die aktuelle Bemalung. 1992 und 93 konnte die größere ATR-72 in die Flotte integriert werden.

Routen

Air Tahiti fliegt zu 35 Inseln im gesamten Archipel wie z. B. Bora Bora, Huahine, Maupiti, Moorea, Nuku Hiva, Hiva Oa, Raiatea, Tubuai.

Flotte	Bestellt:
4 ATR-42 2 ATR-72 1 Dornier 228-200	2 ATR-72

Foto: Boeing 737-200 Adv. (Jürgen Gleisberg/Kilimanjaro)

AIR TANZANIA

P.O. Box 543 Dar-es-Salaam
Tel. 051-38300
Tansania

3 L-Code	IATA-Nr.	ICAO-Callsign
ATC	197	Tanzania

Geschichte:

Nach dem Zusammenbruch von East African Airlines im Januar 1977, diese wurde von Kenia, Uganda und Tansanian gemeinsam betrieben, gab es praktisch keine Flugverbindungen mehr in Tansania. Im März 1977 wurde daraufhin Air Tanzania von der Regierung gegründet. Mit Fokker F-27 und einer Boeing 737 nahm Air Tanzania den Flugbetrieb auf. 1978 und '79 wurde eine weitere Boeing 737 und, für regionale Linien, DeHavilland Twin Otter beschafft. Ausgangspunkt der Internationalen Flüge sind Dar-es-Salaam und Kilimanjaro Intl. Airport.

Routen

Dar-es-Salaam, Kilimanjaro, Bujumbura, Djibouti, Dubai, Entebbe, Harare, Kigali, Lusaka, Mahe, Muscat und Nairobi. Im Inland werden etwa 20 Ziele bedient.

Flotte

2 Boeing 737-200 Adv.
3 Fokker F-27
3 DeHavilland DHC-6 Twin Otter

Foto: McDonnell Douglas MD-83 (Josef Krauthäuser/Long Beach)

AIRTOURS

Wavell House, Holcombe Road, Helmshore,
Rossedale, Lancashire BB4 4NB, Tel. 706-260066
Großbritannien

3 L-Code	IATA-Nr.	ICAO-Callsign
AIH	727	Kestrel

Geschichte:

1990 in Manchester gegründet, wurde im März 1991 der Flugbetrieb, mit drei MD-83, aufgenommen. Die junge Gesellschaft expandierte schnell und erhielt Ende 1991 weitere MD-83. Im Sommer 1993 übernahm die Holdinggesellschaft von Airtours den Konkurrenten Aspro Holidays mit der Fluggesellschaft INTEREUROPEAN. Die Flotte dieser wurde teilweise übernommen.

Routen

Charterflüge ab Manchester, Birmingham, Cardiff, London-Gatwick, Glasgow, Liverpool und Newcastle zu den beliebten Zielen rund ums Mittelmeer, in die Karibik und USA. Wintercharter führen nach Genf, Salzburg und München.

Flotte	Bestellt:
6 McDonnell Douglas MD-83 2 Airbus A 320 2 Boeing 757-200	2 Boeing 767-300

Foto: Boeing 757-200 (André Dietzel/Frankfurt)

AIR TRANSAT

17380 Rue de la Paix, St. Janvier,
Quebec JON 1N0, Tel. 514-433-1011
Kanada

3 L-Code	IATA-Nr.	ICAO-Callsign
TSC	649	Transat

Geschichte:

Die im Dezember 1986 gegründete Air Transat ist inzwischen Kanadas größtes Charterunternehmen, nachdem Nationair 1992 den Betrieb einstellte. Mit Boeing 727 wurde Anfang 1987 der Flugbetrieb aufgenommen. Basis ist Montreal, jedoch bedient Air Transat auch Toronto, Quebec City und Vancouver. Für Flüge in die Karibik erhielt die Gesellschaft Ende 1987 die erste Lockheed L-1011 TriStar. Nach Europa fliegt Air Transat auch regelmäßig. 1993 konnten erstmals über 1 Million Passagiere befördert werden.

Routen

Karibik, Mexiko, Birmingham, Belfast, Dublin, Glasgow, Frankfurt, London, Manchester, Newcastle, Shannon.

Flotte

9 Boeing 757-200
4 Lockheed L-1011 TriStar

Foto: Airbus A 320-200 (Uwe Gleisberg/München FJS)

AIR 2000

Oakdale, Broadfield Park, Brighton Road, Crawley
West Sussex RH11 9RT, Tel. 293-518966
Großbritannien

3 L-Code	IATA-Nr.	ICAO-Callsign
AMM	—	Jetset

Geschichte:

Die Gesellschaft wurde 1986 vom Reiseveranstalter Owners Abroad, einem der führenden britischen Unternehmen, dieser Branche, gegründet mit dem Ziel auch intensiven Charterverkehr außerhalb Londons zu betreiben. Die dichtbesiedelte Region im Norden schien optimal und Manchester wurde als Basis gewählt. Mit zwei geleasten Boeing 757 nahm Air 2000 am 11. 4. 1987 den kommerziellen Flugbetrieb auf. Im Jahre 1988 erhielt man zwei weitere Maschinen vom Typ Boeing 757, wovon eine in Glasgow stationiert wurde. An einengenden Gesetzen scheiterte die Gründung einer kanadischen Tochtergesellschaft. (s. Canada 3000) Erstmals in der Wintersaison 1988/89 flog man auch nach Mombasa, nach Umrüstung der 757 auf ETOPS-Standard auch nach Newark, Boston und Orlando. Ab Oktober 1990 erhielt Air 2000 auch die Linienflugerlaubnis für Flüge von Großbritannien nach Zypern. Nachdem die Flotte regelmäßig Zuwachs mit Boeing 757 erfuhr, kamen im April 1992 die ersten beiden Airbus A 320. Neben intensiven Charterflügen ist Air 2000 auch im sogenannten Wetlease-Geschäft tätig und vermietet, hauptsächlich im Winter, ihre Flugzeuge.

Routen

Linienflüge von Birmingham, Glasgow, London-Gatwick, Manchester nach Larnaca. Von diesen Plätzen besteht ein reger Charterverkehr in die klassischen Mittelmeerregionen, nach Nordafrika, Kanada, Karibik, Mexiko, Gambia und Kenia. Im Winter Charterflüge zu den Skizentren der Alpenregion.

Flotte

4 Airbus A 320-200
15 Boeing 757-200ER

Foto: Fokker 100

AIR UK

Cross Key House, Haslett Ave. Crawley
W-Sussex RH10 1HS, Tel. 0293517654
Großbritannien

3 L-Code	IATA-Nr.	ICAO-Callsign
UKA	130	Ukay

Geschichte:

British Island Airways, Air Anglia, Air Wales und Air Westward schlossen sich am 1. Januar 1980 zur neuen gemeinsamen Gesellschaft Air UK zusammen. Die Streckennetze wurden zusammengefaßt und die Flugzeugflotte aufeinander abgestimmt. Heute ist Air UK mit einer Million Passagieren eine bedeutende Regionalfluggesellschaft an der KLM eine Minderheitsbeteiligung hält. Ende April 1988 wurde die Chartertochter UK Leisure gegründet. Air Uk verfügt über große Werftkomplexe in Exeter und Stansted.

Routen

Amsterdam, Bergen, Brüssel, Düsseldorf, Edinburgh, Glasgow, London, Paris, Stavanger, Zürich und weitere Ziele innerhalb Großbritanniens.

Flotte

2 Short 360
14 Fokker F-27
10 BAe 146-100/200/300
5 Fokker 100

Foto: Boeing 737-400 (Uwe Gleisberg/München FJS)

AIR UKRAINE INTERNATIONAL

Prospekt Pere Mogy 14, 252135 Kiew
Tel. 2166758
Ukraine

3 L-Code	IATA-Nr.	ICAO-Callsign
AUI	566	Air Ukraine

Geschichte:

Im Oktober 1992 als Tochtergesellschaft von Air Ukraine für internationale Dienste gegründete Gesellschaft. Der noch junge Staat der Ukraine hat 90% der Anteile am Stammkapital. Der Flugverkehr wurde mit geleasten Boeing 737-400 aufgenommen und führt nur nach Westeuropa. Anders als bei Air Ukraine will man mit modernem Gerät besonders westliche Geschäftsleute als Fluggäste gewinnen. Air Ukraine übernahm alle Flugzeuge des ehemaligen Aeroflot Direktorats in Kiew mit Maschinen aus sowjetischer Produktion.

Routen

Amsterdam, Berlin, Brüssel, Frankfurt, Kiew, London, Mailand, München, Paris, Wien, Zürich.

Flotte

2 Boeing 737-400

Foto: Boeing 727-200 Adv. (Uwe Gleisberg/Adelaide)

AIR VANUATU

P.O. Box 148, Port Villa
Tel. 23838
Republik Vanuatu

3 L-Code	IATA-Nr.	ICAO-Callsign
AVN	218	Air Van

Geschichte:

Als nationale Flugggesellschaft der Pazifikrepublik wurde Air Vanutau 1981 von Ansett Transport Industries und der Regierung gegründet. Ansett hielt 40% der Anteile. Mit einer geleasten Boeing 737-200 wurde von Vila aus der Flugbetrieb nach Australien aufgenommen, woher etwa 70% der Fluggäste herkommen. Im November 1987 erwarb die Regierung auch die restlichen Anteile von Ansett. Mit Australian Airlines ging man eine enge Kooperation ein und erhält von dort Flugzeuge und Wartungsunterstützung. 1989 konnten Auckland und Adelaide neu ins Streckennetz aufgenommen werden. Bei Kapazitätsengpässen oder bei anstehenden Wartungen der permanent geleasten Boeing 737-400, wird tageweise die Boeing 727 gemietet.

Routen

Port Vila, Auckland, Adelaide, Brisbane, Melbourne, Sydney, Noumea, Nadi.

Flotte

1 Boeing 737-400
1 Boeing 727-200 Adv.

Foto: McDonnell Douglas DC-8-54

AIR ZAIRE

B.P. 10120, Noljili, Kinshasa
Tel. 12-20759
Zaire

3 L-Code	IATA-Nr.	ICAO-Callsign
AZR	207	Air Zaire

Geschichte:

Air Zaire ist die nationale Fluggesellschaft und wurde als Air Congo im Juni 1961 von Sabena gegründet. Das sehr dichte Streckennetz im ehemaligen belgischen Kongo wurde 1960 nach der Unabhängigkeit des Landes übernommen, ebenso der Flugzeugpark mit DC-3, DC-4 und DC-6. Von Sabena wurde auch eine Boeing 707 übernommen und 1963 der Linienbetrieb zwischen Brüssel, Paris, Rom und der Republik Kongo aufgenommen. Die B-707 wurde 1967 durch eine DC-8 ersetzt. 1971 erfolgte die Umbenennung des Staates in Zaire, ebenso nahm die Fluggesellschaft den neuen Namen an. Als erstes Großraumflugzeug erhielt Air Zaire im Juni 1973 eine DC-10-30. Mitte der achtziger Jahre erfolgte eine völlige Umorganisation der Gesellschaft, jedoch erholt sich diese nur langsam von den riesigen Verlusten der vergangenen Jahre.

Routen

Brüssel ist eines der wenigen Ziele außerhalb Afrikas, daneben fliegt Air Zaire in die Nachbarländer und zu einigen Zielen innerhalb des Landes.

Flotte

2 Boeing 737-200Adv.
1 McDonnell Douglas DC-10-30

Foto: Boeing 767-200ER (André Dietzel/Frankfurt)

AIR ZIMBABWE

P.O.Box AP 1, Harare Airport
Harare, Tel. 737011
Zimbabwe

3 L-Code	IATA-Nr.	ICAO-Callsign
AZW	168	Zimbabwe

Geschichte:

Als Air Rhodesia wurde die Fluggesellschaft 1967 gegründet. Durch die politischen Verhältnisse war es bis zur Machtübernahme der heutigen Regierung und der Umbenennung in Zimbabwe nur möglich, einen Inlandsverkehr und ins benachbarte Südafrika zu fliegen. Zum Einsatz kamen DC-3, Vickers Viscount und Boeing 707/720. Erst nach 1980 entwickelte sich die jetzige Air Zimbabwe zu einer Gesellschaft mit Flügen in benachbarte Länder und nach Europa. 1983 erfolgte die Übernahme der Frachtfluggesellschaft Affretair, 1989 die Ablieferung der ersten Boeing 767.

Routen

Von Harare regelmäßige Dienste nach London, Frankfurt, Athen, Nairobi, Mauritius, Australien, Südafrika. Tägliche Flüge auch zu den berühmten Victoriafällen.

Flotte

2 Boeing 767-200ER
4 Boeing 707-300
3 Boeing 737-200
1 BAe 146-200

Foto: McDonnell Douglas MD-83

ALASKA AIRLINES

P. O. Box 68900 Seattle
Tel. 206-433-3200
USA

3 L-Code	IATA-Nr.	ICAO-Callsign
ASA	27	Alaska

Geschichte:

1932 kaufte Star Air Service die McGhee Airways, eine der vielen Gesellschaften in Alaska. Aus dieser Gesellschaft wurde dann im November 1943 Alaska Star Airlines, nachdem die Fluggesellschaften Pollack Flying Service, Mirow Air und Laverny Airways übernommen wurden. Mit diesen Zukäufen beherrschte man mehr als $^{3}/_{4}$ des Verkehrsaufkommens in Alaska. 1944 wurde der jetzige Name angenommen. Neben Liniendiensten war Alaska Airlines auch im Chartergeschäft rege tätig. Während der Berliner Luftbrücke und später während des Korea Krieges waren Alaska-Flugzeuge im Einsatz. 1951 wurde die erste Route von Alaska nach Seattle eingerichtet. 1960 wurden als Ersatz für die bisher eingesetzte DC-3, Convair 340 und DC-6 angeschafft. Am 1. Februar 1968 kaufte Alaska Airlines, Cordova Airlines und am 1. April des Jahres noch die Alaska Coastal Airlines. In Anspielung auf die Erschließung der großen Ölfelder nannte man die ersten Jets der Gesellschaft auch „Golden Nugged Jet". 1970 wurden Charterflüge von Fairbanks nach Chabrovsk in der UdSSR durchgeführt, auch erhielt man die Genehmigung für Flüge nach Moskau. Anfang der achtziger Jahre wurde das Erscheinungsbild geändert, am Leitwerk war fortan ein lächelnder Eskimo zu sehen. 1986 folgten mit Jet Amerika und Horizon Airlines weitere Aufkäufe. Die Strecken wurden bis Kalifornien und Mexiko ausgedehnt. 1992 buchten etwa 6 Millionen Passagiere einen Flug mit Alaska Airlines, wobei in diesem Jahr erstmals ein „Minus" in den Geschäftsbüchern aufgeführt wurde.

Routen

Anchorage, Bethel, Boise, Burbank, Fairbanks, Glacier Bay, Juneau, Kotzbue, Long Beach, Los Angeles, Oakland, Palm Springs, Phoenix, Portland, San Diego, San Francisco, San Jose, Seattle, Spocane und Tucson. Weitere Flüge nach Mexiko.

Flotte	Bestellt
7 Boeing 737-200Adv.	4 Boeing 737-400
38 McDonnell Douglas MD-82/83	6 McDonnell Douglas MD-83
19 Boeing 727-200	20 McDonnell Douglas MD-90
18 Boeing 737-400	

Foto: DeHavilland DHC-8 (Uwe Gleisberg/München FJS)

ALBANIAN AIRLINES

Pruga Kongresi I Permetit 202, Tirana
Albanien

3 L-Code	IATA-Nr.	ICAO-Callsign
ABW	59	Albanien

Geschichte:

Albanian Airlines nennt sich die neue nationale Fluglinie von Albanien. Sie wurde im April 1992 von der staatlichen Albtransport und Tyrolean Airways aus Innsbruck Österreich gegründet. Die Gesellschaft hat ihre Basis in Tirana und profitiert von dem Know how und der Erfahrung von Tyrolean. Im Mai 1992 begann der regelmäßige Linienverkehr, mit einer von Tyrolean geleasten DHC-8, von Tirana nach Wien.

Routen

Tirana, Frankfurt, Istanbul, München, Rom, Wien, Zürich.

Flotte

1 DeHavilland DHC-8

Foto: Boeing 747-200 (Josef Krauthäuser/Hongkong)

ALITALIA

Piazzale Giulia Pastore 6
100144 Roma, Tel. 0654441
Italien

3 L-Code	IATA-Nr.	ICAO-Callsign
AZA	55	Alitalia

Geschichte:

Gründungsdatum der Alitalia (Aerolinee Italiane Internazionali) ist der 16. September 1946. Die italienische Regierung, BEA und einige italienische Firmen bildeten die Gesellschaft. Der Flugbetrieb wurde am 5. Mai 1947 mit Fiat 612, SIAI Marchetti SM 95 und Lancastrian aufgenommen. 1950 wurden DC-4 und 1953 Convair 340/440 und DC-6 angeschafft, erster Jet war eine DC-8 im Jahre 1960. Der weiteren Entwicklung von Alitalia war 1957 der Zusammenschluß mit LAI vorausgegangen. Seit November 1957 ist Alitalia die nationale Fluggesellschaft Italiens. Vickers Viscount und Caravelle für Kurz-und Mittelstrecken fanden Eingang in die Flotte. Letztere wurde ab August 1967 durch DC-9 ersetzt. Die erste Boeing 747 wurde am 13. Mai 1970 geliefert, die DC-10 im Februar 1973. In den späten 70er Jahren sorgte Alitalia mit ihren Flugzeugbestellungen bei den Herstellern für einigen Wirbel, da neben Boeing 727, 747 auch Airbus A 300 und DC-10 bestellt wurden, einige Aufträge aber storniert werden mußten. Inzwischen geht der Trend zu einer Vereinheitlichung der Flotte, auch der Tochterunternehmen. Für die Interkontinentalstrecken erhielt Alitalia ab 1992 11 MD-11. Alitalia gehört zu den größten europäischen Fluggesellschaften.

Routen

Alitalia bedient über 100 Ziele so auch Basel, Köln, Düsseldorf, Frankfurt, Genf, Hamburg, Hannover, München, Nürnberg, Stuttgart, Wien und Zürich, Nord-und Südamerika, Afrika, den Mittleren und Fernen Osten.

Flotte

14 Airbus A 300B4
14 Boeing 747-200
34 McDonnell Douglas DC-9-32
40 McDonnell Douglas MD-82
6 McDonnell Douglas MD-11

Bestellt

40 Airbus A 321
44 McDonnell Douglas MD-82
2 McDonnell Douglas MD-11
7 Boeing 747-400

Foto: Boeing 747-400 (Boeing-Foto via Kauders)

ALL NIPPON AIRWAYS

3-2-5, Kasumigaseki Chiyoda-ku Tokio 100
Tel. 035923403
Japan

3 L-Code	IATA-Nr.	ICAO-Callsign
ANA	205	All Nippon

Geschichte:

All Nippon Airways ist Japans größte Fluggesellschaft, nach Passagieren gerechnet. Im Jahre 1989 wurden über 28 Millionen Fluggäste, vorwiegend im Inland, gezählt. 1952 als Japan Helicopter gegründet, schloß man sich mit Far East Airlines im Jahre 1958 zur All Nippon Airways zusammen. Wichtigste Strecke dieser Jahre war Tokio-Osaka. Mit Convair 340 und 440 wurde das Streckennetz stetig ausgeweitet. Im Juli 1961 wurden gleich zwei neue Flugzeugtypen eingeführt, die Fokker F-27 und die Vickers Viscount 828. Mit Übernahme von drei regionalen Fluggesellschaften 1963 (Fujita), 1965 (Central Japan) und 1967 (Nagasaki-Airlines) wuchs All Nippon sehr schnell. Jetservice mit Boeing 727 wurde 1964 zwischen Tokio und Sapporo erstmals angeboten. 1973 im Dezember kam mit der Lockheed TriStar der erste „Widebody" zum Einsatz. Mit der Boeing 747SR erhielt ANA — wie auch andere japanische Gesellschaften — einen Jumbo-Jet mit besonders enger Bestuhlung, womit etwa 500 Passagiere transportiert werden. Die kontinuierliche Flottenerneuerung brachte ab Mitte 1984 die Boeing 767 und 1990 den Airbus A 320 sowie auch die Boeing 747-400 zum Einsatz. Internationale Strecken wurden relativ spät, etwa ab Mitte der achtziger Jahre, von ANA erschlossen. Als Jubiläumsmaschine wurde eine werkneue Boeing 747-400D mit einem Sonderanstrich versehen.

Routen

Innerjapanisch fliegt ANA zu 35 Zielen, International nach Bangkok, Beijing, Brüssel, Dalian, Guam, Frankfurt, Hongkong, London, Los Angeles, Moskau, Paris, Seoul, Saipan, Stockholm, Sydney und Washington.

Flotte		Bestellt
11 Lockheed L-1011 TriStar	16 Boeing 747-400	2 Airbus A320
9 Boeing 737-200Adv.	11 NAMC YS-11A	6 Boeing 767-300
57 Boeing 767-200/300	15 Airbus A 320	10 Boeing 747-400
17 Boeing 747SR		15 Boeing 777
6 Boeing 747-200		5 Airbus A340-300

Foto: McDonnell Douglas MD-82

ALM

Hato Airport, Willemstad, Curacao
Tel. 81322
Union der Niederländischen Antillen

3 L-Code	IATA-Nr.	ICAO-Callsign
ALM	119	Antillean

Geschichte:

Antilliaanse Luchtvaart Maatschappij NV, kurz ALM, wurde 1964 eingerichtet, um die KLM in der Karibik abzulösen. Mit drei Convair 340 wurde am 1. August 1964 der Flugbetrieb auf den Strecken ab Curacao aufgenommen. 1969 wurden 96 % der Gesellschaftsanteile von der Regierung der Niederländischen Antillen übernommen. Windward Island Airways International NV konnte im Jahre 1974 gekauft werden, die Streckenrechte und Flugzeuge gingen ebenso in Besitz von ALM. 1985 kam, als Ersatz für DC-9-15, die erste MD-82 zur Flotte, die sukzessive erneuert wurde.

Routen

Aruba, Bogota, Bonaire, Caracas, Kingston, Meddelin, Miami, New York, Port-au-Prince, Port of Spain, Santo Domingo, San Juan.

Flotte

3 McDonnell Douglas MD-82
1 Lockheed 188AF Electra
2 McDonnell Douglas DHC-8-300

Foto: Boeing 737-400 (Boeing via Kauders/Seattle)

ALOHA AIRLINES

P.O. Box 30028 Honolulu, Hawaii
Tel. 808-8364101
USA

3 L-Code	IATA-Nr.	ICAO-Callsign
AAH	327	Aloha

Geschichte:

Aloha Airlines wurde als Trans Pacific-Airlines Ltd. am 9. Juni 1946 gegründet. Die ersten 3 Jahre ihres Bestehens war sie als Passagier-und Fracht Charterer innerhalb der Hawaii-Inseln tätig. Erster Flugzeugtyp war, wie bei vielen Gründungen dieser Zeit, die DC-3. Am 6. Juni 1949 wurden die ersten Linienflüge aufgenommen. Die Gesellschaft änderte den Namen in Aloha Airlines im November 1958. Fairchild F-27 lösten die DC-3 im Juni 1959 ab, 1963 folgte die größere Vickers Viscount. Insgesamt erhielt Aloha 3 Viscounts und 6 F-27. Auch der erste Jet war ein englisches Produkt. Am 29. 4. 1966 nahm Aloha mit BAC 1-11 den Liniendienst von Honolulu nach Maui auf. Ein Schritt zur Vereinheitlichung der Flotte wurde mit Kauf und Ablieferung der ersten Boeing 737 im Jahre 1969 getan. Mit Auslieferung der ersten Boeing 737-400 Anfang 1993 änderte sich auch das Erscheinungsbild. Seither sind nur noch Boeing 737 im Dienst und mehr als 4,7 Millionen Passagiere nutzten den Service von Aloha Airlines.

Routen

Honolulu, Hilo, Kohnhui, Kona, Lihue mit vielfachen täglichen Verbindungen.

Flotte	Bestellt
15 Boeing 737-200 4 Boeing 737-300 2 Boeing 737-400	2 Boeing 737-400

Foto: Airbus A 320

AMERICA WEST AIRLINES

4000 East Sky Harbour Bldg. Phoenix
Arizona 85034, Tel. 602-8940800
USA

3 L-Code	IATA-Nr.	ICAO-Callsign
AWE	401	Cactus

Geschichte:

America West Airlines wurde erst nach der Deregulation gegründet und gilt als eine der dynamischsten Airlines der USA. 1981 gegründet nahm 1983 America West den Flugverkehr ab Phoenix auf. Sogenannte „Hubs" bildet neben Phoenix noch Las Vegas. Innerhalb von nur 6 Jahren wuchs die Flotte von anfänglich drei B-737 auf über 90 Flugzeuge, mit den neuen Strecken und Destinationen auch die Mitarbeiter. Diese sind übrigens alle an America West Airlines beteiligt und zwar in Form von Aktien. Zunächst war — wie der Name sagt — die Gesellschaft nur im Westen der USA tätig, im Laufe der Jahre wurde das Streckennetz aber auf die gesamten Staaten ausgedehnt, sowie auf Kanada und Hawaii. Diese Strecke wurde im November 1989, mit Boeing 747, eröffnet. 1989 zählte man bei AWE über 13,4 Millionen Passagiere. Seit dem 27. 6. 1991 fliegt America West unter „Gläubiger-Schutz" mit einer verringerten Flotte und hofft, wieder solvent zu werden. Unrentable Strecken werden abgeschafft und ein Kostenreduzierungsprogramm eingeführt.

Routen

Flächendeckend in den USA, nach Kanada.

Flotte	Bestellt
11 Boeing 757-200	12 Boeing 757-200
33 Boeing 737-300	35 Airbus A 320
23 Boeing 737-200	14 Boeing 737-400
24 Airbus A 320	

Foto: Boeing 767-200ER (Wolfgang Grond/München)

AMERICAN AIRLINES

P. O. Box 619616 DFW Intl. Airport
Dallas, Tel. 817-967-1234
USA

3 L-Code	IATA-Nr.	ICAO-Callsign
AAL	1	American

Geschichte:

Als Nachfolger der Aviation Corporation, die wiederum aus einer Vielzahl kleiner Gesellschaften hervorgegengen war, entstand American Airlines am 13. Mai 1934. Bevor die nach den Spezifikationen der American Airlines entstandene DC-3 zum Einsatz kam, wurden überwiegend Curtiss Condor eingesetzt. 1945 wurde AOA übernommen, diese war auf Flüge nach Europa spezialisiert. 1950 wurde diese an PanAm verkauft und AA konzentrierte sich ganz auf den amerikanischen Markt. American war in der Folgezeit für die Flugzeugbauer der USA einer der wichtigsten Partner, gingen doch die DC-3, DC-7, Convair 240 und 990, Lockheed L-188 Electra sowie die DC-10 aus Spezifikationen und Aufträgen der American hervor. Mit der DC-7 wurde ab November 1953 derTranskontinent Nonstop-Dienst von New York nach Los Angeles aufgenommen. Sechs Jahre später übernahm American erster Jet, die Boeing 707 diese Strecke. BAC-1-11-400 und Boeing 727 waren weitere Typen im umfangreichen Flugzeugpark der Gesellschaft. 1970 beginnt das Großraum-Zeitalter mit der Indienststellung von Boeing 747, gefolgt von DC-10 im August 1971. In diesem Jahr übernimmt American Trans Caribbean Airways und bedient seither ein umfangreiches Liniennetz in diesem Gebiet. Nach der Deregulation wird American immer größer und übernimmt schließlich noch AirCal im Jahre 1987. Zahlreiche Streckenkäufe von anderen Gesellschaften bereiten den Weg für eine expansive Ausdehnung der Strecken nach Fernost, Südamerika und Europa. Frankfurt, Düsseldorf, München, Zürich werden Ende der achtziger Jahre bedient. 1990 ist American die größte private Fluggesellschaft weltweit mit über 67 Millionen Fluggästen, 1992 waren es bereits 87 Millionen. Erstmals wurde auch wieder Berlin als Ziel angesteuert.

Routen

Auckland, Sydney, Hongkong, Tokio, Madrid, Paris, London, Manchester, Glasgow, Brüssel, Frankfurt, München, Zürich, Stockholm in Europa, dazu über 250 Ziele in USA, der Karibik, Hawaii und Südamerika.

Flotte		Bestellt
241 McDonnell Douglas MD-82	30 Boeing 767-200ER	10 McDonnell Douglas MD-83
22 McDonnell Douglas MD-83	41 Boeing 767-300ER	11 Fokker 100
127 Boeing 727-200	59 McDonnell Douglas DC-10	19 Boeing 767-300ER
78 Boeing 757-200	19 McDonnell Douglas MD-11	10 McDonnell Douglas MD-11
64 Fokker 100	35 Airbus A 300-600	

Foto: Lockheed L-1011 TriStar

AMERICAN TRANSAIR

P. O. Box 51609 Indianapolis
Indiana 46251, Tel. 317-2474000
USA

3 L-Code	IATA-Nr.	ICAO-Callsign
AMT	366	Amtran

Geschichte:

American Transair gilt als größte Charterfluggesellschaft der Vereinigten Staaten. Sie wurde 1973 in Indianapolis im Bundesstaat Indiana gegründet und eröffnete mit Boeing 720 den Flugbetrieb für den Ambassadair Travel Club. 1981 erhielt American Transair von der FAA die Zulassung als Charterfluglinie. Weitere Boeing 707 wurden angeschafft, 1982 folgten DC-10 und Boeing 727. Da auf dem weltweiten Flugzeugmarkt keine weiteren DC-10 vorhanden waren, rüstete man auf Lockheed L-1011 TriStar um und hatte eine Flotte von Boeing 727 und L-1011 die die Boeing 707 ablösten. Die älteren B-727 wurden bis 1992 durch B-757 ersetzt. Insgesamt flogen 1993 mit AMT 2,7 Millionen Passagiere.

Routen

Liniendienste nach Fort Meyers, Honululu, Maui, San Francisco. Charterflüge weltweit auch nach Europa, u. a. Zürich, München, Frankfurt, Hamburg.

Flotte

12 Lockheed L-1011 TriStar
6 Boeing 757-200

Foto: Boeing 727-100 F (Björn Kannengiesser/Miami)

AMERIJET INTERNATIONAL

498 SW 34th Street, Fort Lauderdale FL 33315
Tel. 305-3590077
USA

3 L-Code	IATA-Nr.	ICAO-Callsign
AJT	810	Amerijet

Geschichte:

Amerijet International wurde 1974 gegründet und beschäftigte sich zunächst nur mit Fracht-und Expressgutflügen. Zum Einsatz kamen Learjet und Cessna 401.
1985 konnten die ersten drei Boeing 727 beschafft werden, weitere folgten in den Jahren 1988 und 1989. Mit einer Combiversion diesen Types (Boeing 727-100C) stieg man auch in den Passagiercharter ein. Für DHL und Burlington, beides Spezialisten im Frachtbereich, fliegt Amerijet regelmäßig Linienfrachtflüge. 1993 konnten erstmals Linienflüge nach Guayana aufgenommen werden.

Routen

Antigua, Barbados, Cancun, Domenica, Grenada, Guayana, Merida, Mexiko City, Port of Spain, St. Kitts, St. Lucia, St. Maarten, St. Vincent.

Flotte

7 Boeing 727-100 C/F
2 Cessna 410/501
3 Dassault Falcon 20C

Foto: Airbus A320 (Björn Kannengiesser/Sydney)

ANSETT

501 Swanston Street Melbourne
Victoria 3000, Tel. 036681211
Australien

3 L-Code	IATA-Nr.	ICAO-Callsign
AAA	90	Ansett

Geschichte:

Reginald Ansett gründete seine Firma 1931 und begann mit Bus-und LKW Fahrten in Victoria. 1936 schließlich kam es zur Gründung von ATI Ltd. (Ansett Transport Industrie) und den ersten Flügen von Melbourne nach Hamilton. Zum Einsatz kam eine Fokker Universial. Die Verbindung Ansett-Fokker besteht somit schon über 50 Jahre. Nach Aufkauf verschiedener kleinerer Gesellschaften übernahm am 4. Oktober 1957 Ansett die Australian National Airways. (ANA) Bis 1969 flog die neue Gesellschaft unter dem Logo: Ansett-ANA. Nach der Fusion kamen Flugzeuge wie Vickers Viscount und Lockheed L-188 Electra zum Einsatz. Erster Jet war die Boeing 727, diese kam ab November1964 zum Einsatz. Ansett erhielt auch DC-9 und zwar ab 1967. Neben Australien war auch Port Moresby, im damaligen Treuhandgebiet Neu Guinea, ein zentraler Einsatzschwerpunkt von Ansett. 1981 bis 1982 änderte Ansett-ANA sein Erscheinungsbild und bestellt neue Flugzeuge, so die Boeing 767 und 737. Neuester Typ in der Ansett-Flotte ist der Airbus A 320. Ansett gehört heute zum Thomas-TNT-Konzern. 1993 wurde die Tochtergesellschaft „East West“ völlig integriert.

Routen

Dichtes australisches Streckennetz mit etwa 50 Zielorten, Bali.

Flotte		Bestellt
6 Boeing 767-200	6 Fokker F 27	10 Airbus A 321
4 Boeing 727-200Adv.	3 BAe 146-200/300	
16 Boeing 737-300	1 DC-3	
12 Airbus A 320		
3 Fokker 50		

Foto: DC-10-30 (Wolfgang Grond/Zürich)

AOM-FRENCH AIRLINES

20 Paritalie Blvd. Pasteur 94278
Le Kremlin Bicentre Cedex, Tel. 146701530
Frankreich

3 L-Code	IATA-Nr.	ICAO-Callsign
AOM	—	Air Mer

Geschichte:

Am 15. Dezember 1988 wurde Air Outre Mer auf der Insel Reunion im Indischen Ozean gegründet. Geplant war eine Verbindung zu den französischen Überseeprovinzen auf der Basis eines Linien-Charterverkehrs. Der Liniendienst mit DC-10-30 begann am 26. Mai 1990 mit zunächst drei wöchentlichen Flügen von Paris nach St. Denis de la Reunion. Im Herbst 1990 kamen weitere DC-10-30 zur Flotte. Für einen neu geschaffenen Inlandsflugdienst auf der Insel Reunion wurden zusätzlich drei Dornier 228 im November 1990 gekauft. Ende des Jahres 1992 erfolgte der Zusammenschluß mit der Fluggesellschaft Minerve und teilweiser Übernahme ihrer Flugzeuge. Die künftigen Aufgaben mußten neu definiert werden und die neue Gesellschaft erhielt nicht nur ein anderes äußeres Erscheinungsbild, sondern wurde neu strukturiert und änderte auch den Namen.

Routen

Zu den Überseeprovinzen Reunion, in die Karibik, und zu weiteren 70 Zielen in über 30 Ländern.

Flotte	Bestellt
9 McDonnell Douglas DC-10-30 5 McDonnell Douglas MD-83	7 McDonnell Douglas MD-11

Foto: Tupolev 154 M

ARIANA AFGHAN

P. O. Box 76 Ansari Watt, Kabul
Tel. 21015
Afghanistan

3 L-Code	IATA-Nr.	ICAO-Callsign
AFG	255	Ariana

Geschichte:

Ariana Afghan Airlines Co Ltd. wurde im Januar 1955 als neue nationale Fluggesellschaft gegründet. Die indische Indama Corp. stellte die ersten Flugzeuge vom Typ DC-3 und hielt 49 % der Anteile. Diese Anteile übernahm im Jahre 1956 Pan American World Airways und baute die Gesellschaft stark aus. Internationale Strecken nach Delhi und Beirut wurden zügig eingerichtet, die Beirutstrecke über Ankara und Prag bis Frankfurt verlängert. Zum Einsatz kamen DC-4 und später DC-6. 1968 erhielt Ariana den ersten Jet, eine Boeing 727, gefolgt von einer DC-10-30 im September 1979. Nach dem Einmarsch sowjetischer Truppen Weihnachten 1979 brach der Flugverkehr zusammen, die DC-10 wurde nach einem Raketentreffer verkauft und Flugzeuge sowjetischer Bauart kamen zur Flotte. Während der 10jährigen Kriegszeit wurden lediglich Moskau und Prag, zeitweise Berlin-Schönefeld angeflogen, vorwiegend um Verwundete zu transportieren. Eine Normalisierung des Flugverkehrs ist erst nach und nach zu erwarten, da die politische Lage noch nicht geklärt ist.

Routen

Kabul, Amritsar, Delhi, Taschkent, Moskau, Dubai und Prag.

Flotte

2 Tupolev 154 M
2 Boeing 727-100
4 Antonow 26/24
2 Yakolev 40
3 Boeing 727-200

Foto: DC-8-63F (Björn Kannengiesser/Miami)

ARROW AIR

P. O. Box 026062 Miami, FL 3310-6062
Tel. 5260900
USA

3 L-Code	IATA-Nr.	ICAO-Callsign
APW	404	Big A

Geschichte:

Arrow Airways wurde als Chartergesellschaft Ende 1946 gegründet und war fliegerisch bis 1954 aktiv. 1980 erst wurde die stillgelegte Firma reaktiviert und begann am 26. Mai 1981 mit Frachtchartern. Im Juli 1982 konnte der erste Linienflug von Los Angeles nach Montego Bay aufgenommen werden. Bereits am 18. Dezember des Jahres 1982 flog Arrow auch von Tampa nach London. Aus Arrow Airways wurde Anfang 1983 Arrow Air und zwei DC-10 wurden angeschafft. Eine Reorganisation im Jahre 1984 hatte zur Folge, daß inneramerikanische Linienflüge eingestellt wurden, aufgenommen dagegen wurden einige Strecken nach Südamerika. Im Jahre 1985 schließlich zog sich Arrow Air ganz aus dem Passagierverkehr zurück und operierte seitdem nur noch Frachtflüge. Ein Comeback als Passagiercharter erfolgte dann mit Boeing 727 im Jahre 1993.

Routen

Asuncion, Bogota, Buenos Aires, Caracas, Columbus, Costa Rica, Keflavik, Miami, New York, Panama, San Juan, Santiago, Shannon werden regelmäßig mit Frachtmaschinen bedient.

Flotte

3 Boeing 727-200
7 McDonnell Douglas DC-8-62 F
4 McDonnell Douglas DC-8-63 F

Foto: Boeing 767-300 (Josef Krauthäuser/Bangkok)

ASIANA

1Ka Hoehuyn-Dong, Chung Ku, Seoul
Tel. 02-7588114
Republik Korea

3 L-Code	IATA-Nr.	ICAO-Callsign
AAR	988	Asiana

Geschichte:

Der wirtschaftliche Boom in Südkorea und die neuerdings große Mobilität der Koreaner ließen diese neue Gesellschaft 1988 entstehen. Aufnahme des Flugbetriebes war 1989 mit geleasten Boeing 737-400, zunächst nach Fukuoka, Nagoya und Tokio ins Ausland, sowie Seoul-Pusan in Korea. 1990 kamen dann Streckenrechte nach Hongkong und Bangkok hinzu. 1992 folgten Los Angeles, New York und San Francisco. Noch schneller wurde die Flotte mit Boeing 747-400, 737-400 und 500er. Bei diesen gewaltigen Investitionen konnte die Gesellschaft noch keine Gewinne erwirtschaften.

Routen

Innerkoreanische Routen ab Seoul, Internationale Flüge nach Japan, Los Angeles, New York, San Francisco, Bangkok und Hongkong.

Flotte	Bestellt
15 Boeing 737-400	8 Boeing 737-400
3 Boeing 737-500	8 Boeing 767-300
7 Boeing 767-300	6 Boeing 747-400
5 Boeing 747-400	2 Boeing 767-300F

Foto: McDonnell Douglas MD-82 (Uwe Gleisberg/München FJS)

ATI

Palazzo ATI, Capodichino Aeroporto
80144 Napoli Tel. 081709-1111
Italien

3 L-Code	IATA-Nr.	ICAO-Callsign
ATI	—	ATI

Geschichte:

Aero Trasporti Italiani (ATI) wurde am 13. 12. 1963, als Tochterunternehmen von Alitalia, gegründet. ATI führte für Alitalia die Inlandsflüge durch, die bis 1963 von Societa Aerea Mediterranea durchgeführt wurden. Mit Fokker F-27 begann der Flugbetrieb im Juni 1964. ATI wurde von Libyen beauftragt, einen Regionaldienst in diesem Land aufzubauen. Heute besitzt ATI wieder eine reine Jet-Flotte, nachdem die ATR-42 nur kurze Zeit auf einigen Strecken eingesetzt wurde. Die erste DC-9 erhält ATI im Juli 1969, diese werden seit 1988 von MD-82 ergänzt. 1993 flogen 4,9 Millionen Fluggäste mit ATI.

Routen

Linien-und Charterdienste von England, Deutschland, Österreich, Schweiz nach Italien. Dichtes regionales Liniennetz in Italien zu etwa 30 Zielen.

Flotte

7 McDonnell Douglas DC-9-32
38 McDonnell Douglas MD-82

Foto: BAC 1-11-500

AUSTRAL

Florida 234, Piso 5, Buenos Aires 1334
Tel. 313377777
Argentinien

3 L-Code	IATA-Nr.	ICAO-Callsign
AUT	143	Austral

Geschichte:

Austral entstand 1971 aus dem Zusammenschluß zweier privater Fluggesellschaften, Austral Compania Argentina und Aerotransportes Litoral Argentino (ALA). Beide Gesellschaften wurden 1957 gegründet und arbeiteten bereits seit 1966 zusammen, als Austral 30 % Anteile von ALA übernahm. So wurden zum Beispiel neue Flugzeugtypen wie BAC 1-11, oder NAMC-YS-11 A gemeinsam gekauft und auch flugtechnisch betreut. Austral ist heute die zweitgrößte Fluggesellschaft in Argentinien und führt sowohl Linien-als auch Charterflüge durch. Austral ist im Besitz der Holdinggesellschaft Cielos del Sur, diese hat auch eine Beteiligung bei Aerolineas Argentinas.

Routen

Buenos Aires, Bahia Blanca, Cordoba, Mar del Plata, Mendoza, Rosario, Tucuman, Montevideo, Rio Gallegos und Neuquen sind wichtigste Destinationen im Austral-Streckennetz.

Flotte

8 BAe (BAC) 1-11-500
2 McDonnell Douglas MD-81
2 McDonnell Douglas MD-83

Foto: McDonnell Douglas MD-81 (Josef Krauthäuser/Salzburg)

AUSTRIAN AIRLINES

Postfach 50, 1107 Wien
Tel. 0222-6835110
Österreich

3 L-Code	IATA-Nr.	ICAO-Callsign
AUA	257	Austrian

Geschichte:

Am 30. September 1957 wurde Austrian Airlines gegründet. Mit geleasten Vickers Viscount des AUA-Teilhabers Fred Olsen nahm AUA am 31. März 1958 den Flugverkehr auf, und zwar auf der Strecke Wien-London. Wenig später erfolgte die Aufnahme des Liniendienstes nach Frankfurt, Zürich, Paris, Stuttgart und Rom. Anfang Februar 1960 wurden eigene Vickers Viscount 837 übernommen. Im April und Juni 1963 stellte man die erste Caravelle in Dienst. Für inländische Strecken kam noch die altehrwürdige DC-3 zu Ehren, die aber 1966 durch HS-748 ersetzt wurde. Im Jahre 1969 erfolgte eine Reorganisation der AUA, unrentable Linien und der gesamte Inlandsflugverkehr wurden eingestellt. Als neuer Flugzeugtyp wurde die DC-9 bestellt, deren erste traf 1971 ein. Mit Einführung dieses Typs wurde gleichzeitig ein neues Erscheinungsbild eingeführt. Versuche, den Sprung ins Langstreckengeschäft zu schaffen, scheiterten 1973. Ab 1975 wurden DC-9-51 bestellt und man entschied sich bei AUA früh für die MD-81, hier war AUA einer der Launching-Customer. Ab 1988 kamen auch die ersten MD-87 mit verlängerter Reichweite zur Flotte. Der dritte Versuch im Langstreckengeschäft mitzumischen, gelang 1989 mit Aufnahme der Linienverbindungen nach Tokio und New York. Hier kommen Airbus A 310 zum Einsatz, diese kamen ab 1989 zur AUA. Zu den Tochtergesellschaften der AUA gehört u.a. auch Austrian Air Service, diese ist mit Fokker 50 im Regional-/Zubringerverkehr tätig.

Routen

New York, Tokio, Moskau, besonders stark ist AUA nach Osteuropa orientiert, den Mittleren Osten, Skandinavien und wichtige Ziele in Europa. Charterdienste führen in den Mittelmeerraum, Kenia, Malediven und anderen Zielen.

Flotte	Bestellt
4 Airbus A 310-300	7 Airbus A 320
18 McDonnell Douglas MD-81/82	6 Airbus A 321
5 McDonnell Douglas MD-87	2 Airbus A 340
4 Fokker 50	

Foto: Boeing 757-200

AVENSA

Avda Universidad Esq. El. Chorro Edif. 29
Piso 2/3 Aptdo 943 Caracas 101, Tel. 02455244
Venezuela

3 L-Code	IATA-Nr.	ICAO-Callsign
AVE	128	Ave

Geschichte:

Aerovias Venezolanes SA-kurz Avensa-wurde am 13. Mai 1943 von Pan American und einer Gruppe venezolanischer Interessenten gegründet. Im Dezember 1943 wurde auch der Flugverkehr mit Ford Trimotor, Lockheed 10A und Stinson Reliant aufgenommen. Nach dem 2. Weltkrieg wird die Flotte mit DC-3 ergänzt. 1953 werden Convair 340 bestellt, um mit diesen 1955 eine Verbindung nach Miami aufzunehmen. 1961 wird mit Aeropostal VIASA gegründet und alle internationalen Strecken an diese transferiert. 1964 trifft mit der Caravelle das erste Jet-Flugzeug ein und die größere Convair 580 Turboprop. 1976 veräußerte Pan Am ihre Anteile an die venezolanische Regierung. Die Flotte wird ergänzt mit Boeing 727 und in 1989 ein Flottenerneuerungsprogramm gestartet mit Erhalt der ersten Boeing 757 und Boeing 737-300.

Routen

Regionale und nationale Liniendienste zu über 30 Zielen in Venezuela und den Nachbarländern.

Flotte

2 Boeing 757-200
5 Boeing 727-200 Adv.
1 Boeing 727-100
5 McDonnell Douglas DC-9-31/51
2 Boeing 737-200Adv.
1 Boeing 737-300
1 Convair 580

Foto: Fokker F-27

AVIACO

Maudes 51, 28003 Madrid
Tel. 2543600
Spanien

3 L-Code	IATA-Nr.	ICAO-Callsign
AYC	110	Aviaco

Geschichte:

Aviacion y Comenio SA, abgekürzt Aviaco ist eine Gründung vom 18. Februar 1948. Mit Bristol 170 Frachtern wurden landwirtschaftliche Produkte von Spanien nach Nordeuropa geflogen. Da dieses Geschäft nicht sehr profitabel war, wurde auch beantragt, Passagierflüge durchzuführen. Ab 1950 folgte die Aufnahme einer ersten Verbindung von Bilbao, dem Sitz der Gesellschaft, über Madrid nach Barcelona, weitere Inlands-Flüge führten nach den Kanarischen-und Balearischen Inseln und nach dem damaligen Spanisch-Marokko. Zum Einsatz kamen SE 161 Languedocs, Convair 440, DC-3, DC-6 und Constellation. Bereits Mitte der fünfziger Jahre wurden auch die ersten Charterflüge von Großbritannien nach Spanien unternommen. Die Iberia übernahm 1960 Anteile in Höhe von 65% an Aviaco. Mit Carvair eröffnete man 1964 einen „Fährdienst" für Autos und deren Insassen, von Barcelona nach Palma de Mallorca. Nach der ersten Caravelle, 1960 von Sabena gekauft, folgten von Iberia weitere Caravelle, die die Propeller-Flugzeuge alter Generation ablösten und auch DC-8. DC-9-32, von der Iberia übernommen, ersetzten Anfang der 80er Jahre auch die Caravelle und ab 1990 kommen moderne MD-88 zum Einsatz.

Routen

Dichtes regionales Liniennetz in Spanien, den Balearen und den Kanarischen Inseln. Charterflüge europaweit.

Flotte

8 Fokker F-27
13 McDonnell Douglas MD-88
22 McDonnell Douglas DC-9-32/34

Foto: Boeing 747-200

AVIANCA COLOMBIA

Av. Eldorado Piso 4, Bogota
Tel. 1-4139511
Kolumbien

3 L-Code	IATA-Nr.	ICAO-Callsign
AVA	134	Avianca

Geschichte:

Am 5. Dezember 1919 wurde die Sociedad Colombo-Alemanos de Transportes Aereos (SCADTA) gegründet und nahm von der Hafenstadt Barranquilla am 12. 9. 1920 den Flugverkehr auf. Mit Junkers F-13 wurde zunächst Puerto Berrio angesteuert, Ziele im benachbarten Equador und Venezuela wurden mit Junkers W34 bedient. 1930 übernahm dann Pan American die Aktienmehrheit bei der SCADTA, übernahm die internationalen Flüge selbst und die deutschen Flugzeuge wurden gegen amerikanische ausgetauscht. 1938 erfolgte der Zusammenschluß von SCADTA und SCAO zur Avianca. 1947 bediente Avianca Miami und zwei Jahre später auch New York mit DC-4. Mit diesem Flugzeugtyp flog man auch nach Europa nach Paris und Lissabon. Am 17. April 1953 wurde mit Lockheed Constellation Hamburg und im folgenden Jahr Frankfurt in das Routennetz einbezogen. Ab 1962 konnten die internationalen Strecken mit Jets bedient werden, hier kamen Boeing 707 und 720 zum Einsatz. 1970 erhielten alle Flugzeuge den heute noch üblichen Anstrich, ab 1971 war Zürich neues Ziel in Europa. Die erste Boeing 747 konnte im November 1976 in Empfang genommen werden, seit 1988 setzt Avianca neu, auch die Boeing 767 ein. Avianca befindet sich seit 1978 in kolumbianischen Besitz. Heimatbasis ist der Flughafen Eldorado in Bogota.

Routen

Dichtes Inlandsflugnetz, internationale Flüge nach Zielen in der Karibik, USA und Europa.

Flotte

2 Boeing 767-200 ER
3 Boeing 707-300
7 Boeing 727-200
1 Boeing 747-200
6 Fokker 50
10 McDonnell Douglas MD-83
2 Boeing 757-200

Foto: ATR-42 (Uwe Gleisberg/München FJS)

AVIANOVA

Via Carlo Veniziano 58, 00148 Roma
Tel. 6551489
Italien

3 L-Code	IATA-Nr.	ICAO-Callsign
NOV	—	Avianova

Geschichte:

Nachdem Meridiana (s. Seite 207) im Jahre 1993 seine Beteiligung an Avianova an ATI verkaufte, ist auch diese Fluggesellschaft im Besitz der Alitalia-Gruppe. Diese wird auch durch die Farbgebung der ATR-42 Flugzeuge deutlich. Bis zum Verkauf führten diese noch die rot-blaue Bemalung der ursprünglichen Avianova. Gegründet wurde sie als Regionalgesellschaft in Olbia, Sardinien und begann 1987 mit drei ATR-42 den Flugbetrieb.
1989 bereits beteiligte sich die Alitalia-Gruppe an Avianova und weitere ATR-42 wurden von ATI übernommen. Der Firmensitz wurde auch 1989 nach Rom verlegt. Nach dem Zusammenschluß von Alisarda und Universair zu Meridiana verkaufte diese schließlich ihre Beteiligung.

Routen

Bastia, Florenz, Genf, Genua, Köln, Mailand, Marseille, München, Nürnberg, Olbia, Perugia, Pisa, Stuttgart, Tirana, Venedig, Wien.

Flotte

11 ATR-42

Foto: Boeing 737-300

AVIATECA

Avienda Hincapie, Aeroporto La Aurora
Guatemala City, Tel. 63227
Guatemala

3 L-Code	IATA-Nr.	ICAO-Callsign
GUG	240	Aviateca

Geschichte:

1945 übernahm die von der Regierung gegründete Empresa Guatemalteca de Aviacion SA (Aviateca) die Geschäfte von Aerovias de Guatemala SA. Mit DC-3 wurde der Flugbetrieb fortgeführt, 1961 kamen DC-6B zur Flotte, eine Ausweitung des Streckennetzes nach Miami, New Orleans und anderen Zielen war damit möglich. Der erste Jet war eine geleaste BAC 1-11 im Jahre 1970. 1974 erfolgte die Umbenennung in Aerolinas de Guatemala und der Flugzeugpark um 2 Boeing 727 ergänzt. Ab 1989 fliegt Aviateca mit geleasten, modernen Boeing 737-300.

Routen

Miami, Managua, Mexico City, New Orleans und weitere Ziele in der Karibik.

Flotte

4 Boeing 737-300
4 Boeing 737-200

Foto: DeHavilland DHC-8-300

BAHAMASAIR

P. O. Box N-4881 Nassau
Tel. 8093278451
Bahamas

3 L-Code	IATA-Nr.	ICAO-Callsign
BHS	111	Bahamas

Geschichte:

Nach der Unabhängigkeit von Großbritannien wurde 1973 Bahamasair gegründet und ist seither nationale Fluggesellschaft. Zum Einsatz kamen unter anderem BAe HS-748 und BAC 1-11. „Rennstrecke" der Bahamasair ist die Verbindung ab Nassau und Freetown nach Miami in Florida. Ab 1990 werden die älteren HS-748 durch DHC-8 ersetzt und leiten ein Flottenerneuerungsprogramm ein, welches nur noch den Einsatz von Turbopropflugzeugen vorsieht.

Routen

Interinsel-Dienst, nach USA und andere Karibische Inseln.

Flotte

7 DeHavilland DHC-8-300
3 BAe HS-748
3 Cessna 402
1 Beech 200

Foto: McDonnell Douglas MD-82 (Gottfried Auer/Salzburg)

BALAIRCTA

Postfach, 1215 Geneve Aeroport
Tel. 22-78902020
Schweiz

3 L-Code	IATA-Nr.	ICAO-Callsign
BBB	—	Balair

Geschichte:

1953 wurde Balair als Fliegerschule gegründet, jedoch schon bald gab es Überlegungen, auch einen Flugbetrieb aufzuziehen. Mit Beteiligung der Swissair war es im Jahre 1957 so weit. Mit einer Vickers Viking wurde der Charterflugverkehr nach Italien aufgenommen. 1959 erhielt die Balair eine erste DC-4, im Dezember 1961 eine DC-6. Die DC-6 der Balair erlangte durch ihre zahlreichen Sondereinsätze eine gewisse Berühmtheit, ob bei Einsätzen in Biafra oder sonstigen Rotkreuz-Missionen. 1970 kamen DC-9 zur Flotte, im Januar 1979 das erste Großraumflugzeug vom Typ DC-10-30. Ende der Achtziger Jahre wurden dann moderne MD-80 angeschafft. Ende 1991 entschloß sich Balair zu einem modernen Bemalen der Flotte, die den veränderten Bedingungen nach dem Zusammenschluß mit CTA ab Januar 1993 wieder geändert wurde.

Routen

Charterflüge ins Gebiet rund ums Mittelmeer, nach Afrika, den Fernen Osten und USA.

Flotte

4 Airbus A310-300
3 McDonnell Douglas MD-82
1 Fokker F-27-400
4 McDonnell Douglas MD-87

Foto: Boeing 737-500 (Albert Kuhbandner/München FJS)

BALKAN

Vrajdebna Airport Sofia
Tel. 02661690
Bulgarien

3 L-Code	IATA-Nr.	ICAO-Callsign
LAZ	196	Balkan

Geschichte:

Die Gründung von Balkan-Bulgarian Air Transport-geht auf das Jahr 1947 zurück, als BVS-Bulgarske Vazdusne Sobsternic- gegründet wurde. Diese Gesellschaft bediente bis 1949 nur einige Ziele im Inland. Im Jahre 1949 entstand mit einer Beteiligung der Sowjetunion eine neue Gesellschaft, TABSO. Mit Li-2 und IL-14 wurden Paris, Frankfurt und Moskau bedient. 1954 ging der sowjetische Anteil von TABSO an den bulgarischen Staat über. Die viermotorige IL-18 wird 1962 in Dienst gestellt, vielen Urlaubern der Schwarzmeerküste ist diese Maschine noch bekannt, da diese besonders für Charterflüge verwendet wurde. 1968 brachte die Namensänderung wie sie heute noch bekannt ist und die erste Tu-134, die größere Tu-154 dann 1972. 1987 erhält die Flotte — zur Überraschung vieler — ein modernes Outfit und im Herbst 1990 sogar das erste westliche Fluggerät, eine Boeing 737. Flotte und Service werden immer mehr auf westliches Niveau gebracht, so kommen Airbus 320 und weitere Boeing-Flugzeuge zum Einsatz.

Routen

Abu Dhabi, Accra, Addis Abeba, Algier, Amsterdam, Athen, Baghdad, Bangkok, Beirut, Berlin, Bratislava, Budapest, Casablanca, Colombo, Damaskus, Dubai, Frankfurt, Harare, Helsinki, Istanbul, Kopenhagen, Lagos, Lissabon, London, Moskau, München, Singapur, Wien, Zürich sowie etwa 15 Ziele im Inland.

Flotte

4 Yakolev 40
14 Antonow 24
9 Tupolew 134
6 Illjuschin 18
22 Tupolev 154
3 Antonow 12
3 Boeing 737-500
2 Boeing 767-200

Foto: Tupolev Tu-134B (Frank Schorr/Frankfurt)

BALTIC INTERNATIONAL

4 Pils Street, Riga 226050
Tel. 220446
Lettland

3 L-Code	IATA-Nr.	ICAO-Callsign
BIA	610	Baltic International

Geschichte:

Die Baltic International wurde von texanischen Geschäftsleuten und Latvio-Latvian Airlines 1992 gegründet. Die eigenständige Tochtergesellschaft führt Flüge ins benachbarte westliche Ausland durch. Neben Tu-134 wurde auch eine DC-9 eingesetzt, diese kam 1993 leihweise zur Flotte. Da in der ehemaligen sowjetischen Republik Lettland ein eigenes Luftfahrtregister erst seit Ende 1993 besteht, ist mit regelmäßigen Linienflügen erst 1994/95 zu rechnen.

Routen

Von Riga nach Frankfurt, Hamburg, Düsseldorf und weiteren Zielen in Westeuropa.

Flotte

3 Tupolev Tu-134B
1 McDonnell Douglas DC-9-15

Foto: DeHavilland DHC-8-100 (Josef Krauthäuser/Bangkok)

BANGKOK AIRWAYS

144 Sukhumvit Road, Bangkok 10110
Tel. 2538352
Thailand

3 L-Code	IATA-Nr.	ICAO-Callsign
BKP	—	Bangkok Air

Geschichte:

Die im Jahre 1985 gegründete Bangkok Airways begann den Betrieb mit einer Embraer-110. Das war im Januar des Jahres 1986. Außerdem wurde noch eine Piper PA 31 eingesetzt. 1989 und 1990 wurde die kleine Flotte um DeHavilland DHC-8 ergänzt. Heimatstützpunkt ist der Don Muang Domestic Airport in Bangkok. Zeitweise kamen auf Strecken nach Phnom Pen Fokker 100 zum Einsatz. Von Thai wurden einige Shorts-Flugzeuge übernommen, um für diese Inlandsdienste zu betreiben.

Routen

Von Bangkok zu einigen Touristressorts im südlichen Thailand wie Kaabi, Surim und andere.

Flotte

1 Embraer-EMB 110
1 DeHavilland DHC-8-100
1 Short 330
2 Short 360
5 DeHavilland DHC-8-300

Foto: Iljuschin IL-76 MD (André Dietzel/München FJS)

BELAIR

30 Tankovaya, 220004 Minsk
Tel. 237346
Weißrußland/Respublika Belorus

3 L-Code	IATA-Nr.	ICAO-Callsign
BLI	—	Air Belorus

Geschichte:

Belarussian Airlines ist die erste private Fluggesellschaft Weißrusslands und wurde 1992 gegründet.
Basis ist Minsk und von dort werden mit Yak-40 regionale Strecken betrieben.
In der Hauptsache jedoch werden Frachtflüge betrieben, die einzige Art in diesem Lande mit Fliegerei Geld/Devisen zu erwirtschaften. So fliegt man im Charterverkehr, für andere auch westliche Gesellschaften, regelmäßig nach Westeuropa.

Routen

Regionale Strecken und Charterflüge.

Flotte

6 Yakolev Yak-40
1 Tupolev Tu-134A
2 Iljuschin IL-76 MD

Foto: BAe ATP

BIMAN BANGLADESH

Biman Bangladesh Building,
Motijheel, Dacca, Tel. 255901
Volksrepublik Bangladesh

3 L-Code	IATA-Nr.	ICAO-Callsign
BBC	997	Bangladesh

Geschichte:

Nach der Unabhänigkeit wurde am 4. Januar 1972 eine neue staatliche Fluggesellschaft gegründet, die den neuen Staat nach außen vertreten sollte. Mit geleasten DC-3 wurde im Frühjahr 1972 der Flugbetrieb aufgenommen. Diese DC-3 wurden aber bald durch F-27 ersetzt. Die Aufnahme des internationalen Verkehrs erfolgte zwischen Dacca und Kalkutta. Ab Januar 1973 wurde dann — mit geleasten Boeing 707 — der Liniendienst nach London aufgenommen. 2 F-28 ergänzten ab 1981 die Flotte, die Boeing 707 wurden mit Eintreffen der DC-10-30 ausgemustert. Im August 1990 traf die erste BAe ATP ein und leitete so die Erneuerung der regionalen Flotte ein.

Routen

Im Inland werden von Dacca aus Chittagong, Syltet, Jessone und Soidyen bedient, international erstreckt sich das Streckennetz von London über Frankfurt, den Mittleren Osten bis Singapur.

Flotte

6 DC-10-30
2 Fokker F-28-4000
2 BAe ATP

Foto: CASA CN-235-10

BINTER CANARIAS

Avenida Alcado Ramirez Betancourt 8
35080 Las Palmas, Tel. 28-380366
Spanien

3 L-Code	IATA-Nr.	ICAO-Callsign
IBB	138	Canaria

Geschichte:

1988 gründete Iberia, Spaniens staatliche Fluggesellschaft, Binter Canarias, um den regionalen spanischen Flugverkehr neu zu organisieren. Für die kurzen Inselsprünge konnten die Iberia-Jets nicht mehr wirtschaftlich eingesetzt werden. Mitte 1988 nahm Binter Canarias den Flugbetrieb mit einer CASA CN-235 auf. Noch im selben Jahr wurde eine weitere Maschine übernommen, zwei weitere im Frühjahr 1990, dann im Herbst auch die ersten ATR-42, die jedoch nur für kurze Zeit zum Einsatz kamen und durch ATR-72 ersetzt wurden.

Routen

Binter Canarias unterhält einen Linienverkehr innerhalb der Kanarischen Inseln, also Lanzarote, Teneriffa, Gran Canaria, Fuerteventura und La Palma.

Flotte

5 CASA CN-235-10
7 ATR-72

Foto: DC-8-61 (Uwe Gleisberg/München FJS)

BIRGENAIR

Cumhureyet Caddeshi 111, Bingul Ham Kat 4
Elmaday 80230 Istanbul, Tel. 2401150
Türkei

3 L-Code	IATA-Nr.	ICAO-Callsign
BHY	—	Birgenair

Geschichte:

Inhaber dieser seit 1988 bestehenden Chartergesellschaft ist die Chartergroup von Birgen Cetin, einem einflußreichen türkischen Unternehmen. Zum Einsatz kommen eine ex Spantax DC-8-61. Diese völlig neu überholte Maschine ist die einzige in Europa und wird, wie auch die Boeing 737 und 757 zu Zielen in der Türkei eingesetzt. Birgenair ist mit dem Reiseveranstalter Öger Tours liiert. In der Hochsaison werden Maschinen geleast, im Winter fliegt Birgenair mit der Boeing 757 Subcharter für andere Gesellschaften.

Routen

Charterflüge in die Türkei von vielen europäischen Flughäfen.

Flotte

1 Boeing 737-300
1 Boeing 757-200
1 McDonnell Douglas DC-8-61

Foto: Boeing 737-200 Adv. (Josef Krauthäuser/Frankfurt)

BRAATHENS S. A. F. E.

Oksenoeyveien 3, 1330 Oslo
Tel. 47-2597000
Norwegen

3 L-Code	IATA-Nr.	ICAO-Callsign
BRA	154	Braathens

Geschichte:

Ludvig G. Braathen, norwegischer Schiffsreeder, gründete im März 1946 seine Fluggesellschaft, Braathens South-america and Far East Air Transport und nahm mit DC-4 den Flugbetrieb auf. Wie aus dem Namen ersichtlich, führte die Gesellschaft Charterflüge nach Südamerika und Hongkong durch. 1949 wurde eine Linienverbindung von Oslo über Amsterdam-Kairo-Basra-Karachi-Bombay-Kalkutta-Bangkok nach Hongkong eingeführt. Erst 1954 übernahm die SAS diese Strecke. Bereits 1952 wurde auch ein Streckennetz in Norwegen aufgebaut, erst mit DH-Heron, später (1958) mit F-27. Mit der Boeing 737 kamen ab 1969 die ersten Jets zum Einsatz, mit F-28 wurden die F-27 und DC-6 ersetzt. 1984 erhielt Braathens mit der Boeing 767 das erste Großraumflugzeug, wegen fehlender Auslastung aber wurde dieser Typ wieder verkauft. Mit Einführung der neuen Boeing 737-Generation 400/500 verfügt Braathens über eine sehr moderne Flotte.

Routen

Inlandsdienste in Norwegen mit der mehrfach täglich bedienten Strecke Oslo-Trondheim-Stavanger. Charterflüge europaweit.

Flotte	Bestellt
9 Boeing 737-200 16 Boeing 737-500 6 Boeing 737-400	6 Boeing 737-500

Foto: Boeing 737-300 (Björn Kannengiesser/Salzburg)

BRITANNIA

Luton Airport, Bedfordshire LU2 9ND
Tel. 0582-424155
Großbritannien

3 L-Code	IATA-Nr.	ICAO-Callsign
BAL	754	Britannia

Geschichte:

Aus bescheidenen Anfängen wuchs Britannia zur größten Chartergesellschaft weltweit. Am 1. Dezember 1961 wurde Euravia gegründet, diese nahm am 5. Mai 1962 den Flugbetrieb mit einer L-1049 Constellation auf. 1964 änderte sich das Fluggerät und der Firmenname. Mit Indienststellung einer Bristol Britannia 102 am 6. Dezember 1964 wurde auch der jetzige Firmenname angenommen. 1965 übernahm Thomson Organisation, einer der großen Reiseveranstalter, die Gesellschaft. Boeing 707 wurden für Charterflüge nach Hongkong, Kuala Lumpur und sonstigen Fernzielen eingesetzt, jedoch zog sich Britannia aus dem Langstreckengeschäft von 1973 bis 1985 zurück, da mit der Boeing 737 kein geeignetes Fluggerät zur Verfügung stand. Die erste Boeing 767 erhielt Britannia im Februar 1984, im Jahre 1988 wurde Orion Airways gekauft. Über 7 Millionen Passagiere konnten 1993 befördert werden.

Routen

Weltweite Charterflüge in die Karibik, Australien, Neuseeland, USA, innerhalb Europas in die Sommer-und Winterurlaubsgebiete und Nordafrika.

Flotte	Bestellt
7 Boeing 767-200ER	7 Boeing 757-200
7 Boeing 737-300	
19 Boeing 737-200	
13 Boeing 757-200	

Foto: BAe/Aerospatiale Concorde

BRITISH AIRWAYS

P.O. Box 10 London-Heathrow Airport
Hounslow, Middx. TW6 2JA, Tel. 759-5511
Großbritannien

3 L-Code	IATA-Nr.	ICAO-Callsign
BAW	125	Speedbird

Geschichte:

British Airways ist der Zusammenschluß von BEA und BOAC nach dem Civil Aviation Act von 1971, also einem Regierungsbeschluß, der die britischen Luftfahrtinteressen zusammenfaßte und der Regierung unterstellte. Bis 1974 arbeiteten BEA und BOAC nach außen hin noch getrennt, der Zusammenschluß erfolgte auch sichtbar an den Flugzeugen im Jahr 1974. Seither flog man als BA. Die Aktivitäten umfassten insgesamt sieben Divisionen, oder Abteilungen wie z. B. BA-Helicopter. 1988 wird auch die zweitgrößte, private, Fluggesellschaft British Caledonian übernommen, nachdem British Airways 1984 teilprivatisiert wurde und die Gesellschaft ein neues Outfit erhielt. Seit 1989 betreibt BA ein großes Flottenerneuerungsprogramm, um ältere Maschinen zu ersetzen, aber auch um eine homogenere Flotte zu erhalten. 1992 und 1993 machte British Airways mehr Schlagzeilen als jede andere Fluggesellschaft. Erst beteiligt sie sich an US Air, dann an der australischen Qantas und schließlich bei der französischen TAT und Deutsche BA. Für den symbolischen Betrag von 1 Pound Sterling wird die DAN AIR übernommen. Eigene „Profitcenter" werden 1993 etabliert, so bilden sich die regionalen Gesellschaften BA-Manchester und BA-Birmingham. Zugunsten von Deutsche BA gab British Airways den innerdeutschen Markt mit dem Berlinverkehr auf.

Routen

British Airways fliegt weltweit zu über 160 Zielen.

Flotte		Bestellt
10 Airbus A 320	20 Boeing 767-300	15 Boeing 747-400
7 AS/BAe Concorde	10 Lockheed L-1011 TriStar	13 Boeing 747-400
24 Boeing 737-200	8 McDonnell Douglas DC-10-30	15 Boeing 777-200
2 Boeing 737-300	26 Boeing 747-400	20 Canadair Regionaljet
37 Boeing 737-400	32 Boeing 747-100/200	
40 Boeing 757-200		

Foto: BAe Jetstream 61/ATP (Heinz Kolper/East Midlands)

BRITISH MIDLAND

Donington Hall, Castle Donington Derbyshire
DE7 2SB, Tel. 854000
Großbritannien

3 L-Code	IATA-Nr.	ICAO-Callsign
BMA	236	Midland

Geschichte:

1947 als Derby Aviation gegründet, 1953 geändert in Derby Airways, erhielt BMA erst im Juli 1964 den Namen British Midland Airways. Linienverkehre wurden ab Derby, Birmingham und Manchester angeboten. Zum Einsatz kamen neben DC-3 auch Handley Page Herald, BAC-1-11, Vickers Viscount und Boeing 707. 1965 wurde die Gesellschaft komplett zum Flugplatz East Midlands verlegt wo sich auch die Basis befindet. Neben Charter-und Linienservice bot BMA auch schon in den 70er Jahren Flugzeugleasing an. Die 1968 von einer Investmentgruppe gekaufte BMA konnte 1978, unter Führung des heutigen Präsidenten Michael Bishop, wieder in Privatbesitz gebracht werden und wuchs seitdem bestens. British Midland ist Hauptanteilseigner von Manx Airlines und Loganair. Als Holding dieser drei Gesellschaften fungiert die Airlines of Britain Group. An dieser ist auch SAS beteiligt. Eine Erneuerung der Flotte greift seit den späten 80er Jahren und veränderte die BM-Flotte permanent. 1985 veränderte sich auch die Farbgebung der Flugzeuge. Für den Zeitraum 1994-1996 steht die Erneuerung der DC-9 Flotte an, auch expandiert man vorsichtig und eröffnet neue Routen.

Routen

Amsterdam, Brüssel, Belfast, Birmingham, Dublin, Edinburgh, Frankfurt, Glasgow, Jersey, Leeds/Bradford, Liverpool, Luton, Nizza, Palma de Mallorca, Paris, Teeside.

Flotte

2 BAe ATP/Jetstream 61
7 Boeing 737-300
6 Boeing 737-400
3 Boeing 737-500
2 DeHavilland DHC-7
13 McDonnell Douglas DC-9-41/15/32

Bestellt

4 Fokker 100
3 Fokker 70
8 Boeing 737-500

Foto: BAe BAC-1-11-500 (André Dietzel/München FJS)

BRITISH WORLD AIRLINES

Viscount House, Southend Airport,
Essex SS2 6YL, Tel. 702-354435
Großbritannien

3 L-Code	IATA-Nr.	ICAO-Callsign
BAF	762	Air Ferry

Geschichte:

Im Januar 1963 wurde in Southend British United Air Ferries Ltd. gegründet, ein Zusammenschluß von Silver City Airways und Channel Air Bridge. Berühmt wurde die Airline durch ihre Fährdienste mit Carvair-Flugzeugen. In diese wurden Autos, durch eine große Fronttüre, geladen während die Passagiere ebenfalls in dieses stiegen und von England nach Frankreich, Belgien und Holland flogen. Handley Page Herald kamen bei Charterflügen zum Einsatz und wurden durch größere Vickers Viscount ergänzt. 1967 änderte die Gesellschaft den Namen in British Air Ferries und ab 1993 kam der heutige Name zur Anwendung. Neue Namen ziehen auch andere Bemalungen nach sich, so erhielten auch die British World Flugzeuge einen attraktiven Anstrich. Operationsbasis ist überwiegend London-Stansted, eine weitere befindet sich in Aberdeen. Das Tätigkeitsfeld von British World ist umfangreich. So werden im Auftrag für andere Gesellschaften Linien geflogen, Charterflüge, Frachtdienste, Versorgungsflüge.

Routen

Charterflüge innerhalb Großbritanniens und Europas. Frachtflüge im Auftrag der Post und anderer Gesellschaften innerhalb des Landes.

Flotte	Bestellt
8 BAe BAC 1-11-500 3 BAe 146-300 12 Vickers Viscount 800	3 Dornier 328

Foto: Lockheed L-1011 TriStar 500

BWIA INTERNATIONAL

Administration Buildg. Intl. Airport
Tel. 809-6644871
Trinidad

3 L-Code	IATA-Nr.	ICAO-Callsign
BWA	106	West Indien

Geschichte:

Gegründet 1940, wurde am 17. November der tägliche Flug, mit einer Lockheed Loadstar, zwischen Trinidad und Barbados aufgenommen. 1942 kamen noch zwei Loadstar zur Flotte und man begann auch Charterflüge für US-Militärpersonal. 1947 wird BWIA an BSAA verkauft und war künftig eine Tochterfirma dieser Gesellschaft, doch ohne große Zukunft, denn 1948 wurde eine neue Firma mit altem „Titel" BWIA, neu installiert. Mit fünf Vickers Viking wurden fast alle Inseln in der Karibik bedient. Im Juni 1949 wurde BSAA mit BOAC verschmolzen, so daß BWIA nun eine Tochterfirma dieser war und Flüge und Flugzeuge von dieser übernahm. 1955 stießen vier Vickers Viscount zur Flotte, 1960 wurde mit geleasten Bristol Britannia erstmals London, via New York, angeflogen. 1961 kaufte die Regierung von Trinidad und Tobago 90 % der Anteile an BWIA von BOAC zurück. 1965 setzte BWIA erstmals auf der Miami-Route die Boeing 727 ein, diese verdrängte die Vickers Viscount. Am 14. Dezember 1968 kommt dann erstmalig auch die Boeing 707 nach New York zum Einsatz. Ab 1975 wird London-Heathrow angeflogen, seit der Vereinigung mit TTAS das „International" im Namen geführt. Am 29. Januar 1980 trifft der erste L-1011 TriStar auf Trinidad ein, ein weiterer im August 1980. Nach Frankfurt fliegt BWIA erstmals im Jahre 1985, weiteres Ziel ist Zürich. In Deutschland sieht man BWIA auch in Frankfurt, München und Köln.

Routen

Liniendienste zu 16 Zielen in der Karibik, von Trinidad, Tobago, Aruba, Curacao und Martinique nach Miami und New York. In Europa wird London, Stockholm, Frankfurt und Zürich bedient. Darüber hinaus Charterflüge von Zielen in den USA nach Trinidad-Tobago und Europa.

Flotte

4 Lockheed L-1011-500 TriStar
9 McDonnell Douglas MD-83

Foto: Lockheed L-1011 TriStar

CALEDONIAN AIRWAYS

Caledonian House Crawley
West Sussex RH6 OLF, Tel. 293-668280
Großbritannien

3 L-Code	IATA-Nr.	ICAO-Callsign
CKT	885	Caledonian

Geschichte:

British Airways übernahm durch Kauf im Jahre 1987 die traditionelle British Caledonian. Die Charteraktivitäten der BA-Tochterfirma British Airtours faßte man zusammen und gründete Caledonian Ende des Jahres 1987. Einziger Gesellschafter ist British Airways. TriStar und Boeing 737 bildeten zunächst die Flotte, jedoch konnten von der Muttergesellschaft 1988 einige Boeing 757 übernommen werden. Eine Flottenerweiterung auf den heutigen Stand ergaben sich nach dem Zusammenbruch der Air Europe und DAN Air. In Spitzenzeiten können weitere Flugzeuge von British Airways gemietet werden. Basis ist der Flughafen von London-Gatwick.

Routen

Von London und weiteren englischen Städten ins Mittelmeergebiet, USA, Kanada, Kenia, Bangkog. Wintercharter auch nach Salzburg, Zürich, Genf und München.

Flotte

6 Boeing 757-200 ER
5 Lockheed L-1011 TriStar
1 McDonnell Douglas DC-10-30

Foto: Boeing 747-200

CAMEROON AIRLINES

3, Ave. du General de Gaulle, BP 4092
Douala, Tel. 422525
Kamerun

3 L-Code	IATA-Nr.	ICAO-Callsign
UYC	604	Camair

Geschichte:

Cameroon Airlines wurde im Juli 1971 gegründet, um sich aus der multinationalen Air Afrique zurückziehen zu können. Eigenständiger Flugbetrieb mit Boeing 737 begann im November 1971 mit Flügen zwischen Douala und Yaonde. Für Langstrecken erwarb man eine Boeing 707, diese wurde aber von einer Boeing 747 ersetzt.

Routen

Von Douala nach Paris, London. Regionale Flüge vorwiegend in West-Afrika und inländische Linien.

Flotte

1 Boeing 747-200
3 Boeing 737-200
1 BAe 748

Foto: Boeing 757-200 (Björn Kannengiesser/Fort Lauderdale)

CANADA 3000 AIRLINES

27 Fasken Drive, Toronto Ontario 119W 1 KG
Tel. 416-6740257
Kanada

3 L-Code	IATA-Nr.	ICAO-Callsign
CMM	570	Elite

Geschichte:

1988 als Air 2000 Airline Ltd., einer Tochtergesellschaft der britischen Air 2000 gegründet, suspendierte das kanadische Transportministerium wenige Tage vor Aufnahme des Flugbetriebs die Lizenz. Grund waren massive Einwendungen anderer Fluggesellschaften aus Kanada. Daraufhin übernahmen einheimische Investoren den britischen Kapitalanteil, woraufhin in logischer Konsequenz auch der heutige Name eingeführt wurde. Der Flugbetrieb wurde dann 1989 aufgenommen, wobei von Air 2000 geleaste Boeing 757 zum Einsatz gelangten. Basis der Gesellschaft ist Toronto, jedoch operiert Canada 3000 auch von Vancouver an der Westküste, Calgary und anderen Städten aus. Neben regelmäßigen Charterflügen verleast man außerhalb der Saison auch Flugzeuge. 1992 wurden erstmals über 1 Million Passagiere befördert. Am 29. 5. 1993 erfolgte die Ablieferung des ersten Airbus A 320, womit Canada 3000 über eine der modernsten und neuesten Flotten verfügt.

Routen

Acapulco, Amsterdam, Antigua, Barbados, Belfast, Birmingham, Cancun, Costa Rica, Dublin, Düsseldorf, Edinburgh, Fort Lauderdale, Glasgow, Honolulu, Nassau, London, Paris und viele Ziele in der Karibik.

Flotte

4 Airbus A 320
7 Boeing 757-200

Foto: McDonnell Douglas DC-10-30 (Josef Krauthäuser/Bangkok)

CANADIAN AIRLINES

Scotia Center 2800, 700-2nd Street SW
Calgary, Alberta T2P 2W2, Tel. 294-2000
Kanada

3 L-Code	IATA-Nr.	ICAO-Callsign
CDN	18	Canadian

Geschichte:

Canadian Airlines International wurde erst im Jahre 1988 gegründet. Vorhergegangen war die Übernahme der ehemaligen Canadian Pacific Airlines durch die nominell kleinere Pacific Western Airlines. 1989 wurde zur Stärkung der Position gegenüber Air Canada auch die größte private kanadische Fluggesellschaft, Wardair übernommen. Canadian erhielt 1988 die erste Boeing 767 und Ende 1990 die Boeing 747-400. Außerdem stellte sie den Airbus A 320 in Dienst. Frankfurt und München werden von Canadian seit 1988 regelmäßig bedient. Mit American Airlines besteht eine enge Kooperation und AA möchte sich auch, nach Regierungsgenehmigung, an Canadian beteiligen.

Routen

Manchester, London, Paris, Amsterdam, Kopenhagen, Frankfurt, München, Mailand und Rom in Europa. Buenos Aires, Santiago, Lima, Rio de Janeiro in Südamerika, dazu Sydney, Auckland, Nadi, Bangkok, Hongkong, Nagoya, Tokio und über 50 Ziele in Kanada.

Flotte

51 Boeing 737-200Adv.
12 Boeing 767-300ER
3 Boeing 747-400
8 McDonnell Douglas DC-10-30
17 Airbus A 320

Bestellt

10 Airbus A 320
6 Boeing 767-300ER

Foto: Boeing 747-200C (Josef Krauthäuser/Hongkong)

CARGOLUX

Luxembourg Airport P. O. Box 591
2015 Luxembourg, Tel. 42111
Luxembourg

3 L-Code	IATA-Nr.	ICAO-Callsign
CLX	172	Cargolux

Geschichte:

Die Gründung der Cargolux Airlines International SA erfolgte am 4. März 1970. Gesellschafter waren Luxair SA, Loftleidir und die Reederei Salenia AB. Letztere ist ein Unternehmen aus Schweden. Der Flugbetrieb wurde mit CL-44 im Mai 1970 aufgenommen. Insgesamt kamen 5 CL-44 zum Einsatz, diese wurden ab 1971 von einer DC-8-61 ergänzt. 1973 konnte die erste Boeing 747-200C übernommen werden. Nachdem die Salenia-und Loftleidir-Anteile von Luxair bereits Ende der 70er Jahre übernommen wurden, steigt 1992 Lufthansa bei Luxair, und damit auch Cargolux, als Gesellschafter ein. Die weltweit erste Boeing 747-400F, ein Frachter der neuesten Generation, kann im November 1993 in Empfang genommen werden.

Routen

Weltweiter Frachtservice als Linien-und Frachtcharter.

Flotte	Bestellt
5 Boeing 747-200C/F 1 Boeing 747-400F	4 Boeing 747-400F

Foto: Boeing 727-200Adv.

CARNIVAL AIR LINES

1815 Griffith Road, Dania Florida
33004, Tel. 305-7644476
USA

3 L-Code	IATA-Nr.	ICAO-Callsign
CAA	521	Carnival Air

Geschichte:

Carnival Air Lines ist ein Unternehmen der Carnival Cruise Lines in Fort Lauderdale, Florida. Gegründet als Majestic Air, bzw. Pacific Interstate Airlines, wurde der jetzige Name 1989 übernommen. Carnival Air Lines fliegt als Zubringer zu den Kreuzfahrtschiffen in der Karibik von verschiedenen Flughäfen in den USA. Mit Iberia besteht seit 1992 ein Abkommen, wonach Carnival Liniendienste von Miami nach Chicago, Los Angeles, New Orleans und Houston durchführt. 1992 konnten über 1 Million Passagiere befördert werden.

Routen

Charterflüge, vornehmlich in die Karibik. Linienflüge von Miami als Partner von Iberia.

Flotte

7 Boeing 727-200
2 Airbus A 300
4 Boeing 737-200
3 Boeing 737-400

Foto: Lockheed L-1011 TriStar (Josef Krauthäuser/Hongkong)

CATHAY PACIFIC

Swire House, 9 Connaught Road
Tel. 5-7475000
Hongkong

3 L-Code	IATA-Nr.	ICAO-Callsign
CPA	160	Cathay

Geschichte:

Cathay Pacific Airways Ltd. wurde am 24. September 1946 gegründet und begann, mit einer DC-3, eine Verbindung von Shanghai über Hongkong und weitere Zwischenstops nach Sydney einzurichten. 1948 kauft sich die Swire Group mit 70% am Kapital in die Gesellschaft ein. 1959 wurde die BOAC-Tochterfirma, Hongkong Airways übernommen. Im April des Jahres 1959 wurden Lockheed L-188 Electra und bereits 3 Jahre später, auch Convair 880 angeschafft. Diese wurden durch Boeing 707 ergänzt bis man sich zur Anschaffung der Lockheed TriStar als erstem Widebodie entschloß. Mit diesem Typ wurden neue Routen in den Mittleren Osten erschlossen. Um als britische Gesellschaft auch nach London fliegen zu können, wurden Boeing 747 gekauft, deren erste am 17. Juli 1980 nach London eingesetzt wurde. Neben London kamen 1984 Direktflüge nach Frankfurt, diese wurden sehr schnell auf Nonstop-Flüge umgestellt, nachdem die Boeing 747-300 eingeführt worden war. Die Flottenerneuerung bei Cathay geht permanent weiter mit Einführung der Boeing 747-400 und zahlreiche Bestellungen auf Flugzeuge der neuesten Generation.

Routen

Amsterdam, Frankfurt, London, Paris, Rom und Zürich in Europa, Abu Dhabi, Bahrain, Vancouver, San Francisco, Los Angeles, Sydney, Auckland, Tokio, Seoul, Bali, Bombay, Bangkok, Singapur, Manila und weitere Ziele in Südostasien.

Flotte	Bestellt
18 Lockheed L-1011 TriStar	2 Boeing 747-400
3 Boeing 747-200F	10 Airbus A330-300
8 Boeing 747-200	10 Airbus A340
6 Boeing 747-300	11 Boeing 777-200
17 Boeing 747-400	

Foto: Boeing 737-400

CAYMAN AIRWAYS

P. O. Box 1101 Georgetown
Tel. 98200, Grand Caymann
British Westindien

3 L-Code	IATA-Nr.	ICAO-Callsign
CAY	378	Cayman

Geschichte:

Cayman Airways Ltd. wurde im Juli 1968 gegründet um die Geschäfte der Cayman Brac Airways Ltd. zu übernehmen. Diese wiederum wurde von der Costa Ricaischen LACSA gegründet. Bis 1978 war LACSA mit 49% der Anteile an Cayman Airways beteiligt, nunmehr obliegt die Kontrolle der Regierung von Cayman. Der Flugbetrieb nach Jamaika und Miami wurde mit BAC 1-11 aufgenommen. Britten-Normann „Trislander" waren für die Verbindung zwischen den Inseln Grand Cayman, Brac und Little Cayman zuständig. Boeing 727-200 ersetzten die BAC 1-11 und auch eine DC-8, welche bis Mitte der 70er Jahre in Diensten standen. 1989 kommen dann die ersten geleasten Boeing 737-400 zur Flotte als Ersatz der B-727.

Routen

Karibikinseln, Miami, Montego-Bay.

Flotte

1 Boeing 737-400
3 Boeing 737-200Adv.

Foto: Boeing 737-500 (Frank Schorr/Düsseldorf)

CESKOSLOVENSKE-CSA

Revolucni 1, 1100 Praha
Tel. 2146
Tschechien

3 L-Code	IATA-Nr.	ICAO-Callsign
CSA	64	CSA Lines

Geschichte:

Am 6. Oktober 1923 wird CSA gegründet, um Post, Fracht-und Passagiertransporte durchzuführen. Der erste Flug, mit einer Hansa Brandenburg Aero A-14, führte von Prag nach Bratislava. Mitte 1930 wird der bislang ausschließlich inländische Dienst auch international erweitert durch die Route Prag-Bratislava-Wien-Zagreb. Es folgen Verbindungen mit Rumänien und der UdSSR. Mitte der dreißiger Jahre war CSA ein führendes europäisches Flugunternehmen. Ab 1938 bis 1946 mußte CSA den eigenständigen Flugbetrieb einstellen. Von der deutschen Besatzungsmacht wurden alle Flugzeuge beschlagnahmt und der Lufthansa zugeführt. Mit DC-3 begann man 1947 einen Neuaufbau. Durch die politischen Veränderungen im Jahre 1948 begann der Einfluß der sowjetischen Technologie und CSA flog mit IL-12 und IL-14, ab 9. 12. 1957 auch Tu-104A. Mit diesem Typ flog CSA bis nach Jakarta. IL-12 wurden durch IL-18 ersetzt, ein Liniendienst nach Havanna eröffnet. Für die Langstrecken setzte dann auch CSA ab 1969 die IL-62 ein, im Jahre 1970 wurde erstmals New York und Montreal bedient. Nachdem die Tu-134A lange Zeit die europäischen Routen bediente, werden ab April 1988 auch modernere Tu 154M eingesetzt. Der politische Umschwung im Jahre 1989 machte es möglich, daß erstmals seit 40 Jahren wieder westliche Flugzeuge bestellt werden. Airbus A 310-300 werden geordert und kommen noch 1990 zur Auslieferung. Mit diesen sollen die IL-62 abgelöst werden. Westlicher Standard und weitere Flugzeuge erneuern die Flotte kontinuierlich. Nach Teilung der ehemaligen Tschechoslowakei wird auch ein verändertes Erscheinungsbild eingeführt.

Routen

Inländisches Netz zu 5 Städten. Ab Prag fliegt CSA außerdem zu 50 Zielen auf 4 Kontinenten.

Flotte

5 Tupolev Tu-134A	5 Boeing 737-500
4 Tupolev 154M	4 ATR-72
2 Airbus A310-300	8 IL-62

Foto: Airbus A 300-600 (Josef Krauthäuser/Hongkong)

CHINA AIRLINES

131, Nanking Rd. Taipei 104
Tel. 02-7152626
Republik China

3 L-Code	IATA-Nr.	ICAO-Callsign
CAL	297	Cal

Geschichte:

Am 16. Dezember 1959 gründeten einige ehemalige Angehörige der Nationalchinesischen Luftwaffe, die CAL. Zum Einsatz kamen PBY-Catalina Flugboote zunächst nur für Charterflüge. Mit DC-3 und Curtiss C-46 wurden auch Linienflüge im Inland angeboten. 1966 eröffnete man mit Lockheed Constellation eine Linienverbindung nach Saigon, vornehmlich um Angehörige der US-Streitkräfte und Fracht nach Vietnam zu befördern. 1967 wurden auch Verbindungen nach Hongkong und Tokio geschaffen, ab 1968 wird CAL Flagcarrier der Republik Taiwan/China. 1970 erfolgte der erste Trans-Pazifik-Flug nach San Francisco, via Tokio und Honolulu. Im Jahre 1975 erhielt CAL den ersten JumboJet vom Typ Boeing 747. Der 747 folgten ab Juni 1982 auch Airbus A 300 für den Regionalverkehr. Im Jahre 1983 wird eine Route nach Amsterdam eingerichtet, dem einzigen Ziel in Europa. Dieser Zustand ist allerdings politisch bedingt. MD-11 und Boeing 747-400 ergänzen die Flotte bzw. dienen dazu, ältere Baumuster zu ersetzen.

Routen

Von Taipei nach Dallas, San Francisco, New York, Los Angeles, Honolulu, nach Japan, Südkorea, Manila, Singapur, Djakarta, Hongkong, Bangkok, Dharan und Amsterdam.

Flotte

5 Boeing 747-400
4 Boeing 747SP
4 Boeing 747-200B
3 Boeing 747-200F
3 Boeing 737-200
4 McDonnell Douglas MD-11
6 Airbus A 300 B4
6 Airbus A 300-600

Foto: Airbus A 300-600 (Josef Krauthäuser/Hongkong)

CHINA EASTERN

Hong Qiao Airport,
200335 Shanghai, Tel. 21-2558899
Volksrepublik China

3 L-Code	IATA-Nr.	ICAO-Callsign
CES	781	China Eastern

Geschichte:

1988 wurde China Eastern aus der vorher allein den Flugverkehr beherrschenden CAAC ausgegliedert und führt seither ab Shanghai eigenverantwortlich ihre Flüge durch. China Eastern entwickelte sich kontinuierlich und expandierte auch international kräftig. Mit MD-11, die 1992/93 geliefert wurden, konnten Routen nach Bahrain, Brüssel, Chicago, Madrid, Los Angeles, Seattle bedient werden, Frachtflüge mit einer MD-11F führten nach Zürich und Frankfurt.

Routen

Fukuoka, Hongkong, Osaka, Tokio, Bahrain, Brüssel, Chicago, Madrid, Los Angeles, Seattle. Ein dichtes Streckennetz wird innerhalb der Volksrepublik betrieben, wobei Abflughafen Shanghai ist.

Flotte		Bestellt
2 Airbus A 310	11 MD-82 (lizenzgefertigt in China)	4 Airbus A 300-600
3 Airbus A300-600	4 Short 360	6 Airbus 340-300
3 Antonow 24	10 Xian Y-7	6 Airbus 330-200
3 BAe 146-100	10 Fokker 100	
5 McDonnell Douglas MD-11		

Foto: BAe 146-100 (Uwe Gleisberg/Hongkong)

CHINA NORTHWEST AIRLINES

Laodong Nanlu, Xiguan Airport,
710082 Xioan, Shaanxi, Tel. 29-742022
Volksrepublik China

3 L-Code	IATA-Nr.	ICAO-Callsign
CNW	783	China Northwest

Geschichte:

Die frühere CAAC Regionaldirektion Xian firmiert seit 1989 als China Northwest Airlines und ist beauftragt Regional-Linien-und Charterflüge durchzuführen. Die von CAAC übernommene Flotte hat zwei Basen in Lanzou und Xiguan und bestand noch aus Maschinen sowjetischer Bauart. Diese werden jedoch sukzessive durch westliche Muster ergänzt und ersetzt. So erfolgte 1990/91 die Ablieferung von BAe 146 für die Regionaldienste als Ersatz der An-24. Im darauffolgenden Jahr kamen Airbus A 300-600 und A 310 zum Einsatz.

Routen

Dichtes regionales Liniennetz mit etwa 40 Zielen, mehrere Flüge täglich nach Peking, Shanghai und Hongkong.

Flotte	Bestellt
2 Antonow An-24 11 BAe 146-100/200 10 Tupolev Tu-154 2 Airbus A 310 6 Airbus A 300-600	3 Airbus A 300-600

Foto: Boeing 767-300 (Uwe Gleisberg/Hongkong)

CHINA SOUTHERN

155 Dongsi Street West, 510405 Guangzhou
Tel. 20-6678901
Volksrepublik China

3 L-Code	IATA-Nr.	ICAO-Callsign
CSN	784	China Southern

Geschichte:

Auch diese Fluggesellschaft entstand 1989 nach der Reorganisation des chinesischen Luftverkehrs und der CAAC. Die in Guangzhou beheimatete drittgrößte chinesische internationale Fluggesellschaft, wächst und boomt immens und hat Zuwachsraten von über 40% jährlich. In die Flotte und deren Erneuerung wurden in 2 Jahren mehr als 600 Millionen $ investiert. So kamen Boeing 737, 757 und 767 ab 1990 kontinuierlich zum Einsatz auf allen Routen und außer einigen kleineren Flugzeugen besteht die Flotte nur aus Maschinen westlicher Produktion.

Routen

Bangkok, Beijing, Changsa, Guangzhou, Hanaoi, Hefei, Hongkong, Jakarta, Kuala Lumpur, Kunming, Manila, Nanning, Penang, Qindo, Shantou, Shasai, Surabaya, Xiamen, Yichang, Zhanjiang.

Flotte		Bestellt
7 Boeing 737-200	5 Pilatus BN-2 Islander	6 Boeing 777
8 Boeing 737-300	4 Saab SF 340	6 Airbus A 340
10 Boeing 737-500	3 Shorts 360	
15 Boeing 757-200	5 Yunshi Y7	
3 Boeing 767-300		

Foto: Boeing 737-300 (Josef Krauthäuser/Hongkong)

CHINA SOUTHWEST AIRLINES

Shuangliu Airport, Si Chuan
Tel. 298804
Volksrepublik China

3 L-Code	IATA-Nr.	ICAO-Callsign
CXN	785	China Southwest

Geschichte:

Eine weitere Ausgliederung von CAAC ist China Southwest, die auch 1989 mit Durchführung eines eigenen Flugbetriebs beauftragt wurde. Operationsbasis ist Si Chuan. Von hier führen Linien- und Charterflüge zu etwa 35 regionalen Flughäfen und nach Hongkong.

Routen

Im Südwesten der Volksrepublik, nach Hongkong verkehrt die Gesellschaft ab Shuangliu.

Flotte

4 Boeing 707-300
6 Boeing 757-200
17 Boeing 737-300
3 Antonow 24
4 Tupolev 154 M

Foto: DC-3

CLASSIC AIR

Postfach, 8058 Zürich-Flughafen
Tel. 01-8143085
Schweiz

3 L-Code	IATA-Nr.	ICAO-Callsign
CLC	—	Classicair

Geschichte:

Am 17. November 1985, exakt 50 Jahre nach dem Erstflug der DC-3, wurde in Grenchen die Classic Air gegründet. Ziel dieser Gesellschaft ist der Betrieb von klassischen Douglas DC-3 Flugzeugen und Exclusivcharterflüge mit diesen durchzuführen. Nach gründlicher Überholung der ersten Maschine, nahm die Classic Air den Flugbetrieb im Jahre 1986 auf. Jährlich wird die Schar der „Oldie-Fans" immer größer, eine zweite DC-3 ist seit 1987 in Betrieb.
1993 flogen über 16 000 Fluggäste entweder zu Rundflügen, oder aber zu mehrtägigen Reisen mit der DC-3.

Routen

Inclusivtours und Charterflüge in Europa.

Flotte

2 Douglas DC-3

Foto: Boeing 737-200

COPA PANAMA

Apartado Postal 1572, Avenida Justo Arosomena
y Celle 230 Panama City, Tel. 254117
Panama

3 L-Code	IATA-Nr.	ICAO-Callsign
CMP	230	Copa

Geschichte:

Die Compania Panamena de Aviacion SA — COPA — ist eine Gründung aus dem Jahre 1944. Wie auch bei vielen anderen Süd-und Mittelamerikanischen Gesellschaften, war auch bei COPA die Pan American Airways der Gründer, zusammen mit Geschäftsleuten aus Panama. Die Liniendienste ins benachbarte Ausland wurden 1947, mit DC-3, aufgenommen. Ab 1952 kam eine Convair CV 240 zur Flotte. Bis zur Aufnahme des Flugbetriebes mit Jets waren noch je eine HS-748 und Lockheed L-188 Electra im Dienste der COPA. 1971 nahm Pan American ihre Beteiligung zurück und verkaufte diese.

Routen

Panama, Costa Rica, El Salvador, Guatemala, Nicaragua, Jamaika, Haiti und Miami sind die Destinationen.

Flotte

4 Boeing 737-200
1 Boeing 737-100

Foto: Boeing 757-200 (Josef Krauthäuser/Frankfurt)

CONDOR FLUGDIENST

Hans-Böckler-Str. 7, 63263 Neu-Isenburg
Tel. 06102-2451
Deutschland

3 L-Code	IATA-Nr.	ICAO-Callsign
CFG	—	Condor

Geschichte:

Condor ist die traditionelle Charterflug-Tochtergesellschaft der Deutschen Lufthansa. 1955 als Deutsche Flugdienst GmbH gegründet, waren die Bundesbahn, zwei Reedereien und die Lufthansa, Gesellschafter der DF. Erste Flugzeuge waren Vickers Viking. Nach beachtlichen Anfangserfolgen der DF, erleidet diese 1959 einen Rückschlag und wird-mit Hilfe des Staates- ganz von der Lufthansa „übernommen" und somit vor dem drohenden Konkurs bewahrt. 1961 kauft Lufthansa vom Oetker-Konzern die Condor Luftreederei und verschmilzt diese mit der DF zur neuen Condor Flugdienst GmbH. 1961 werden Vickers Viscount, 1963 zwei Fokker F-27 gekauft und 1965 die erste Boeing 727 in Dienst gestellt. Bereits 1968 hat Condor eine reine Jet-Flotte. 1971 und 1972 erhält Condor jeweils eine Boeing 747-100. Mit diesen Flugzeugen werden neue Strecken nach Bangkok und USA erschlossen. Ende der 70er Jahre kommt es in Folge der ersten Ölkrise zum Abbau von Überkapazitäten. Künftig ersetzt die kleinere DC-10-30 den „Jumbo" auf den Langstrecken. Seit 1987 werden Boeing 737-300 und Airbus A 310 eingesetzt. 1989 wird erstmals die Boeing 757 in Condor-Farben auf den Flugplätzen Europas gesichtet. Diese ersetzen die Boeing 727. Um der steigenden Nachfrage gerecht zu werden, aber auch um Linienflüge für Lufthansa durchführen zu können, wird die Flotte ausgebaut. So fliegt Condor in GUS-Staaten und nach Taiwan.

Routen

Flüge nach USA, Karibik, Naher- und Ferner Osten, Indien, Nepal und Ziele im Mittelmeerraum, Kanarische Inseln, Nordafrika und Kenia. In ehemalige Sowjetrepubliken und nach Taipeh.

Flotte	Bestellt
3 DC-10-30	8 Boeing 767-300ER
5 Boeing 737-300	
17 Boeing 757-200	
5 Boeing 767-300ER	
1 Boeing 747-400	

Foto: BAe Jetstream 31

CONTACT AIR

Postfach 230442, 70599 Stuttgart
Tel. 0711-797690
Deutschland

3 L-Code	IATA-Nr.	ICAO-Callsign
KIS	—	Contactair

Geschichte:

Contactair wurde 1969 gegründet und arbeitete als Bedarfsflugunternehmen. Unter anderem wurden Ambulanz- und Charterflüge durchgeführt. Für DLT, jetzt Lufthansa Cityline, werden seit Jahren einige Strecken ab Stuttgart, Münster und Hamburg bedient. Zum Einsatz kamen BAe Jetstream 31. Von Tyrolean erhielt Contactair im Leasingverfahren eine DeHavilland DHC-8, inzwischen verfügt die Gesellschaft auch über eigene Maschinen dieses Typs und weiteten diese Flotte weiter aus.

Routen

Linienflüge im Auftrag von DLT/Lufthansa u. a. zu verschiedenen regionalen Zielen.

Flotte	Bestellt
2 BAe Jetstream 31 2 DeHavilland DHC-8-100 5 DeHavilland DHC-8-300	1 DeHavilland DHC-8-300

Foto: BAe 146-200 (British Aerospace)

CONTI FLUG

Theodor-Heuss-Ring 200, 50688 Köln
Tel. 0221-120222
Deutschland

3 L-Code	IATA-Nr.	ICAO-Callsign
EPC	798	Conti

Geschichte:

Das 1964 gegründete Kölner Unternehmen führte zunächst Geschäftsreiseflüge, Krankentransporte und sonstige Charterflüge durch. 1992 erhielt Conti Flug den Zuschlag für einen täglichen Liniendienst von Hamburg nach Toulouse im Auftrag der Airbus Industrie. Dafür und für eine weitere Verbindung von Berlin zum London City-Airport wurden BAe 146 angeschafft. Neben den Linienflügen kommen diese Flugzeuge auch bei Wochenendcharterflügen zum Einsatz. Ende 1993 wurde erstmals Riga bedient, weitere Streckenexpansionen werden angestrebt.

Routen

Hamburg, Berlin, London City-Airport, Riga, Toulouse, Venedig.

Flotte

2 BAe 146-200
2 Beechcraft King Air 600
1 Canadair Challenger

Foto: Airbus A 300

CONTINENTAL

2929 Allen Parkway, Houston
Texas 77210, Tel. 713-834-5000
USA

3 L-Code	IATA-Nr.	ICAO-Callsign
COA	5	Continental

Geschichte:

Varney Speed Lines, eine der Gründergesellschaften von United Airlines, löste sich teilweise von dieser und gründete 1934 die Varney Air Lines. 1937 änderte diese Gesellschaft den Namen in Continental Air Lines. Mit diversen Lockheed Flugzeugen wurde ein Streckennetz, vornehmlich im Westen der USA betrieben. Nach dem 2. Weltkrieg kamen Convair 240, DC-6, Vickers Viscount und DC-7B zum Einsatz, 1954 konnte Pioneer Airlines übernommen werden. Mit der Boeing 707 begannen die „Golden Jet" Flüge am 8. Juni 1959. Während des Vietnam Krieges wurden lukrative Charterflüge nach Vietnam und Thailand durchgeführt, auch flog man bereits in den 60er Jahren im Gruppencharter nach Europa. Der erste Jumbo, eine Boeing 747 wird am 18. Mai 1970 in Dienst gestellt, die DC-10 folgte zwei Jahre später. Im Oktober 1981 erwarb Texas International eine Beteiligung an Continental, der Zusammenschluß beider Gesellschaften folgte im Oktober 1982 unter dem Namen Continental. 1983 brachten riesige finanzielle Probleme und den Zusammenbruch nach Chapter 11. Mehr als die Hälfte des Personals wurde entlassen, viele Flugzeuge blieben am Boden und Routen wurden eingestellt bis sich eine Erholung andeutete. Nachdem die Muttergesellschaft noch People Express, New York Air und Frontier aufkaufte, verschmolzen auch diese Gesellschaften mit Continental. Über 40 Millionen Fluggäste wurden von Continental 1990 befördert, wobei sich die Gesellschaft wieder unter den Schutz des Chapter 11 stellte, aus dem sie sich im Herbst 1993 wieder löste. Dem allgemeinen Trend folgend, änderte auch Continental die Bemalung.

Routen

Continental hat ein dichtes inneramerikanisches Liniennetz, fliegt nach Kanada, Mexiko, den Südpazifik, nach Manila, Guam, Hongkong, Taipeh. In Europa steht London, München und Frankfurt im Flugplan.

Flotte

34 McDonnell Douglas DC-9-32
65 McDonnell Douglas MD-81/82/83
20 McDonnell Douglas DC-10-10/30
8 Boeing 747-200
3 Boeing 757-200
38 Boeing 737-100/200
76 Boeing 737-300
101 Boeing 727-200/200Adv.
23 Airbus A 300B4

Bestellt

31 Boeing 737-300
20 Boeing 757-200

Foto: Boeing 747-100 (André Dietzel/München FJS)

CORSAIR

24 rue Saarinen, Silic 221,
94528 Rungis Silic Cedex, Tel. 49794980
Frankreich

3 L-Code	IATA-Nr.	ICAO-Callsign
CRL	—	Corsair

Geschichte:

Die 1981 als Corse-Air International gegründete Gesellschaft nahm den Flugbetrieb mit vier SE 210 Caravelle auf. Von Paris und Ajaccio erfolgten die Charterflüge innerhalb Europas und nach Nordafrika. Charakteristisch für die Flotte war ein markanter Kopf mit Stirnband am Heck der Flugzeuge. Die erste Boeing 737 und damit der Beginn einer Flottenerneuerung erhielt Corse Air 1987. 1990 folgte eine Boeing 747. Ein geänderter Firmenname und die farbliche Veränderung der Flugzeuge war 1991 möglich, nachdem sich ein führender französischer Reiseveranstalter an der Gesellschaft beteiligte.

Routen

Charterflüge nach Nordamerika, innerhalb Europas, Nordafrika und zu den französischen Überseeprovinzen.

Flotte

2 Boeing 737-400
2 Boeing 747-100
1 Boeing 747-200

Foto: Airbus A 320-200 (André Dietzel/München FJS)

CRETAN AIRLINES

18 Athinas 713 Heraklion, Kreta
Tel. 288108
Griechenland

3 L-Code	IATA-Nr.	ICAO-Callsign
KRT	—	Cretan

Geschichte:

1982 von Geschäftsleuten und örtlichen Reiseverantaltern auf Kreta gegründet, nahm Cretan Airlines den Flugbetrieb im April 1993 auf. Mit geleasten Maschinen wird überwiegend von deutschen Flughäfen nach Kreta und weiteren Zielen in Griechenland geflogen. Eine Erweiterung der Dienste auch nach Österreich, Schweiz und weiteren Ländern ist für 1994/95 in Planung. Cretan Airlines bietet auch Inlandsflüge in Griechenland an.

Routen

Athen, Düsseldorf, Hamburg, Heraklion, München, Thessaloniki.

Flotte	Bestellt
2 Airbus A 320-200	2 Dornier 328

Foto: Boeing 737-200 Adv. (Wolfgang Grond/Zürich)

CROATIA AIRLINES

Savska Cesta 41, 41000 Zagreb
Tel. 61311
Kroatien

3 L-Code	IATA-Nr.	ICAO-Callsign
CTN	831	Croatia

Geschichte:

Nach dem Zerfall von Jugoslawien bildete sich im Norden des Landes die Republik Kroatien mit der Hauptstadt Zagreb. Die 1989 gegründete nationale Fluggesellschaft hieß zunächst Zagreb Airlines, nahm jedoch 1990 den jetzigen Namen an. Mit DC-9 der Adria Airways wurden die vormaligen Linien von JAT übernommen. Wegen des UNO-Embargos und der anhaltenden Kämpfe war der Luftraum über dem Land von September 1990 bis 1. April 1991 gesperrt. Nach Wiederöffnung erweiterte Croatia Airlines den Flugbetrieb und operiert seither mit ex Lufthansa Boeing 737-200. Ab 1993 kommen auch ATR-42 zum Einsatz.

Routen

Amsterdam, Berlin, Brac, Düsseldorf, Frankfurt, Istanbul, London, Mailand, Moskau, München, Paris, Pula, Rom, Stuttgart, Wien, Zagreb, Zürich.

Flotte

2 ATR-42-300
6 Boeing 737-200 Adv.

Foto: BAe/Avro RJ 85

CROSSAIR

Postfach, 4002 Basel-Flughafen
Tel. 061-3252525
Schweiz

3 L-Code	IATA-Nr.	ICAO-Callsign
CRX	724	Crossair

Geschichte:

Am 2. Juli 1979 eröffnet Crossair, mit einer Swearingen Metro II, den Liniendienst von Zürich nach Nürnberg. Ursprünglich existierte seit dem 14. Februar 1975 eine Vorgängergesellschaft mit Namen: Business Flyers Basle. Diese Gesellschaft war im Bedarfsluftverkehr tätig. Mit Aufnahme des Linienverkehrs wurde der Name Crossair verwendet, inzwischen weit über die Grenzen der Eidgenossenschaft hinweg bekannt. Die Crossair besaß weitere Linienrechte für Innsbruck und Klagenfurt. Besondere Verdienste leistete die Crossair, unter ihrem Präsidenten Suter, für den europäischen Regionalverkehr. Pionierarbeiter und konzeptionelle Beteiligungen leistete Crossair für das Regionalflugzeug Saab SF-340. Hier war die Gesellschaft Launching Customer mit einer Bestellung über 10 Flugzeuge. Innerhalb der Schweiz erschließt im Laufe der Jahre die Crossair neue Verbindungen ab Basel, Bern und Lugano. Gewürdigt wurde die Leistung der Crossair mit vielen Auszeichnungen wie z. B. „Commuterairline of the Year". 1990 werden erstmals über 1 Million Passagiere befördert, gleichzeitig die Fokker 50 und als erster Jet, die BAe 146 eingeführt. Die Swissair-Beteiligungsgesellschaft ist Launch-Customer für die Saab 2000, diese wird mit einiger Verzögerung 1994 eingeführt.

Routen

Von Basel, Zürich, Genf, Bern und Lugano bedient Crossair eigene Liniendienste nach Italien, Frankreich, Österreich, Deutschland, Belgien und Niederlande. Darüber hinaus auch Flüge im Auftrag von Swissair und Lufthansa.

Flotte	Bestellt
5 Fokker 50	20 Saab 2000
15 Saab SF-340 A/B	
3 BAe 146-200	
4 BAe/Avro RJ 85	

Foto: Iljuschin IL-62M

CUBANA

23-64 Vedado Havanna 4
Tel. 74911
Republik Kuba

3 L-Code	IATA-Nr.	ICAO-Callsign
CUB	136	Cubana

Geschichte:

Seit einigen Jahren öffnet sich das sozialistische Kuba den westlichen Touristen, nachdem der Tourismus als Devisenbringer entdeckt wurde. Seither sieht man auf europäischen Flughäfen gelegentlich eine IL-62 der CUBANA. Am 27. Juni 1961 wurde die Empresa Consolidada Cubana de Aviacion, von der neuen kubanischen Regierung etabliert, wobei die Vorgängergesellschaft Compania Cubana de Aviacion SA übernommen, reorganisiert und mit kleineren Gesellschaften zusammengeführt wurde. Die Flotte bestand zu diesem Zeitpunkt aus englischen und amerikanischen Flugzeugen. Nach der Wirtschaftsblockade der USA kamen nur noch Flugzeuge sowjetischer Bauart zum Einsatz, erst nach Zusammenbruch des „Warschauer Paktes“ können jetzt geleaste, westliche Typen eingesetzt werden.

Routen

Dichtes Inlandsflugnetz, Karibik, Mittelamerika und einige Ziele in Europa wie Köln, Prag, Basel, Berlin, Moskau, Paris, Frankfurt und München.

Flotte		Bestellt
4 YAK 42	8 Tu-154 B-2/M	5 IL-96-300
10 YAK 40	13 IL-62M	
12 Antonow 24	1 McDonnell Douglas DC-10-30	
25 Antonow 26		
2 IL-76 MD		

Foto: Airbus A 320-200 (Josef Krauthäuser/Frankfurt)

CYPRUS AIRWAYS

21 Alkeou Street Engomi 1903
Nicosia, Tel. 443054
Zypern

3 L-Code	IATA-Nr.	ICAO-Callsign
CYP	48	Cyprus

Geschichte:

Cyprus Airways, am 24. September 1947 von BEA, cypriotischen Geschäftsleuten und der Regierung gegründet. Mit DC-3 wurde der Flugbetrieb nach Athen aufgenommen, weitere Strecken führten nach Haifa, Istanbul, Rom, Beirut und Kairo. Mit Vickers Viscount wurde in den fünfziger Jahren die London-Route eröffnet. Erstes Jetgerät waren zwei Hawker-Siddeley Trident, die im November 1969 von BEA gekauft wurden. Im Juli 1974 mußte Cyprus Airways den Flugbetrieb einstellen, da türkische Truppen den Flughafen von Nicosia besetzten und eine Trident bei Kämpfen zerstört wurde. Ab 8. Februar 1975 startete die erste Boeing 707 vom Flugplatz Larnaca im Süden Zyperns. Im gleichen Jahr traf auch der erste Airbus A 310 und Ende 1989 der neue Airbus A 320 ein.

Routen

Larnaca, London, Athen, Rom, Frankfurt, München, Paris und Zürich sind Ziele im Linienverkehr.

Flotte

3 BAe BAC 1-11-500
4 Airbus A 310-200
8 Airbus A 320-200

Foto: L-1011 TriStar (Josef Krauthäuser/Los Angeles)

DELTA AIR LINES

Hartsfield Atlanta Airport
Georgia, 30320, Tel. 404-7652600
USA

3 L-Code	IATA-Nr.	ICAO-Callsign
DAL	6	Delta

Geschichte:

Delta Air Lines ist nicht nur eine der großen Fluggesellschaften der USA, sondern auch eine der ältesten überhaupt. 1924 gründete Huff Doland die gleichnamige Firma zur Besprühung von Baumwollfeldern im Süden der USA. Firmensitz war Monroe, Louisiana im Mississippi-Delta. Die Übernahme des Namens Delta Air Services im Jahre 1928 bezieht sich also auf diesen Landstrich. Mit einer Travelair wurden 1929 auch erstmals Passagiere von Dallas nach Jackson befördert. 1930 wurde die Firma an die Aviation Corporation verkauft. 1940 gehörten bereits 10 Lockheed Electra und 5 DC-3 zur Flotte. 1953 fusionierte Delta mit Chicago and Southern Airlines, die Übernahme der North East Airlines erfolgte 1972, 1987 wurde letztendlich Western Airlines übernommen. Mit diesen Fusionen und Übernahmen wurde auch das Streckennetz ständig erweitert. 1959 wurden DC-8, 1960 Convair 880 und 1965 die DC-9 in Dienst gestellt. Bei allen diesen Typen war Delta „Launching Customer". Großraumjets vom Typ Boeing 747 waren von 1970-77, DC-10 von 1972-75 in Dienst. Man entschied sich dann jedoch für die Lockheed TriStar. 1978 erfolgte der Sprung über den Atlantik nach London, bereits ein Jahr später stand Frankfurt im Flugplan. Es folgten dann 1986 Stuttgart und München. Im November 1991 wird die traditionsreiche PAN AM aufgekauft, sämtliche Routen und Flugzeuge werden integriert. 1992 fliegen über 86 Millionen Passagiere mit Delta Air Lines.

Routen

Über 250 Ziele weltweit u. a. Frankfurt, Stuttgart, München, Zürich, Paris, London, Taipeh, Tokio, Seoul, Bangkok, Hongkong, Acapulco, Mexiko-City, Ziele in der Karibik, Südamerika und USA.

Flotte		Bestellt
153 Boeing 727-200Adv.	30 Airbus A 310	55 Boeing 737-300
58 Boeing 737-200	124 McDonnell Douglas MD-88	26 McDonnell Douglas MD-90
15 Boeing 737-300	39 Lockheed L-1011-200 TriStar	3 Boeing 757-200
85 Boeing 757-200	17 Lockheed L-1011-500 TriStar	3 Boeing 767-300
15 Boeing 767-200	15 McDonnell Douglas MD-11	2 McDonnell Douglas MD-11
41 Boeing 767-300ER		

Foto: Boeing 737-300 (Uwe Gleisberg/München)

DEUTSCHE BA

Flughafen Löwental, 88046 Friedrichshafen
Tel. 07541-3080
Deutschland (ab 1994 München)

3 L-Code	IATA-Nr.	ICAO-Callsign
DEL	—	Bodensee

Geschichte:

Delta Air aus Friedrichshafen wurde von der Transportgruppe Scholpp in Stuttgart gegründet und nahm 1978 mit einer DHC-6 „Twin Otter" den Verkehr zwischen Friedrichshafen und Stuttgart, sowie Friedrichshafen-Zürich auf. 1982 kam eine Swearingen Metro III zur Flotte. Eine zweite Metro III folgte 1984 ebenso wie eine Dornier 228, diese kam auf der Route Friedrichshafen-Oberpfaffenhofen zum Einsatz. Im Jahre 1985 wurde Delta Air in eine GmbH umgewandelt, mit Beteiligung der schweizerischen Crossair, ab Mai 1987 erhielt sie den Status einer Liniengesellschaft und fliegt seither im Auftrag der Deutschen Lufthansa einige Strecken mit SF-340, die ab 1986 zur Flotte kamen. 1992 erfolgte der Verkauf von Delta Air und die Umbenennung in Deutsche BA. Die „neue Linie im Land" setzte neben der SF 340 auch Boeing 737-300 ein. Es folgte im Laufe der Jahre 92/93 die Aufnahme von Linienverbindungen nach Moskau, Ankara und weiteren Zielen. Künftiger Hauptsitz wird München sein.

Routen

Friedrichshafen, Frankfurt, Köln, Zürich, München, Stuttgart, Genf, Moskau und Ankara. Weitere Ziele wie Hamburg, Bremen, Münster, Berlin, Prag, Klagenfurt, Brüssel, Paris werden im Auftrag bedient. Charterflüge überwiegend ab Berlin in Mittelmeerziele.

Flotte	Bestellt
1 Dornier 228	5 Saab 2000
9 Saab SF-340	
7 Boeing 737-300	

Foto: Boeing 727-100

DOMINICANA DE AVIACION

P. O. Box 1415 Santo Domingo
Tel. 809532-6269
Dominikanische Republik

3 L-Code	IATA-Nr.	ICAO-Callsign
DOA	113	Dominicana

Geschichte:

Die Compania Dominicana de Aviacion wurde noch vor dem Ende des 2. Weltkrieges, mit Hilfe von Pan American Airways, gegründet. Der Flugverkehr wurde mit Stinson Reliant und einer Ford Trimotor aufgenommen. 1947 erhielt Dominicana zwei DC-3 aus den Beständen der US Air Force. Im Jahre 1972 ersetzte die erste Boeing 727 die in den frühen fünfziger Jahren gelieferte DC-6. Diese Flugzeuge wurden von Dominicana künftig für Charter-und Frachtflüge verwendet. Mitte der achtziger Jahre gingen alle Aktien der Gesellschaft auf den Staat über.

Routen

Caracas, Curacao, Miami, New York, San Juan sind die wichtigsten Ziele.

Flotte

3 Boeing 727-200/100
1 Boeing 707-300
1 DC-6A

Foto: Airbus A 320 (Uwe Gleisberg/Hongkong)

DRAGONAIR

12 F Tower 6 Hongkong City
33 Kanton Road Kowloon, Tel. 37383388
Hongkong

3 L-Code	IATA-Nr.	ICAO-Callsign
HDA	43	Loongair

Geschichte:

Dragonair ist im Jahre 1985 aktiv geworden, um vor allen Dingen Ziele in der Volksrepublik von Hongkong aus zu bedienen. Die Gesellschaft eröffnete den Flugbetrieb mit zwei Boeing 737-200 Adv. Die Verkehrsergebnisse waren seit Gründung stets positiv, drei weitere Boeing 737-200 wurden erworben und das traditionelle Liniennetz erweitert. Seit 1989 werden auch Ziele außerhalb der Volkrepublik China bedient und eine Charterabteilung gegründet. Mitte 1990 erwarb man von Cathay Pacific eine Lockheed L-1011 TriStar. Mit Ablieferung des ersten Airbus A 320 Ende 1992 änderte sich auch die Farbgebung der Flugzeuge.

Routen

Beijing, Dalian, Guilin, Hangzhon, Haikon, Kagoshima, Kathmandu, Nanjing und Phuket werden ab Hongkong bedient.

Flotte	Bestellt
2 Lockheed L-1011 TriStar	1 Airbus A 320
6 Airbus A 320-200	2 Airbus A 330

Foto: BAe 146-100 (Josef Krauthäuser/Bangkok)

DRUK AIR

P. O. Box 209 Thimpu,
Tel. 2825
Königreich Bhutan

3 L-Code	IATA-Nr.	ICAO-Callsign
DRK	787	Druk

Geschichte:

Auf Erlaß des Königs von Bhutan, wurde Druk Air am 1. April 1981 etabliert. Nachdem die Voraussetzungen für einen Flugverkehr geschaffen waren, begann mit einer Dornier 228 die Aufnahme des Flugverkehrs mit einem Flug nach Kalkutta am 12. 2. 1983. Mitte 1983 folgte eine weitere Maschine gleichen Typs. Mit Ablieferung einer BAe 146 begann auch für diese junge Gesellschaft das Jet-Zeitalter. Mit diesem Typ will Druk Air das Liniennetz erweitern. Als erste neue Verbindung wurde Bangkok angeflogen. Dem König von Bhutan steht die BAe 146 auch für persönliche Flüge zur Verfügung.

Routen

Einige Ziele in Indien, Bangkok.

Flotte

1 Dornier 228
2 BAe 146-100

Foto: Boeing 737-200

EGYPT AIR

International Airport, Cairo
Tel. 23902444
Ägypten

3 L-Code	IATA-Nr.	ICAO-Callsign
EGY	77	Egyptair

Geschichte:

Im Juni 1932 wurde Misr Airwork, die Vorläufergesellschaft von Misrair SAE, gegründet. Mit Syrien wurden dann im Dezember 1960 die United Arab Airlines ins Leben gerufen, Syrien verließ diese jedoch nach einem Jahr wieder. Zum Einsatz kamen bei UAA die Comet 4B und Vickers Viscount. Ägypten führte unter dem Namen UAA die Gesellschaft weiter, 1964 wurde als Inlandsfluggesellschaft Misrair wiederbelebt, beide Fluggesellschaften wurden jedoch am 10. Oktober 1971 in der neuen Egypt Air zusammengefaßt. Politisch bedingt flog UAA/Egyptair in den 60er und siebziger Jahren auch sowjetisches Fluggerät. Im April 1975 stellt man den Flugbetrieb aber um auf Airbus A 300 und Boeing 737. Für die Langstrecken folgten Boeing 707, später auch Boeing 747. Eine umfangreiche Flottenerneuerung begann bei Egyptair mit Boeing 767 und Airbus A 300-600 1989. Bis Mitte der neunziger Jahre sollen nur noch diese Typen und Airbus A 320 zum Einsatz kommen.

Routen

Von Los Angeles und New York in USA bis nach Tokio reicht das Liniennetz der Egypt Air. Insgesamt werden 60 Zielorte angeflogen, darunter Wien, Genf, Zürich, München, Berlin, Frankfurt und Düsseldorf.

Flotte		Bestellt
2 Boeing 747-300	3 Airbus A 300B4	6 Airbus A 321
5 Boeing 767-200/300ER	4 Boeing 737-200Adv.	3 Airbus A 340
9 Airbus A 300-600	6 Boeing 707	3 Boeing 777
7 Airbus A 320-200	5 Boeing 737-500	

Foto: Boeing 767-200

EL AL ISRAEL AIRLINES

P. O. Box 41 Ben Gurion Airport
70100 Tel Aviv, Tel. 03-9716111
Israel

3 L-Code	IATA-Nr.	ICAO-Callsign
ELY	114	EL AL

Geschichte:

Mit Flugzeugen der israelischen Luftwaffe übernahm EL AL nach der israelischen Staatsgründung die Initiative und den Aufbau eines Luftverkehrs, der für den von „Feinden" umringten Staat Israel lebenswichtig war und ist. Bei diesen Flugzeugen, die nach Gründung am 15. November 1948 zum Einsatz kamen, handelte es sich um Transporter vom Typ Curtiss C-46 und DC-4 (C-54). Erste Flüge führten in die Schweiz und nach Paris. Mit Lockheed-Constellation erfolgte bereits 1950 eine regelmäßige Verbindung nach New York. Mit zunächst geleasten Boeing 707 begann 1960 die Umstellung auf Jetflugzeuge. Rückgrat der EL AL-Flotte waren über viele Jahre hinweg Boeing 707/720, 1971 traf die erste Boeing 747 ein und als Ersatz für die 707 seit 1983 die Boeing 767 und ab 1987 die Boeing 757. Mitte der achtziger Jahre erfolgte eine Umstrukturierung der EL AL, da die Gefahr eines wirtschaftlichen Zusammenbruchs drohte. Nach dem Friedensvertrag mit der PLO und einer weiteren Entspannung im Nahen Osten erwartet EL AL auch einen regionalen Aufschwung und Möglichkeiten einer Aufnahme neuer Ziele in dieser Region.

Routen

Linienflüge nach USA, Kanada, Südafrika, Kenia, Amsterdam, London, Brüssel, Köln, München, Zürich, Genf, Wien, Frankfurt, Rom und weiteren Zielen in Europa.

Flotte		Bestellt
7 Boeing 747-200	2 Boeing 737-200Adv.	2 Boeing 747-400
1 Boeing 747 F		
4 Boeing 767-200		
7 Boeing 757-200		

Foto: Airbus A 310-300 (Josef Krauthäuser/Frankfurt)

EMIRATES

P. O. Box 686 Dubai
Tel. 4-228151
Vereinigte Arabische Emirate

3 L-Code	IATA-Nr.	ICAO-Callsign
UAE	176	Emirates

Geschichte:

Mit Unterstützung des Scheichs der Vereinigten Emirate wurde die eigenständige, staatliche Gesellschaft 1985 gegründet. Fluggerät wurde von PIA geleast. Die ersten Flugverbindungen führten nach Indien und Pakistan. 1986 folgten Verbindungen mit Dacca, Colombo und Kairo. 1987 führten auch die ersten Linien nach Europa mit den Destinationen London, Frankfurt und Istanbul. 1992 expandierte Emirates mit neuen Linienflügen nach Djakarta, Paris, Rom und Zürich.

Routen

Golf Region, Pakistan, Indien, Ceylon, Ägypten und Europa mit Zielen Frankfurt, London, Zürich.

Flotte	Bestellt
5 Airbus A 300-600 8 Airbus A 310-300 3 Boeing 727-200	7 Boeing 777

Foto: Tupolev Tu-134A (Martin Bach/Amsterdam)

ESTONIAN AIR

Lennujaama 2, EE 0011 Tallinn
Tel. 421142
Estland

3 L-Code	IATA-Nr.	ICAO-Callsign
ELL	960	Estonian

Geschichte:

Estonian Air wurde, von der Regierung des neu formierten Staates Estland, am 1. Dezember 1991 gegründet und zum Flagcarrier erklärt. Estonian Air nahm mit Tu-134 noch im Dezember 1991 die erste Linienverbindung nach Helsinki auf. Weitere Strecken, vor allen Dingen nach Skandinavien, wurden schnell folgend eröffnet. Langfristig soll die Gesellschaft privatisiert und mit westlichem Fluggerät ausgestattet werden.

Routen

Amsterdam, Frankfurt, Hamburg, Helsinki, Kopenhagen, Kiew, Minsk, Moskau, Stockholm, Wilnius.

Flotte

4 Yakolev Yak-40
12 Tupolev Tu-134 A

Foto: Boeing 767 (Jörg Thiel/Frankfurt)

ETHIOPIAN AIRLINES

P.O.Box 1755, Bde Airport, Addis Abeba
Tel. 612222
Demokratische Volksrepublik Äthiopien

3 L-Code	IATA-Nr.	ICAO-Callsign
ETH	71	Ethiopian

Geschichte:

Ethiopian Airlines wurde im Dezember 1945 laut Proklamation des damaligen Kaisers Haile Selassie gegründet und Linienflüge starteten mit fünf DC-3 am 8. April 1946. Mit der US-Gesellschaft TWA wurde ein Managementvertrag bis 1970 geschlossen, der langfristige Unterstützung zusicherte. Mit DC-6B wurde als erstes europäisches Ziel Frankfurt ab Juni 1958 regelmäßig bedient. Seit November 1962 flog Ethiopian mit Boeing 720 Jets, weitere B-707 und B-720 folgten. Als Ersatz für diese Flugzeuge wurden Boeing 767 eingeführt, für die DC-3 die ersten modernen ATR-42 im Jahre 1989 übernommen.

Routen

Mehr als 40 Ziele im Inland, zu 30 Zielen in Afrika, nach Athen, Bombay, Beijing, Aden, Abu Dhabi, Berlin, Jeddah, Frankfurt, London, Rom und Moskau.

Flotte

1 Boeing 707-300C
3 Boeing 767-200ER
1 Boeing 757-200F
2 Boeing 727-200Adv.
4 Boeing 757-200ER
1 Boeing 737-200Adv.
2 ATR-42
5 DHC-6 „Twin Otter“
4 DC-3
2 Lockheed L-382 Hercules

Foto: Boeing 737-300 (Josef Krauthäuser/München)

EUROBERLIN

Kleiststr. 23-26, 10623 Berlin
Tel. 030-88752601
Deutschland

3 L-Code	IATA-Nr.	ICAO-Callsign
EEB	770	Eurober

Geschichte:

Tochtergesellschaft der Air France und Lufthansa AG. Um der übermächtigen Konkurrenz der US-Airlines im Berlin-Flugverkehr — vor der Wiedervereinigung — etwas entgegenzusetzen, gründeten am 9. 9. 1988 die beiden Gesellschaften Euroberlin France, eine Firma nach französischem Recht mit Sitz in Berlin. Die Aufnahme des Flugbetriebs mit geleasten Boeing 737-300, war am 7. November 1988. Im Jahre 1989 flogen 600 000 Passagiere mit dieser Gesellschaft, für die nach der Wiedererlangung der deutschen Lufthoheit auch in Berlin plötzlich kein direkter Bedarf mehr vorhanden ist. Ab Oktober 1990 fliegt Euroberlin überwiegend im Auftrag der Lufthansa nach Berlin, verstärkt wird aber auch Charter geflogen. Nach Ablauf der Leasingverträge für die Flugzeuge soll Euroberlin aufgelöst werden.

Routen

Von Berlin mehrfach täglich nach Köln, Düsseldorf, Frankfurt und Stuttgart.

Flotte

6 Boeing 737-300

Foto: ATR-72 (Uwe Gleisberg/München FJS)

EUROWINGS

Flughafenstraße 100, 90411 Nürnberg
Tel. 0911-36560
Deutschland

3 L-Code	IATA-Nr.	ICAO-Callsign
EWG	104	Eurowings

Geschichte:

Mit Zusammenschluß von NFD und RFG zum 1. Jannuar 1993 entstand Eurowings. Nachdem der Mehrheitsgesellschafter, Albrecht Knauf, eine Konzentration und Arbeitsteilung beider Gesellschaften forderte, war die Konsequenz eine gemeinsame Operation. Gleichzeitig wurde eine neues „Outfit" auch der Flugzeuge geschaffen.
NFD und RFG (s. 1. Auflage dieses Buches) betrieben einen umfangreichen Regionalverkehr ab Dortmund und Nürnberg, jeweils mit ATR, Metroliner und Do 228. Für TNT wird ein Nurfrachter BAe 146-200 QT betrieben. Neben eigenen Liniendiensten verkehrt Eurowings auch für Lufthansa, Swissair und veranstaltet auch Charterflüge.

Routen

Dichtes innerdeutsches Liniennetz, nach Amsterdam, Budapest, Brüssel, London, Lyon, Mailand, Prag, Wien und Zürich.

Flotte	Bestellt
18 ATR-42 12 ATR-72 1 BAe 146	4 ATR-72

Foto: Boeing 747-400 (Björn Kannengiesser/Wien)

EVA AIR

376 Hsin-nan Road, See 1 Luchu,
Taoyuan Hsien, Tel. 3515151
Republik China

3 L-Code	IATA-Nr.	ICAO-Callsign
EVA	695	Evaair

Geschichte:

Im März 1989 gründete Evergreen Companie, größte Containerschiffahrtslinie der Welt, die eigene Fluggesellschaft. Staatliche Auflagen, Streitereien um den Gesellschaftsnamen (Verwechslungen mit anderen Firmen) und nicht sofort verfügbares neues Fluggerät, verhinderten jedoch die sofortige Aufnahme des Flugbetriebs. Schließlich nahm die mit 370 Millionen US-$ ausgestattete EVA Air den Flugbetrieb am 1. Juli 1991 auf. Zum Einsatz auf Strecken nach Bangkok, Manila, Hongkong und Seoul kamen Boeing 767-300ER. Seit November 1991 wird Wien bedient, ab April 1993 auch London. Wichtige Verbindungen gibt es auch in die USA. Die rasant wachsende EVA Air drängt an die Spitze der taiwanesischen Fluggesellschaften.

Routen

Bangkok, Ho Chi Minh City, Jakarta, Hongkong, Kaoshing, Kuala Lumpur, Los Angeles, London, Manila, Malediven, New York, Penang, Seattle, Seoul, Singapur, Taipei, Wien.

Flotte	Bestellt
5 Boeing 767-300 ER 7 Boeing 747-400	14 McDonnell Douglas MD-11

Foto: Boeing 747-100

EVERGREEN INTERNATIONAL

3850 Three Mile Lane, Mc Minnville,
OR 97128-9496, Tel. 4720011
USA

3 L-Code	IATA-Nr.	ICAO-Callsign
EIA	494	Evergreen

Geschichte:

Evergreen International Airlines ist ein Teilbereich der Evergreen Aviation. Zu dieser Holdinggesellschaft gehört auch eines der größten Helicopter-Unternehmen der USA, Evergreen Helicopter, und auch der berühmte Marana Airpark in Arizona wo Flugzeuge abgestellt sind die zeitweise nicht verwendet werden. Die Fluggesellschaft wurde 1975 gegründet als die Johnson Airlines of Missoula übernommen wurde. Evergreen betreibt in Unterauftrag von UPS und anderen Firmen einen inneramerikanischen Frachtbetrieb, hat aber auch eigene Frachtrouten. Daneben werden Flugzeuge im wetlease, also mit Besatzung, an andere Fluggesellschaften vermietet. Selbst betreibt man auch Charterflüge und ist für die US-Army im Truppentransport tätig.

Routen

Regelmäßige Frachtflüge von Hongkong nach New York.

Flotte	Bestellt
11 Boeing 727F 13 Boeing 747 3 McDonnell Douglas DC-8-63/75 8 McDonnell Douglas DC-9-15/30	2 McDonnell Douglas MD-90

Foto: McDonnell Douglas DC-10-30 (Wolfgang Grond/Frankfurt)

EXPRESS ONE

3890 West Northwest Highway, Suite 700, Dallas
Tx. 75220, Tel. 214-9122500
USA

3 L-Code	IATA-Nr.	ICAO-Callsign
LHN	—	Longhorn

Geschichte:

1975 begann die Gesellschaft als JET EAST INTERNATIONAL mit Air Taxi Diensten ab Dallas Love-Field Airport. Zum Einsatz kamen Beech King und Learjets. Mit fünf Boeing 727 flog man auch im Auftrag von UPS, dem bekannten „Päckchenflieger". 1989 wurde der Name in Express One geändert. Jetzt hatte man Verträge mit Emery und DHL, ebenfalls Frachtgesellschaften und nutzte fünf weitere Boeing 727 auch für Passagierflüge auf Charterbasis. Diese wurden 1991/92 mit DC-9 ergänzt. Mit geleasten DC-10 erfolgte ab Juli 1993 der Sprung über den Atlantik mit Charterflügen nach Frankfurt.

Routen

Charterflüge innerhalb USA, Kanada, in die Karibik, Latein-und Südamerika, Europa. Frachtflüge innerhalb der USA.

Flotte

5 Boeing 727-100
7 Boeing 727-100F
7 Boeing 727-200 Adv.
3 McDonnell Douglas DC-10-30
4 McDonnell Douglas DC-9-31

Foto: Lockheed L-1011 TriStar

FAUCETT PERU

P. O. Box 1429 Lima 100
Tel. 14-463424
Peru

3 L-Code	IATA-Nr.	ICAO-Callsign
CFP	163	Faucett

Geschichte:

Elmer J. Faucett, US-Bürger und Pilot, gründete am 15. September 1928 die Compania de Aviacion Faucett SA. Als echter Flugpionier erkundete er eine Verbindung von Talara im Norden von Peru bis Arequipa im Süden. Zum Einsatz kamen Stinson Detroites. Speziell für die Belange von Faucett konstruierte Stinson die F-19. 30 Maschinen wurden von Faucett in Lizenz produziert und im Flugbetrieb eingesetzt. Neben den Flugzeugen wurden auch die Flughäfen von Faucett in vielen Orten Perus selbst angelegt, oder ausgebaut. 1938 wurde Aerovias Peru übernommen, nach dem 2. Weltkrieg DC-3 und DC-4 gekauft. 1960 folgten DC-6 und im April 1968 der erste Jet, eine Boeing 727. Diese wurde ergänzt durch BAC 1-11, deren erste wurde geliefert im Juli 1971. Seit 1982 ist Aeronavas del Peru Hauptgesellschafter von Faucett. Wegen politischer Differenzen mit den USA wurde 1984 die einzige Auslandsverbindung nach Miami für einige Zeit eingestellt, bzw. nur bis Cayman Island geführt. Mit einer recht betagten Flotte wird überwiegend Fracht geflogen, die Passagierzahlen nehmen seit Jahren ab.

Routen

Arequipa, Ayachucho, Chiclayo, Chimbote, Cusco, Iquitos, Julica, Miami, Piura, Pucallpa, Porto Maldonado, Rioja, Tacna, Talara, Tarapoto, Tumbes, Yurimagues.

Flotte

2 Boeing 727-200
4 Boeing 737-100/200
4 McDonnell Douglas DC-8-50
1 Lockheed L-1011 TriStar

Foto: McDonnell Douglas MD-11 (Björn Kannengiesser/Fort Lauderdale)

FEDERAL EXPRESS

P. O. Box 727, Memphis TN 38134-2424
Tel. 901-3693600
USA

3 L-Code	IATA-Nr.	ICAO-Callsign
FDX	23	Express

Geschichte:

Frederick W. Smith gründete im Juni 1971 Federal Express. Diese nahm den Flugbetrieb am 17. April 1973 auf. Zum Einsatz kamen Falcon 20. Bis zu 60 dieser Flugzeuge waren im Einsatz. 1978 ging Fed Ex, so die Abkürzung, an die Börse und wurde eine Aktiengesellschaft. Das System von Fed Ex revolutionierte vor 20 Jahren den gesamten Frachtmarkt und hat inzwischen viele Nachahmer gefunden. Vom zentralen Umschlagzentrum (Hub) in Memphis werden die Sendungen verteilt. Nach der „Air Cargo Deregulierung", im November 1977, konnte Fed Ex auch größeres Fluggerät operieren. Gekauft wurden massenweise Boeing 727, später auch DC-10 und Boeing 747.
1989 wurde die lange Jahre etablierte und bekannte Flying Tiger Line gekauft und integriert. Beförderte man erst nur Express-Sendungen, so werden inzwischen auch andere Frachtsendungen transportiert und zwar mehr als 2 Millionen Sendungen täglich.

Routen

Federal Express bedient über 100 Städte in USA, weltweit etwa 180 Länder.

Flotte		Bestellt
160 Boeing 727-100/200	12 McDonnell Douglas MD-11	10 Airbus A 310
10 Boeing 747-100/200F	220 Cessna Caravan	25 Airbus A 300
27 McDonnell Douglas DC-10	32 Fokker F 27	100 Cessna Caravan

Foto: McDonnell Douglas DC-10-30

FINNAIR

Mannerheimintie 102, 00250 Helsinki
Tel. 90-410411
Finnland

3 L-Code	IATA-Nr.	ICAO-Callsign
FIN	105	Finnair

Geschichte:

Gegründet am 9. 10. 1923 als Aero OY war mit einer Beteiligung von 50% auch die deutsche Firma Junkers in diesem Unternehmen engagiert. Der erste Flug führte von Helsinki nach Tallin mit einer Junkers F-13, dem damals fortschrittlichsten Verkehrsflugzeug. Weitere Strecken führten in den nächsten Jahren nach Berlin und Paris. Der Betrieb der Aero OY mußte am 21. 9. 1944 eingestellt werden und ruhte bis zum Frühjahr 1945. Von der USAAF wurden Anfang 1945 acht C-47 gekauft. Erste Flüge fanden nach Stockholm und Kopenhagen statt. Ab 1951 wurde bereits Düsseldorf ins Streckennetz aufgenommen. Convair 340/440 lösten die C-47 (DC-3) ab. Die Aufnahme einer Verbindung mit Moskau im Jahre 1956 war ein Höhepunkt, Frankfurt, Köln, Basel und Genf kamen im Jahre 1957 hinzu. Mit der Einführung der Caravelle im Jahre 1960 begann bei Finnair die Umstellung auf Jet-Flugzeuge. KAR AIR, eine private finnische Gesellschaft wurde 1962 übernommen. Für neue Langstreckendienste in die USA wurden DC-8 bestellt, deren erste 1969 eintrafen. Diese wurden auch für Charterflüge in die Mittelmeerregion verwendet. 1968 wurde der Name Finnair als allein gültige Bezeichnung der Gesellschaft angenommen. DC-10-30 kamen am 4. 2. 1975 zur Auslieferung. Diese wurde vor allen Dingen nach Flügen an die Westküste der USA, nach Tokio und New York eingesetzt. Für die Mittelstrecke wird die Caravelle durch DC-9 abgelöst, 1985 erfolgt die Aufnahme von Singapur und 1987 auch München im Flugplan. Die erste MD-11 konnte von Finnair im Dezember 1990 übernommen werden. Aus Kostengründen wurde 1993 die bisher eigenständig operierende KAR AIR integriert.

Routen

Los Angeles, New York, Toronto, Tokio, Singapur, Bangkok, Beijing, Moskau, Prag, Warschau, Leningrad, Hamburg, Berlin, Frankfurt, Wien. Zürich, Genf, Stuttgart und München sind wichtige Finnair-Ziele, hinzu kommen viele Destinationen in Skandinavien.

Flotte

17 McDonnell Douglas DC-9-41/51
3 McDonnell Douglas MD-87
14 McDonnell Douglas MD-82/83
5 McDonnell Douglas DC-10-30
4 McDonnell Douglas MD-11
2 Airbus A 300 B4
5 ATR-72

Foto: Boeing 727-100 (Josef Krauthäuser/Ottawa)

FIRST AIR - BRADLEY AIR SERVICES

Carp Airport, Carp Ontario KOA ALO
Tel. 6138393340
Kanada

3 L-Code	IATA-Nr.	ICAO-Callsign
BAR	245	Bradley

Geschichte:

Bradley Air Services unternimmt Linienflüge, Charter-und Frachtflüge von verschiedenen Punkten in Kanada. Die Linienflüge werden unter dem Titel, „First Air“ durchgeführt. Bradley Air Services wurde im Jahre 1954 gegründet und nahm mit DC-3 den Flugbetrieb auf. First Air hat den Heimatflughafen in Ottawa. Von hier führen auch die Flüge in die USA und nach Grönland.

Routen

Boston, New York, Godthab, Cambridge Bay, Halifax, Montreal, Ottawa und weitere Ziele, besonders im Norden Kanadas.

Flotte

4 Boeing 727-Combi
9 BAe HS-748

Foto: Dornier 228

FORMOSA AIRLINES

87 Jung Kiang Road, Taipai 10428
Tel. 02-5084183
Republik China (Taiwan)

3 L-Code	IATA-Nr.	ICAO-Callsign
FOR	—	Formosa

Geschichte:

Die im Privatbesitz befindliche Formosa Airlines ist seit 1978 im Flugbetrieb tätig. Mit Britten-Norman „Islander" wurde der inländische Flugbetrieb aufgenommen. Ab 1983 sind auch zunächst zwei Dornier 228 in Betrieb, weitere drei folgten 1985. Neuester Typ in der kleinen Flotte ist die Saab SF-340. Über 380 000 Passagiere flogen 1993 mit Formosa Airlines.

Routen

Dichtes regionales Liniennetz innerhalb der Republik China, sowie Charterflüge zu touristischen Zielen der Insel.

Flotte	Bestellt
3 Saab SF-340 6 Dornier 228 3 Pilatus-Britten-Norman „Islander"	5 Dornier 328

Foto: Boeing 737-400 (Josef Krauthäuser/Wien)

FUTURA

Calle Jesus 4, 07003 Palma de Mallorca
Tel. 755196
Spanien

3 L-Code	IATA-Nr.	ICAO-Callsign
FUA	—	Futura

Geschichte:

Futura International Airways ist ein Joint Venture zwischen Air Lingus (25 % Anteil) und spanischen Investoren. gegründet wurde das Unternehmen 1989 mit dem Ziel, Pauschalreisen von Irland nach Spanien durchzuführen. Im März 1990 konnte mit zwei Boeing 737-300 der Flugbetrieb von Dublin nach Palma de Mallorca aufgenommen werden. Schnell folgten auch andere Flughäfen wie Basel, Düsseldorf, Manchester, München und Wien. Größere Boeing 737-400 wurden jeweils 1991 und 1992 beschafft.

Routen

Charterflüge von Irland, Großbritannien, Deutschland, Österreich und Schweiz nach Spanien, besonders Mallorca und die Kanarischen Inseln.

Flotte

2 Boeing 737-300
6 Boeing 737-400

Foto: McDonnell Douglas MD-11 (Josef Krauthäuser/München FJS)

GARUDA INDONESIA

Jalan Merdeka Selatan 13, Jakarta 10110
Tel. 3801901
Indonesien

3 L-Code	IATA-Nr.	ICAO-Callsign
GIA	126	Indonesia

Geschichte:

Der 26. Januar 1949 wird offiziell als Gründungstag der Garuda genannt. An diesem Tage flog eine DC-3 von Kalkutta nach Rangun und war registriert als „Indonesian Airways“. Es war zugleich die erste zivile Maschine der neuen Republik Indonesien, die aber aus politischen Gründen in Indonesien nicht fliegen konnte. Erst nach der offiziellen Unabhängigkeitserklärung Ende 1949 wurde von der Regierung die Gesellschaft auch in Indonesien installiert, kam ohne die Hilfe von KLM vorerst jedoch nicht aus. Erst 1954 wurde die Gesellschaft nationalisiert. Neben der DC-3 kamen Convair 240/340 und ab 1961 auch Lockheed L-188 Electra zum Einsatz. 1963 wurde de Kroonduif, eine Gesellschaft im indonesischen Teil Neu Guineas, übernommen. Mit Convair CV 990 startete Garuda 1965 erstmals mit einem Jet nach Amsterdam. Diese Maschinen wurden durch DC-8 im Jahre 1968 ersetzt. 1969 wurde dann, via Bali, erstmals Sydney bedient und DC-9 gekauft, ebenfalls einige Fokker F-27 für Inlandsdienste bestellt. Diese wurden allerdings schon 1971 durch Zulauf der F-28 wieder außer Dienst gestellt und verkauft. Großgerät kam, zunächst von KLM geleast, in Form der DC-10-30, 1973 zur Flotte der Garuda. Boeing 747 stellte die Gesellschaft Anfang 1980 in Dienst und flog auch damit nach Frankfurt. Ende der 80er Jahre und aus Anlaß des 40jährigen Bestehens wurde die gesamte Flotte mit einem neuen, attraktiven Anstrich versehen. Ab Sommerflugplan '92 und nach Ablieferung der MD-11 eröffnete Garuda einen wöchentlichen Medan-Djakarta-München-Flug.

Routen

Amsterdam, Brüssel, Frankfurt, München, Zürich, Wien, Rom, London und Paris in Europa. Kairo, Jeddah, Ryadh, Abu Dhabi, Singapur, Kuala Lumpur, Hongkong, Manila, Taipei, Tokio, Los Angeles, Darwin, Perth, Sydney, Melbourne und über 30 Ziele in Indonesien werden von Garuda bedient.

Flotte		Bestellt
8 Boeing 747-200	34 Fokker F-28	3 McDonnell Douglas MD-11
8 Boeing 737-300	12 Airbus A 300-600	16 Boeing 737-400
9 Airbus A300B4	9 McDonnell Douglas MD-11	9 Boeing 747-400
6 McDonnell Douglas DC-10-30		
18 Mc Donnell Douglas DC-9-32		

Foto: Boeing 737-200 (Josef Krauthäuser/Salzburg)

GB AIRWAYS

Ian Stewart Centre, Gatwick Airport,
West Sussex RH6 OPB, Tel. 293-664239
Großbritannien

3 L-Code	IATA-Nr.	ICAO-Callsign
GBL	171	Gibair

Geschichte:

Als Gibraltar Airways wurde die Gesellschaft bereits im Jahre 1930, von der Bland Ltd. Shipping Line, gegründet. Mit einem Saunders Saro-Flugboot verkehrte man von Gibraltar nach Tanger. 1932 wurden die Aktivitäten eingestellt und erst 1947, nach Reorganisation und Beteiligung der BEA, begann erneut — mit DC-3 — der Flugbetrieb. Ab 1953 kamen zwei Vickers Viscount zum Einsatz, der Name war nun Gibair. Wegen politischer Spannungen mit Spanien um die Rückgabe von Gibraltar in den späten 60er Jahren, hielt Gibair als einzige britische Gesellschaft den Flugverkehr offen. Der heutige Name wurde 1981 angenommen. Nach dem Zusammenschluß von BOAC und BEA zu British Airways, verringerten sich deren Anteile an GB Airways auf 49%. Neben Linienflügen werden auch zahlreiche Charterketten ab London-Gatwick und Manchester angeboten.

Routen

London, Manchester, Gibraltar, Madeira, Sevilla, Valencia, Casablanca, Freetown, Funchal, Salzburg, Tanger.

Flotte

5 Boeing 737-200

Foto: Boeing 737-300 (Uwe Gleisberg/München)

GERMANIA

Flughafen Köln-Bonn, 51147 Köln
Tel. 02203-402182
Deutschland

3 L-Code	IATA-Nr.	ICAO-Callsign
GMI	—	Germania

Geschichte:

1986, genau 10 Jahre nach Gründung, nannte sich die SAT-Fluggesellschaft nunmehr Germania. Mit drei ex LTU Caravelle 10 R wurde im September 1978 der Jet-Betrieb aufgenommen, nachdem eine F-27 das erste Flugzeug der SAT war. Neben der Caravelle waren noch zwei Boeing 727 in Besitz der Gesellschaft, diese wurden jedoch erst nach Umbenennung, in Germania-Farben geflogen. Ab 1988 erfolgte die Ausmusterung der Caravelle und die ersten Boeing 737-300 wurde gekauft. Germania fliegt in Subcharter für andere Gesellschaften und für diverse Veranstalter. Einige Flugzeuge der Germania flogen in DFD-Bemalung. Besonders stark ist Germania ab Berlin tätig. So wurden u. a. Linien von Berlin nach Heringsdorf/Ostsee eingeführt. Mit Einsatz von 6 weiteren Boeing 737-300 ab Frühjahr 1992 wurde der Flotte ein verändertes Farbschema verpaßt.

Routen

Charterflüge ins Mittelmeergebiet, nach Nordafrika, Kanarische Inseln, Türkei.

Flotte

12 Boeing 737-300

Foto: McDonnell Douglas DC-10-30

GHANA AIRWAYS

P.O. Box 1636, Accra
Tel. 664856
Ghana

3 L-Code	IATA-Nr.	ICAO-Callsign
GHA	237	Ghana

Geschichte:

Mit Unterstützung von BOAC wurde am 4. Juli 1958 von der Regierung Ghanas, die staatliche Fluggesellschaft gegründet. Bereits am 16. Juli wurde eine Linienverbindung nach London aufgenommen. Zum Einsatz kamen, von BOAC geleaste, Boeing 377 Stratocruiser. Diese wurden später durch die Bristol Britannia ersetzt. 1961 übernahm Ghana die alleinige Kontrolle über die Fluggesellschaft. Zur weiteren Expansion wurden sowjetische IL-18 gekauft. Da diese aber nicht besonders wirtschaftlich einsetzbar waren, gab man nach einiger Zeit alle 8 Maschinen an den Hersteller zurück. Mit VC-10 erhielt Ghana Airways den ersten Jet. 1983 kam die DC-10-30 für die Langstrecken, regionale Dienste werden mit Fokker F-28 und DC-9 geflogen.

Routen

Abidjan, Banjul, Conakry, Dakar, Freetown, Harare, Kuassi, Lagos, Las Palmas, Lome, Monrovia, London, Düsseldorf.

Flotte

1 McDonnell Douglas DC-10-30
1 McDonnell Douglas DC-9-51
2 Fokker F-28

Foto: Tupolev Tu-154M

GREENAIR

Cumhuriyet Caddeshi 279, Adli Han,
Kat 4 Harbiye, Istanbul, Tel. 1434190
Türkei

3 L-Code	IATA-Nr.	ICAO-Callsign
GRN	—	Greenair

Geschichte:

Der Boom im Türkei-Tourismus der späten 80er Jahre und die gesetzlichen Möglichkeiten lassen in der Türkei einige neue Fluggesellschaften entstehen. Greenair wurde Anfang 1990 gegründet und fliegt mit sowjetischem Fluggerät. Vorläufig sind nur Charterflüge geplant, zu einem späteren Zeitpunkt auch Liniendienste von Istanbul nach Moskau. Basis der Greenair ist der Flughafen von Istanbul.

Routen

Frankfurt, Nürnberg, Berlin, Paris, London, Mailand nach Zielen in der Türkei.

Flotte

3 Tupolev Tu 154M

Foto: Boeing 767-300ER

GULF AIR

P. O. Box 138 Manama
Tel. 231166
Bahrain

3 L-Code	IATA-Nr.	ICAO-Callsign
GFA	72	Gulfair

Geschichte:

Gulf Air ist Nationalcarrier der Golfstaaten-Kooperation Bahrain, Qatar, Vereinigte Arabische Emirate und Oman. Gegründet wurde diese Gesellschaft als Gulf Aviation im Jahre 1950. Geflogen wurde in der Region mit Avro Anson. Teilweise unter britischer „Patenschaft" kamen DC-3 und F-27 zur Flotte. Ab November 1969 werden diese durch BAC 1-11 abgelöst. Mit geleasten Vickers VC 10 erfolgten ab 1970 regelmäßige Flüge nach London. Am 1. April 1974 übernahmen die vier Staaten Gulf Aviation und gaben der Gesellschaft eine neue Rechtsform und den heutigen Namen Gulf Air. Boeing 737 ersetzten die BAC 1-11 ab 1977. Für Langstrecken setzte Gulf Air ab Januar 1976 Lockheed L-1011 TriStar ein. Eine Flottenerneuerung und Expansion begann mit Zulauf der ersten Boeing 767-300ER. Langfristig sollen diese die älteren TriStar ersetzen. Durch die Golfkrise ist dieses Programm allerdings zunächst ausgesetzt worden und wurde erst 1993 wieder, mit Ablieferung von Airbus A 320, gestartet.

Routen

Von 6 Golfflugplätzen regelmäßige Flüge nach London, Paris und Frankfurt, Hongkong, Manila, Sydney, Bangkok, Bombay, Colombo, Nairobi, Daressalam, Kairo, Singapur.

Flotte	Bestellt
8 Boeing 737-200	2 Boeing 767ER
16 Boeing 767-300ER	6 Boeing 777
8 Lockheed L-1011 TriStar	4 Airbus A 320
8 Airbus A 320	12 Airbus A 321
	6 Airbus A 340-300

Foto: Boeing 727-200

HAITI TRANS AIR

BP 2526 Port-au-Prince
Tel. 39584
Haiti

3 L-Code	IATA-Nr.	ICAO-Callsign
HTC	362	Haiti Transair

Geschichte:

Mit einer geleasten Boeing 727 nahm Haiti Transair 1987 Linien-und Charterflüge in der Karibik und nach USA auf. Eine weitere Maschine erhielt man 1988. Vom Heimatflughafen Port-au-Prince werden Flüge nach Miami und San Juan, sowohl als Passagier, aber auch als Frachtflüge, durchgeführt. Trotz der problematischen politischen Situation entwickelte sich HTC positiv, 1992 konnte deshalb eine DC-8 beschafft werden.

Routen

Pointe-A-Pitr, Port-au-Prince, Miami, San Juan.

Flotte

2 Boeing 727-200
1 McDonnell Douglas DC-8-61

Foto: DeHavilland DHC-8-100

HAMBURG AIRLINES

Gebäude 175, Flughafen, 22415 Hamburg
Tel. 040-5082900
Deutschland

3 L-Code	IATA-Nr.	ICAO-Callsign
HAS	99	Hamburg Air

Geschichte:

Hamburg Airlines wurde erst am 15. April 1988 gegründet um die in Konkurs gegangene „Hanse Express" zu übernehmen. Neben den Streckenrechten gingen auch zwei Flugzeuge vom Typ Dornier 228, in die neue Gesellschaft über. Schon im September 1988 wurde die erste DHC-8 angemietet um Kapazitätsengpässen ausweichen zu können. Neue Routen nach Amsterdam und Rotterdam, sowie London-Gatwick wurden aufgenommen. Nach der deutschen Wiedervereinigung wurde auch die Hamburg Airlines in den neuen Bundesländern aktiv. Eine Angebotserweiterung zu den Linienflügen wurde ab Frühsommer 1990 geschaffen mit Einsatz einer Fokker 100 für Charterflüge. 1982 erfolgte der komplette Verkauf der Gesellschaft an Saarland Airlines. Nach dem Zusammenbruch eines Reiseveranstalters — Saarland Airlines geriet in finanzielle Schwierigkeiten — mußte auch Hamburg Airlines im Herbst 1993 Vergleichsantrag stellen. Der Flugbetrieb läuft weiter und man hofft auf Konsolidierung, nachdem ein neuer Teilhaber gefunden wurde und sich daraus eine Änderung der Gesellschaftsform ergibt.

Routen

Von Hamburg nach Rotterdam, Amsterdam, Riga, Brüssel, Berlin, Dresden, Leipzig.

Flotte

3 DeHavilland DHC-8-100
3 DeHavilland DHC-8-300

Foto: Airbus A310-200 (Josef Krauthäuser/München FJS)

HAPAG LLOYD FLUG

Postfach 420240, 30662 Hannover
Tel. 0511-73030
Deutschland

3 L-Code	IATA-Nr.	ICAO-Callsign
HLF	617	Hapaglloyd

Geschichte:

Die bekannte deutsche Reederei Hapag Lloyd gründete im Juli 1972 die Fluggesellschaft mit dem traditionellen Namen. Der Flugbetrieb wurde im März des folgenden Jahres mit drei Boeing 727-100 aufgenommen. Nach langwierigen Verhandlungen erfolgte Ende 1978 die Übernahme der Bavaria-Germanair. Mit dieser Übernahme erhielt Hapag Lloyd diverse Flugzeuge der Typen BAC-1-11 und Airbus A 300 B4. Während letzterer in die bestehende Flotte integriert wurde, verkaufte man die BACs und orderte neue Boeing 737-200. Eine Erneuerung der Flotte und Anpassung an künftigen Bedarf wurde 1987 beschlossen. Die insgesamt 6 Airbus A300 B4 wurden gegen Airbus A 310 ausgetauscht, weiter wurden Boeing 737-400 bestellt, von denen die ersten im Herbst 1990 in Hannover eintrafen. Mit Einführung des Airbus A310 war Hapag Lloyd erstmals in der Lage, auch Flüge in die USA durchzuführen.
Knapp drei Millionen Touristen wurden von Hapag Lloyd im Jahre 1993 zu den verschiedenen Zielen befördert, damit ist die Gesellschaft einer der führenden Anbieter Deutschlands.

Routen

Charterflüge ins Mittelmeergebiet, zu den Kanarischen Inseln, nach Afrika, Naher Osten, Fernost, USA und Karibik.

Flotte

4 Airbus A310-200
3 Airbus A310-300
9 Boeing 737-400
5 Boeing 737-500

Foto: McDonnell Douglas DC-8-62

HAWAIIAN AIR

P. O. Box 3008 Int. Airport
Honolulu, 96820 Hawaii, Tel. 808-525-5511
USA

3 L-Code	IATA-Nr.	ICAO-Callsign
HAL	173	Hawaiian

Geschichte:

Im Jahre 1929 als Inter Island Airways in Honolulu gegründet. Geflogen wurde ab 1. November 1929 zwischen Honolulu und Hilo mit Sikorsky S-43 Amphibien-Flugbooten, die durch größere Ausführungen ersetzt wurden. 1941 wurde der jetzige Name verbindlich und der Flugbetrieb auf DC-3 umgestellt. Verstärkte Expansion im Touristengeschäft und Streckenergänzungen führten ab 1952 zur Anschaffung größeren Fluggeräts wie Convair 340, dann ab 1958 DC-6. 1967 erfolgte mit Einführung der DC-9-30 die Umstellung auf Jet-Flugzeuge. Für Charterflüge zum US- Festland, den Pazifik und Europa stießen 1983 DC-8 und ab 1987 Lockheed TriStar zur Flotte. Wegen finanzieller Schwierigkeiten begab sich Hawaiian Air 1993 unter den Schutz von Chapter 11.

Routen

160 Liniendienste werden täglich innerhawaiianisch durchgeführt, weitere Dienste nach Pago Pago, Papeete, Tonga im Pazifik und nach San Francisco, Las Vegas, Los Angeles und anderen Zielen in USA. Daneben Sightseeingflüge mit Dash 7.

Flotte	Bestellt
8 Lockheed L-1011 TriStar	8 DC-10-10
6 McDonnell Douglas DC-8-62	
14 McDonnell Douglas DC-9-51	
4 DeHavilland DHC-7	

Foto: Airbus A300 B4

IBERIA

130 Calle Velazquez, 28006 Madrid
Tel. 5858585
Spanien

3 L-Code	IATA-Nr.	ICAO-Callsign
IBE	75	Iberia

Geschichte:

Die heute bekannte Iberia wurde 1940 durch Zusammenschluß mehrerer Gesellschaften formiert. Nach dem spanischen Bürgerkrieg war der deutsche Einfluß auf die Gesellschaft noch recht groß, so daß Lufthansa 49 % des Kapitals hielt. 1944 übernahm die spanische Regierung alle Anteile und bestellte als Ergänzung ihrer Ju 52-Flotte nunmehr DC-3. Iberia erschloß, als europäische Vorreiter-Gesellschaft nach dem Krieg, wichtige Routen nach Buenos Aires (1946), Caracas und San Juan (1949), Havanna, New York und Mexiko (1954), Bogota (1958), Santiago und weitere Ziele Anfang 1960. Damit gehört Südamerika traditionell zu den wichtigsten Märkten. Zum Einsatz kamen DC-4, Lockheed Constellation und als erster Jet die DC-8 im Jahre 1961. Die Caravelle wurde 1962 für Kurz-und Mittelstrecken beschafft, ab 1967 an die Tochterfirma Aviaco abgegeben und DC-9 gekauft. Ihr erstes Großraumflugzeug, die Boeing 747 erwarb Iberia im Oktober 1970. 1972 wurden Boeing 727 und im folgenden Jahr DC-10-30 gekauft. Mit einem großen Flottenerneuerungsprogramm startete Iberia in das letzte Jahrzehnt dieses Jahrhunderts. MD-87 und A 320 ersetzen ältere DC-9 und Boeing 727. Auch beteiligte man sich an verschiedenen Fluggesellschaften wie VIASA und Aerolineas Argentinas.

Routen

Dichtes inländisches Liniennetz mit Schwerpunkten in Madrid und Barcelona. Liniendienste in die USA, Karibik, Süd-und Mittelamerika, Mittlerer Osten, Afrika und wichtige Ziele in Europa. Düsseldorf, Frankfurt, München, Zürich und Wien werden regelmäßig bedient.

Flotte		Bestellt
7 Boeing 747-200	8 Airbus A 300B4	8 Airbus A 340-200
30 Boeing 727-200Adv.	22 Airbus A 320	8 Airbus A 321-100
14 McDonnell Douglas DC-9-32	8 Boeing 757-200	13 Boeing 757-200
24 McDonnell Douglas MD-87		
8 McDonnell Douglas DC-10-30		

Foto: Boeing 757-200

ICELANDAIR

Rykjavik Airport, 101 Reykjavik
Tel. 690100
Island

3 L-Code	IATA-Nr.	ICAO-Callsign
ICE	108	Iceair

Geschichte:

Icelandair, oder Flugfelag Islands HF, wurde an der Nordküste Islands als Flugfelag Akureyar im Juni 1937 gegründet. Mit einer Waco YKS wurde der Flugbetrieb nach Reykjavik aufgenommen. 1940 wurde der Sitz der Gesellschaft in die Hauptstadt Reykjavik verlegt, eine Beech 18, zwei Dragon Rapide und eine weitere Waco YKS, gekauft. Nach dem Ende des zweiten Weltkriegs wurde erstmals 1946 von Island über Prestwick nach Kopenhagen eine Linienverbindung ins Ausland geschaffen. Im April 1948 erhielt Flugefelag ihre erste DC-4 mit der eine zweite Verbindung nach London geschaffen wurde. Bereits 1955 wurde erstmals auch Deutschland bedient, 1965 kamen Fokker F-27 und zwei Jahre später Boeing 727 zum Einsatz. Am 1. Oktober 1979 erfolgte der Zusammenschluß mit Loftleidir, bereits seit 1973 war es mit dieser zu enger Kooperation gekommen, zur neuen Holdinggesellschaft Icelandair-Flugleidir. Beide Streckennetze und Flugzeugflotte führte man zusammen. 1988 flogen 836000 Passagiere mit Icelandair. Ab 1989 werden die DC-8 durch moderne Boeing 757 ersetzt, die weitere Flotte stetig erneuert und Boeing 737 zugeführt. Für regionale Strecken konnte die F-27 von der modernen F-50 abgelöst werden, womit Icelandair über eine komplett neue Flotte verfügt.

Routen

Isländische Regionaldienste zu etwa 10 Zielen. Internationale Routen nach New York, Salzburg, Chicago, Luxemburg, Kopenhagen, Frankfurt, London, Paris, Göteborg, Oslo, Stockholm.

Flotte

3 Boeing 757-200
4 Boeing 737-400
4 Fokker F-50

Foto: Airbus A 320 (Airbus Industrie)

INDIAN AIRLINES

113 Gurdwara Rakabganj Road
Parliament Street, New Delhi, Tel. 388951
Indien

3 L-Code	IATA-Nr.	ICAO-Callsign
IAC	58	Indair

Geschichte:

Indian Airlines Corporation wurde am 28. Mai 1953 gegründet von der Zentralregierung in Delhi. Die bisherigen privaten Fluggesellschaften wurden alle nationalisiert und zu Air India und Indian Airlines zusammengefaßt, wobei Indian Airlines für die regionalen Dienste zuständig wurde. Am 1. August 1953 nahm die Gesellschaft den Flugbetrieb auf. Zum Einsatz kamen DC-4, Vickers Viking und DC-3. 1957 wurden diese teilweise durch Vickers Viscount ersetzt, ab Mai 1961 dann von Fokker F-27. Erstes Jet-Fluggerät war ab Februar 1964 die „Caravelle". In Indien lizenzgefertigte HS-748 kamen ebenso zum Einsatz wie der Airbus A 300 als erstes Großraumflugzeug. Bei Einführung der neuesten Flugzeug-Generation vom Typ Airbus A320 gab es zur Jahreswende 1989/90 einige Komplikationen, die auch auf den Flugbetrieb und die Passagierzahlen Auswirkungen hatten. Von Delhi, Bombay, Kalkutta und Madras sind die Flüge von Indian Airlines regional aufgeteilt. An der Regionalgesellschaft Vayudoot hält Indian Airlines eine Beteiligung von 50%.

Routen

Über 50 Ziele in Indien werden bedient, darüber hinaus auch internationale Flüge nach Kabul, Dhaka, Chittagong, Male, Karachi, Kathmandu, Lahore, Colombo, Bangkok und Singapur.

Flotte	Bestellt
11 Airbus A 300 B4 25 Airbus A 320 23 Boeing 737-200Adv. 3 Fokker F-27	5 Airbus A 320

Foto: DeHavilland DHC-8-100

INTEROT AIRWAYS

Georg-Haindl-Str. 4, 86153 Augsburg
Tel. 0821-705051
Deutschland

3 L-Code	IATA-Nr.	ICAO-Callsign
IRT	614	Interot

Geschichte:

Interot Air Service betreibt seit 1979 einen regelmäßigen Charterverkehr zwischen Augsburg und Düsseldorf mit Beechcraft 200 Super King Air. Ab 1986 wird dieser Gelegenheitsservice als planmäßiger Bedarfsverkehr angemeldet und die entsprechende Lizenz erteilt. Eine zweite Beechcraft wird angeschafft, um ab Herbst 1987 auch Hamburg zu bedienen. Die Nachfrage nach diesen Verbindungen ist recht gut, so daß im September eine Beechcraft 1900 gekauft wird, eine weitere folgte im Mai 1989. Die Lizenz als Linienunternehmen erhält Interot im Dezember 1989. Das veranlaßte die Gesellschaft, Pläne für die Zukunft zu entwerfen. Ab Oktober 1990 kam erstmals eine, vorläufig geleaste, DHC-8-100 auf der Route nach Düsseldorf zum Einsatz. Drei Maschinen dieses Typs werden bestellt. Die deutsche Wiedervereinigung schafft auch für Interot neue Flugziele ab Augsburg und einen veränderten Namen, Interot Airways. Interot und der Flughafen Augsburg erleben nach Eröffnung des Flughafens München einen unerwarteten Aufschwung, der sich in steigenden Passagierzahlen ausdrückt.

Routen

Düsseldorf, Hamburg, Dresden, Berlin, Augsburg, Leipzig.

Flotte	Bestellt
1 Beechcraft 200 Super King Air 2 Beechcraft 1900 3 DeHavilland DHC-8-100 1 DeHavilland DHC-8-300	1 DeHavilland DHC-8-300

Foto: Fokker 100

IRAN AIR

P. O. Box 13187 Head Office, Mehrabad
Airport, Teheran, Tel. 9111
Islamische Republik Iran

3 L-Code	IATA-Nr.	ICAO-Callsign
IRA	96	Iranair

Geschichte:

Iran Air entstand 1962 durch Fusion von Iranian Airways und Persian Air Service, auf Veranlassung der damaligen Regierung. Strecken und Fluggerät wurden von den Vorgängergesellschaften übernommen. 1965 stellte Iran Air die Boeing 727 in Dienst und eröffnete damit neue Strecken nach London und Frankfurt. Im März 1976 wurde mit einer Boeing 747 SP der Liniendienst nach New York aufgenommen. 1978 kamen die ersten Airbus A 300 zum Einsatz, hauptsächlich auf stark frequentierten Routen in die Nachbarländer. Die politische Entwicklung Anfang der 80er Jahre und der langjährige Krieg mit dem Nachbarn Irak brachten starke Veränderungen mit sich. Erst ab 1989 konnte sich Iran Air neu strukturieren. Eine Modernisierung der Flotte begann im September 1990 mit Ablieferung der ersten Fokker 100 für den regionalen Verkehr. Eine weitere Modernisierung scheitert derzeit noch an einem US-Wirtschaftsembargo, welches sich auch auf Zivilflugzeuge erstreckt.

Routen

Iran Air fliegt neben Destinationen im Mittleren Osten auch nach Frankfurt, London und Paris. Ein Inlandsflugnetz verbindet die wichtigsten Orte mit Teheran. Intensive Charterflüge (Pilger) führen nach Saudi Arabien.

Flotte		Bestellt
6 Fokker 100	1 Boeing 747-100	2 Airbus A 300-600
3 Boeing 737-200	4 Boeing 747 SP	16 Boeing 737-400
7 Boeing 727-200	5 Airbus A 300 B4	
4 Boeing 707		
4 Boeing 747-200		

Foto: Boeing 727-200 (Uwe Gleisberg/München)

ISTANBUL AIRLINES

Incirli Cod. No: 50 Bakivköy
Istanbul, Tel. 1-5703400
Türkei

3 L-Code	IATA-Nr.	ICAO-Callsign
IST	—	Istanbul

Geschichte:

Istanbul Airlines wurde im Dezember 1985 gegründet um der verstärkten Nachfrage nach Fluggastplätzen in die Türkei gerecht zu werden. Am 14. März 1986 wurde mit SE 210 Caravelle der Flugbetrieb aufgenommen. Die erste Boeing 737 kam im November 1988. Mit dieser Maschine wurde auch ein Liniendienst installiert, der bessere Anschlüsse von Istanbul in andere türkische Zentren gewährleisten sollte. Die Gesellschaft entwickelte sich sehr schnell und weitere Boeing 737-400 wurden gekauft. Um auch der Nachfrage im Charterbereich gerecht zu werden, kamen auch Boeing 727 zum Einsatz, diese lösen die Caravelle ab.

Routen

Charterflüge von Düsseldorf, Köln, Hamburg, Hannover, Frankfurt, München, Saarbrücken und Stuttgart, sowie Wien, Graz, Linz, Salzburg, Zürich und London nach Istanbul. Linienmäßig von Istanbul nach München, München-Izmir, Amsterdam sowie weitere innertürkische Ziele.

Flotte

7 Boeing 737-400
7 Boeing 727-200

Foto: Boeing 747-400

JAPAN AIRLINES

Dai 2 Tekko Bldg., Maronouchi 2-chome
Chiyodaku Tokio, Tel. 03-2842610
Japan

3 L-Code	IATA-Nr.	ICAO-Callsign
JAL	131	Japanair

Geschichte:

Gründung der JAL am 1. 8. 1951. Am 25. 10. 1951 erfolgt der Erstflug mit einer geleasten Martin 202 von Tokio-Haneda nach Osaka, genau ein Jahr später der erste Flug mit einer eigenen DC-4. 1953 erfolgt die Einführung der DC-6. Am 2. Februar 1954 erfolgte der erste internationale Flug von Tokio nach San Francisco. 1960 wird die DC-8 für diese Strecke eingeführt. Im darauffolgenden Jahr wird die Polarroute Tokio-London und Paris/Kopenhagen-Tokio mit DC-8 eröffnet. 1962 werden Convair 880 eingeführt und über Südostasien erstmals nach Frankfurt eingesetzt. Am 2. Mai 1965 folgt als zweite Destination in Deutschland Hamburg. 1967 wird ein „Rund um die Welt"-Flug installiert. Erstmals über Sibirien nach Europa wird ab März 1970 geflogen, die Zeitersparnis beträgt gegenüber der Polroute einige Stunden. Im selben Jahr, am 1. Juli, kommt die Boeing 747 zum Einsatz, zunächst auf den Pazifikstrecken. Speziell für JAL ist die DC-10-40 ausgelegt, die ab Mitte der 70er Jahre eingesetzt wird. Neue Ziele sind im Jahre 1979 Zürich und ab 1985 Düsseldorf. Auch eine Expansion in die USA wird während der 80er Jahre vorgenommen. Neue Ziele sind Atlanta, im Jahre 1987 wird auch die erste Boeing 767 in die Flotte integriert. Die staatliche JAL wird im Jahre 1988 privatisiert. Mit der Privatisierung wird bei JAL auch ein neues „Corporate Identity" geschaffen und es kommt zur Einführung einer neuen Bemalung der Flugzeuge. JAL beförderte im Jahre 1993 20 Millionen Fluggäste.

Routen

Inlandsdienste verbinden Tokio mit Osaka, Komatsu, Kagoshima, Okinawa, Fukuoka, Hakodate und Sapporo. International werden 63 Ziele in 33 Ländern bedient wie Australien, Neuseeland, Brasilien, USA, Kanada, Korea, China, Singapur, Manila, Jakarta, Bangkok, der Vordere Orient und Europa.

Flotte		Bestellt
16 Boeing 767-200/300	10 Boeing 747F	10 Boeing 747-400
30 Boeing 747-400	15 DC-10-40	10 Boeing 777-200
14 Boeing 747-300		10 McDonnell Douglas MD-11
30 Boeing 747-100/200		

Foto: McDonnell Douglas DC-10-30 (Josef Krauthäuser/Seoul)

JAPAN AIR SYSTEM JAS

Toranomon 18 Mori Bldg., 3-13 Toranomon
2-Chome, Minato-ku, Tokio, Tel. 03-5078030
Japan

3 L-Code	IATA-Nr.	ICAO-Callsign
JAS	234	Air System

Geschichte:

Japan Air System (JAS) ist der neue Name seit dem 1. April 1988 für die ehemalige TOA-Domestic (TDA). Toa Domestic Airlines wurde durch Zusammenschluß von Japan Domestic und TOA Airways im Mai 1971 vollzogen, wobei deren Gründung wiederum auf das Jahr 1953 zurückgeht. Toa Domestic führte bis Einführung des ersten DC-9 Jets 1973 ihre Flüge mit NAMC-YS-11 durch. Diese und ältere DC-9 werden im Zuge einer Flottenmodernisierung bis Mitte der 90er Jahre ersetzt. Ab 1980 sind auch Airbus A 300 im Einsatz. Der Name wurde 1988 geändert und der neuen Situation angepaßt, da nunmehr auch Flüge außerhalb Japans möglich wurden. Der erste internationale Flug führte nach Seoul in Korea. Am 30. März 1988 kam die erste DC-10-30 zur Auslieferung an JAS. Mit diesem Typ verfügte man erstmals auch über ein Flugzeug für Interkontinentalflüge, durchgeführt werden damit Charterflüge nach Hawaii und Singapur. Bis Ende 1993 wurden auf allen Linien-und Charterflügen 7,9 Millionen Passagiere befördert. Damit ist JAS Japans drittgrößte Fluggesellschaft.

Routen

Zu über 40 Zielen im Inland wie Fukuoka, Akita, Hiroshima, Nagasaki, Osaka, Sapporo, Tokio, Yakushima, Okinawa u. a.

Flotte

2 McDonnell Douglas DC-10-30
9 McDonnell Douglas DC-9-41
22 McDonnell Douglas MD-81
8 McDonnell Douglas MD-87
22 NAMC YS-11
9 Airbus A 300 B2
8 Airbus A 300 B4
10 Airbus A 300-600

Bestellt

7 Airbus A 300-600
4 McDonnell Douglas 81
10 McDonnell Douglas 90
7 Boeing 777-200

Foto: McDonnell Douglas DC-10-40 (Josef Krauthäuser/Hongkong)

JAPAN ASIA

Yurakucho Denki Bldg. , 1-7-1 Chuyodaku
Tokio 100, Tel. 032959
Japan

3 L-Code	IATA-Nr.	ICAO-Callsign
JAA	688	Asia

Geschichte:

Japan Asia Airways ist eine Tochtergesellschaft von Japan Air Lines und wurde am 8. August 1975 gegründet. Die Gesellschaft wurde aus politischen Gründen ins Leben gerufen, da Japan Air Lines Verbindungen in die Volksrepublik China aufnehmen wollte, allerdings erst die Genehmigung dazu erhielt, als sie ihre Taiwan-Dienste aufgab. Da die Taiwan-Flüge aber so lukrativ sind, wurde Japan Asia gegründet, keiner verlor das Gesicht und alle Politiker in China und Japan waren zufrieden. Folglich flog in den ersten Jahren nach Gründung JAA auch nur nach Taipeh. Die Flugzeuge, erst DC-8, später DC-10, erhielt Japan Asia von der Muttergesellschaft. Etwa 1, 5 Millionen Passagiere flogen 1993 mit Japan Asia.

Routen

Tokio, Osaka, Hongkong, Taipeh, Manila.

Flotte

4 McDonnell Douglas DC-10-40
1 Boeing 747-100
3 Boeing 747-200/300

Foto: Junkers 52,3m (Jörg Thiel/Frankfurt)

JU-AIR

Postfach, 8600 Dübendorf 1
Tel. 01-8232005
Schweiz

3 L-Code	IATA-Nr.	ICAO-Callsign
JUA	—	—

Geschichte:

Die 1982 gegründete Ju-Air gehört nicht zu den ältesten Schweizer Fluggesellschaften, wohl aber fliegt sie das älteste Fluggerät in der Schweiz und in Europa. Die Ju-Air gehört dem Verein der Freunde des Museums der Schweizerischen Fliegertruppe. Von dieser Fliegertruppe wurden auch 1981 die drei originalen Junkers-Flugzeuge übernommen. In einer landesweiten Hilfs-und Sammelaktion wurde zunächst soviel Geld eingebracht, daß eine Maschine im flugfähigen Zustand erhalten blieb. Dank weiterer Spenden konnten mit der Zeit alle drei Maschinen für die zivile Luftfahrt erhalten werden. Die Flüge mit Ju-Air werden zum Selbstkostenpreis angeboten, da alle Gelder wieder in die Maschinen und deren Erhalt investiert werden.

Routen

Rund-und Charterflüge

Flotte

3 Junkers Ju 52,3mg4e
1 CASA 352-L

Foto: Saab SF-340A (Uwe Gleisberg/Adelaide)

KENDELL AIRLINES

43 Tompson Street, Wagga Wagga NSW 2650
Tel. 69-215011
Australien

3 L-Code	IATA-Nr.	ICAO-Callsign
KDA	678	Kendell

Geschichte:

1966 als Bedarfsfluggesellschaft gegründet, wurde am 18. Oktober 1971 der regelmäßige Linienverkehr von Wagga Wagga nach Melbourne aufgenommen. Im Laufe der Jahre entwickelte sich Kendell im südlichen Australien zu einer Regionalfluggesellschaft die inzwischen in vier Bundesstaaten verkehrt. 1985 wurde die Saab SF-340 eingeführt, für 1994 ist die Notierung an der Sydneyer Börse vorgesehen.

Routen

Wagga Wagga, Melbourne, Albury, Coona, King Island, Mildura, Portland, Mount Gambier, Tumut und andere Ziele im Südosten Australiens.

Flotte	Bestellt
6 Saab SF-340 A	25 Saab 2000
8 Fairchild Sweringen Metro II	2 Metro 23
2 Fairchild Sweringen Metro 23	

Foto: Airbus A 310-300

KENYA AIRWAYS

Embakasi Airport, P. O. Box 19002
Nairobi, Tel. 822171
Kenia

3 L-Code	IATA-Nr.	ICAO-Callsign
KQA	706	Kenya

Geschichte:

Nach dem Zusammenbruch der multinationalen East African Airways gründete — notgedrungen — die kenianische Regierung eine eigene Nationale Fluggesellschaft. Mit Hilfe der BMA und zwei geleasten Boeing 707 wurde, einen Monat nach Gründung, im Februar 1977 der Flugverkehr von Nairobi nach London, Frankfurt, Athen und Rom aufgenommen. Die geleasten Flugzeuge wurden durch eigene Boeing 707 ersetzt. Modernes Fluggerät bekam die Gesellschaft ab 1986, als die Boeing 707 durch Airbus A 310 ersetzt werden konnte. Heute wird die Boeing 707 noch für Frachtflüge verwendet.

Routen

Athen, Frankfurt, Kopenhagen, Kairo, London, Mombasa, Nairobi, Paris, Rom, Zürich.

Flotte

3 Airbus A 310-300
2 Boeing 737-200Adv.
1 Boeing 757-200
3 Fokker 50

Foto: Boeing 747-400

KLM ROYAL DUTCH AIRLINES

P.O.Box 7700 1117 ZL Amsterdam
Airport Schiphol, Tel. 020-6499123
Niederlande

3 L-Code	IATA-Nr.	ICAO-Callsign
KLM	74	KLM

Geschichte:

Am 7. Oktober 1919 gegründet, zählt die KLM zu den ältesten Fluggesellschaften der Welt. Erste Linienflüge führten von Amsterdam nach London. Bereits seit 1921 fliegt KLM nach Deutschland. Zur Verwendung kamen bis zum Ausbruch des 2. Weltkrieges vorwiegend Fokker-Flugzeuge. 1929 wurde die damals längste Strecke nach Batavia (dem heutigen Djakarta) aufgenommen, 1935 die DC-2 eingeführt, 1936 folgte die DC-3. KLM hatte eines der dichtesten Streckennetze in Europa bis 1940. Nach 1945 begann der Wiederaufbau mit DC-3 Flugzeugen, 1948 folgte die Convair 240. Diese wurde durch die Convair 340 im Jahre 1953 ersetzt. Ab 1957 übernahm die Vickers Viscount wichtige Strecken in Europa, diese wurde ab 1959 durch die Lockheed Electra ergänzt. Nach Übersee wurde zunächst mit DC-4, der Lockheed Constellation und als letztem Propellermuster, der DC-6 und DC-7 geflogen. Ab 16. 4. 1960 kam die erste DC-8 auf der Strecke nach New York zum Einsatz. Boeing 747 ab 1971 und DC-10 übernehmen in den siebziger Jahren die Langstrecken. Auf den Kurz-und Mittelstrecken setzte KLM zunächst auf die DC-9, welche dann durch Boeing 737 ersetzt und mit Airbus A 310 ergänzt wurde. Das heutige Flaggschiff der KLM ist die Boeing 747-400, die ab Mai 1989 in Dienst gestellt wurde. KLM übernahm 1993 eine Minderheitsbeteiligung an Northwest Airlines. Mit KLM flogen 1993 über 6,5 Millionen Passagiere.

Routen

KLM bedient vom Heimatflughafen Amsterdam-Schiphol ein dichtes europäisches Liniennetz und verbindet international über 120 Städte auf allen Kontinenten.

Flotte		Bestellt
16 Boeing 747-400	10 Boeing 737-400	2 Boeing 737-400
3 Boeing 747-300	16 Boeing 737-300	3 Boeing 747-400
12 Boeing 747-200 (einige SUD)	2 Boeing 737-200	10 MD-11
4 DC-10-30	6 Fokker 100	
8 Airbus A 310		

Foto: Fokker 50 (Fokker BV)

KLM-CITYHOPPER

Postbus 7700, 1117 2L Schiphol Oost
Tel. 6492227
Niederlande

3 L-Code	IATA-Nr.	ICAO-Callsign
KLC	195	City

Geschichte:

Die heutige KLM-Cityhopper ist die namentliche Nachfolgegesellschaft von NLM Dutch Airlines. Diese wurde 1966 gegründet und nahm am 29. August 1966 den Liniendienst zwischen Amsterdam, Eindhoven und Maastricht auf. Zum Einsatz kam die bewährte Fokker F-27 Friendship. 1976 wurde der Name in NLM-Cityhopper geändert und KLM erwarb die Mehrheit des Kapitals. Netherlines wurde 1984 gegründet und begann am 8. Januar 1985 mit Aufnahme von Flügen zwischen Amsterdam und Luxemburg. Mit Jetstream 31 wurden zwischen 1985 und 1988 noch weitere Linien eröffnet. 1988 erfolgte eine Übernahmeofferte an KLM. Diese verschmolz ihre Tochtergesellschaft NLM-Cityhopper mit Netherlines und neu entstand die heutige KLM-Cityhopper, eine Gesellschaft deren Kapital sich in Händen der KLM befindet. Basis ist Amsterdam-Schiphol wo die gesamte Infrastruktur von KLM genutzt wird.

Routen

Amsterdam, Antwerpen, Belfast, Berlin, Birmingham, Bremen, Bristol, Brüssel, Cardiff, Düsseldorf, East Midlands, Eindhoven, Frankfurt, Guernsey, Hannover, Jersey, Luton, Luxemburg, Maastricht, Malmö, Paris, Rotterdam, Southampton, Straßburg, Stuttgart.

Flotte

3 Fokker F-28
10 Fokker 50
14 Saab SF 340

Foto: Airbus A 300-600 (Josef Krauthäuser/Hongkong)

KOREAN AIR

C.P.O Box 864, Seoul
Tel. 02-7517114
Republik Korea

3 L-Code	IATA-Nr.	ICAO-Callsign
KAL	180	Koreanair

Geschichte:

Die private Hanjin Transport Group übernahm am 1. März 1969 die bis dahin staatliche Korean Airlines mit 8 Flugzeugen. Internationale Routen führten nach Hongkong und Osaka. 1973 erhält KAL ihre erste Boeing 747, womit ab Mai 1973 der Trans-Pazifik-Dienst über Tokio und Honolulu nach Los Angeles eingeführt wird. Im selben Jahr wird mit Boeing 707 ein wöchentlicher Dienst nach Paris aufgenommen, dem ersten Ziel in Europa. 1975 Indienststellung von Airbus A 300B4. Mit diesem Typ wird der ostasiatische Markt bedient. Im Jahre 1984 wird der Name Korean Air eingeführt, alle Flugzeuge erhalten auch das heutige Farbschema, als dritte Destination in Europa wird in diesem Jahr auch Frankfurt angeflogen. Korean Air entwickelt sich zu einer der größten Fluggesellschaften weltweit mit Linienverbindungen in alle 5 Kontinente.

Routen

Innerkoreanische Verbindungen zu 10 Zielen, dazu internationale Flüge nach Australien, USA, hier Los Angeles und New York, mehrere Ziele in Japan, Singapur, Hongkong, Bangkok, den Mittleren Osten, nach Europa und Australien.

Flotte		Bestellt
2 Boeing 747-SP	10 McDonnell Douglas MD-82	22 Boeing 747-400
12 Boeing 747-400	5 McDonnell Douglas MD-11	7 Boeing 777
3 Boeing 747-300	10 Airbus A 300B4	6 Airbus A 300-600
8 Boeing 747-200 F	10 Boeing 727-200	2 McDonnell Douglas MD-82
6 Boeing 747-200	2 Fokker F-28	
3 McDonnell Douglas DC-10-30	9 Fokker 100	
20 Airbus A 300-600		

Foto: Airbus A 310 (Uwe Gleisberg/München FJS)

KUWAIT AIRWAYS

P. O. Box 394, 13004 Safat
Tel. 4740166
Kuwait

3 L-Code	IATA-Nr.	ICAO-Callsign
KAC	229	Kuwaiti

Geschichte:

Kuwait Airways Corporation entstand bereits 1953 als nationale Fluggesellschaft. Die erste Route führte von Kuwait-City nach Basra wurde im Jahre 1954 erstmals mit DC-3 durchgeführt und damit der Flugbetrieb aufgenommen. 1958 übernahm die britische BOAC das Management der Gesellschaft bis zur Unabhängigkeit 1962. Vickers Viscount lösten die DC-3 ab. Kuwait Airways betrieb ab 1964 eine Comet 4C auf den Routen nach London, Paris und Frankfurt. Trans Arabia war eine Übernahme der inzwischen verstaatlichten Kuwait Airways. Am 20. März 1966 erfolgte die Einführung der ersten von insgesamt drei HS-Trident, drei Boeing 707 folgten zwei Jahre später und übernahmen nach und nach alle Strecken. 1978 erhielt Kuwait Airways ihren ersten Jumbo vom Typ Boeing 747. Airbus-Flugzeuge waren als Nachfolger für die Boeing 707 bestellt, zur weiteren Flottenerneuerung kamen ab 1986 drei Boeing 767 hinzu. 1989 wurden von Kuwait Airways 1,7 Millionen Passagiere befördert. Seit der irakischen Besetzung von Kuwait im Sommer 1990 ist der Flugbetrieb eingestellt, einige Flugzeuge konnten ins Ausland überführt werden und sind zur Zeit verleast. Ein eingeschränkter Flugbetrieb der Kuwait Airways findet ab Kairo statt. Seit Beendigung des Golf-Krieges operiert KAC wieder ab Kuwait nach Europa, wie z. B. nach Genf, Frankfurt, London und München. Eine leicht geänderte Bemalung ziert seit 1993 die Flugzeuge von Kuwait Airways.

Routen

Alexandria, Amsterdam, Athen, Abu Dhabi, Bahrain, Bangkok, Bombay, Colombo, Dakar, Damaskus, Neu Delhi, Dubai, Istanbul, Jeddah, Kairo, Karachi, London, Madrid, Manila, Paris und Rom.

Flotte		Bestellt
4 Boeing 747-200	3 Airbus A 320-200	4 Airbus A 340-200
1 Boeing 767-200ER	3 Boeing 707-300	3 Airbus A 300-600
4 Boeing 727-200Adv.		2 Airbus A 321
5 Airbus A 300-600		3 Boeing 747-400
8 Airbus A 310-300		

Foto: Boeing 727-200 Adv.

LAB-LLOYD AEREO BOLIVIANO

Casilla Correo 132
Cochabamba, Tel. 42-25918
Bolivien

3 L-Code	IATA-Nr.	ICAO-Callsign
LLB	51	Lloyd Aereo

Geschichte:

Im Jahre 1925 von deutschen Einwanderern gegründet, wurde ab Juli 1925 mit einer Junkers F-13 von Cochabamba nach Santa Cruz geflogen. Die bolivianische Regierung beteiligte sich an der Gesellschaft, die allerdings 1928 in finanzielle Schwierigkeiten geriet. Firmenanteile wurden an die Firma Junkers verkauft, diese brachte drei weitere F-13 in die Gesellschaft ein. Das Streckennetz wurde ständig erweitert und reichte bis an die brasilianische und argentinische Grenze. Im Laufe der Jahre waren weitere Junkers Flugzeuge wie W 34 und Ju 52 in Diensten der LAB. Der deutsche Einfluß ging 1941 — auf amerikanischen Druck — verloren und DC-3 Flugzeuge übernahmen den Flugverkehr. 1948 kamen Curtiss C-46 zur Flotte. Die erste DC-4 konnte auf der neuen Strecke nach Asuncion oder Porto Vila eingesetzt werden, ab 1961 folgte die DC-6. Ende der sechziger Jahre wurde LAB reorganisiert und FH-227 für Regionalstrecken, sowie eine Lockheed Electra für internationale Strecken angeschafft. 1970 erfolgte die Umstellung auf Boeing 727, Miami in den USA wurde erstmals 1975 angeflogen. Weitere Routen nach Santiago und Caracas folgten.

Routen

Neben innerbolivianischen Routen führen regelmäßige Flüge nach Miami, Panama, Caracas, Lima, Cuzco, Santiago, Buenos Aires, Sao Paulo und Rio de Janeiro.

Flotte

1 Boeing 707-320 F
6 Boeing 727-100/200
2 Fokker F 27
1 Airbus A 310-300

Foto: Boeing 727-200Adv.

LACSA

P.O. Box 1531 San-Jose
Tel. 506323555
Costa-Rica

3 L-Code	IATA-Nr.	ICAO-Callsign
LRC	133	Lacsa

Geschichte:

Pan American gründete im Dezember 1945, mit Unterstützung der Regierung von Costa-Rica die Lineas Aereas Costarricenses SA. Der Flugbetrieb nach Miami wurde 1950 aufgenommen, ab Juni 1946 waren bereits einige Ziele im Inland erstmals zu einem Liniennetz verknüpft worden. Zum Einsatz kamen Convair CV-440, Curtiss C-46 und DC-6. 1952 wurde TACA de Costa Rica, einziger Konkurrent im Lande, aufgekauft. 1967 erhielt LACSA den ersten Jet, eine BAC-1-11-400. Diese wurden von Boeing 727 Ende 1970 ersetzt. Ein Flotten beschaffungsprogramm sieht als Flugzeug der 90er Jahre den Airbus A 320 vor, der erste wurde Ende 1990 geliefert.

Routen

Mexiko-City, Los Angeles, Miami, New York, Guatemala, Panama, San Juan, Caracas, Quito, Rio de Janeiro.

Flotte

3 Boeing 727-200 Adv.
5 Airbus A 320
2 Boeing 737-200

Foto: Boeing 727-100

LADECO

Av. Bulnes 147 Santiago
Tel. 562723559
Chile

3 L-Code	IATA-Nr.	ICAO-Callsign
LCO	145	Ladeco

Geschichte:

Als privates Unternehmen wurde im November 1958 die Linea Aerea del Cobre Ltda., abgekürzt LADECO, gegründet. LADECO übernahm von CINTA-ALA die Streckenrechte und auch Fluggerät vom Typ DC-3. Die DC-3 war mit stärkeren Twin Wasp Triebwerken ausgerüstet, um so einfacher vom hoch gelegenen Flughafen Santiago starten zu können. 1965 wurden die DC-3 durch größere DC-6 ergänzt und das Streckennetz erweitert. 1975 kaufte LADECO die erste Boeing 727-100. Mit Ausmusterung der DC-6 kamen noch weitere Maschinen dieses Typs hinzu. Für Langstrecken wurden 1978 und 1979 auch 2 Boeing 707 gekauft, diese kamen nach New York und Miami zum Einsatz. Mit Boeing 737-300 und Boeing 757-200 wird seit 1992 die betagte Flotte erneuert.

Routen

18 Zielorte in Chile, Auslandsdienste nach Asuncion, Sao Paulo, Rio de Janeiro, Guayquil, Bogota, Mendoza, Miami und New York.

Flotte

2 Boeing 707-320
2 Boeing 727-100
5 Boeing 737-200
2 Fokker F-27
4 BAe BAC 1-11
2 Boeing 737-300
2 Boeing 757-200
1 McDonnell Douglas DC-8-71

Foto: Boeing 767-200ER (Albert Kuhbandner/Paris)

LAM

P. O. Box 2060, Maputo
Tel. 734111
Volksrepublik Mosambik

3 L-Code	IATA-Nr.	ICAO-Callsign
LAM	68	Mozambique

Geschichte:

Man schrieb August 1936 als DETA — Direccao de Exploracao dos Transportes Aereos — gegründet wurde. Als Abteilung der Eisenbahn- und Hafenverwaltung in Laurenco Marques, der damaligen Hauptstadt von Mosambik, welches unter portugiesischer Verwaltung stand, wurde am Rande der Stadt erst einmal ein Flugfeld eingerichtet. Der Erstflug, zugleich auch die einzige Linienverbindung, erfolgte im Dezember 1937 mit einer Junkers Ju-52 nach Johannesburg. Zum Einsatz kamen weitere Ju-52, diese wurden aber nach Ende des 2. Weltkrieges durch DC-3 ersetzt. Ab Juli 1962 kamen Fokker F-27 zum Einsatz. Mit Erhalt von zwei Boeing 737 im Dezember 1969 begann auch für DETA das Jet-Zeitalter. Während der Revolution in den siebziger Jahren kam der Flugverkehr praktisch zum Erliegen. Seit der Unabhängigkeit und einer Reorganisation erhielt auch die nationale Fluggesellschaft einen neuen Namen: LAM-Lineas Aereas de Mocambique. 1993 kommt neben der Boeing 737-300 auch die Boeing 767 zum Einsatz. Mit diesen Maschinen ändert sich auch die farbliche Gestaltung der Flugzeuge.

Routen

Beira, Berlin-Schönefeld, Kopenhagen, Dar-Es-Salaam, Durban, Harare, Johannesburg, Lichinga, Lissabon, Luanda, Lusaka, Madrid, Manzini, Nampula, Paris, Tete.

Flotte

1 IL-62M
2 Boeing 737-200Adv.
2 Boeing 737-300
1 Boeing 767-200ER

2 CASA 212-200
2 Beech 200C
1 Partenavia P. 68C

Foto: Boeing 767 (Wolfgang Grond/Frankfurt)

LAN CHILE

Huerfanos 757, Piso 8 Santiago
Tel. 394411
Chile

3 L-Code	IATA-Nr.	ICAO-Callsign
LAN	45	Lan

Geschichte:

LAN Chile (Linea Aerea Nacional de Chile) ist eine der ältesten Fluggesellschaften in Südamerika. Gegründet im März 1929 führte sie zunächst Postflüge durch. Die Gesellschaft ging 1932 in staatlichen Besitz über. Mit Lockheed Lodestar wurde 1948 ein Liniendienst nach Buenos Aires eröffnet, mit DC-6 ab 1958 dann auch Miami. SE 210 Caravelle war das erste Düsenflugzeug bei LAN, dieses wurde im März 1964 geliefert. 1967 folgte dann die Boeing 707. Mit dieser wurde eine Verbindung zu den Osterinseln und weiter nach Tahiti geschaffen. 1974 wurde die erste Südpolroute nach Australien eröffnet. Drei DC-10 kommen ab 1980 zur Flotte und werden nach USA und Europa eingesetzt. 1986 werden diese durch Boeing 767 ergänzt und später ersetzt. Der Regional- und Nationalverkehr wird ab 1990 mit geleasten BAe 146 weiter verbessert und ausgebaut.

Routen

Miami, New York, Madrid, Paris und Frankfurt sowie innerhalb Südamerikas, zu den Osterinseln und in die Südsee.

Flotte

4 Boeing 767-200ER
1 Boeing 707-300
4 Boeing 737-200Adv.
2 BAe 146-200
2 McDonnell Douglas DC-8-71
1 Boeing 767-300ER

Foto: Antonov 24 (Josef Krauthäuser/Bangkok)

LAO AVIATION

2, Rue Pan Kham, Vientiane
Tel. 2094
Volksrepublik Laos

3 L-Code	IATA-Nr.	ICAO-Callsign
LAO	627	Lao

Geschichte:

In Folge des Vietnamkrieges, in den das damalige Königreich Laos auch verwickelt wurde, waren Anfang der siebziger Jahre drei Fluggesellschaften tätig. Royal Air Lao, Lao Air Lines und Civil Aviation Co. Letztere wurde von der Pathet Lao-Bewegung für ein freies Laos, betrieben. Hilfestellung erhielt diese Gesellschaft von Nord-Vietnam. Nach der endgültigen Machtübernahme wurden die noch verbliebenen Flugzeuge der Gesellschaften zur Lao Aviation zusammengeführt. Die Flotte bestand aus Vickers Viscount, Lockheed Hercules, Sikorsky S-58, DC-3 und DC-4. Da in Laos kein Bedarf an Flugverkehr herrschte, wurden diese Maschinen verkauft oder verschrottet. Ersatzteile waren nicht vorhanden, um diese Maschinen zu unterhalten. So wurde zu Gunsten von sowjetischen Flugzeugen eine neue Flotte aufgebaut. Der heutige Name der Gesellschaft wurde 1979 eingeführt.

Routen

Bangkok, Hanoi, Ho Chi Minh City, Luang Prabang, Pakse, Phnom Penh, Xieng Khouang.

Flotte

3 Antonov 24
4 Harbin Yunshuji Y 12
2 ATR-42
1 Boeing 737-200
3 Xien Yunshuji Y 7

Foto: Boeing 767-300ER (Uwe Gleisberg/München FJS)

LAUDA AIR

Bürogebäude 1, 1300 Flughafen Wien-Schwechat
Tel. 0222-7970-2081
Österreich

3 L-Code	IATA-Nr.	ICAO-Callsign
LDA	231	Laudaair

Geschichte:

Die Lauda Air wurde im April 1979 gegründet, als Niki Lauda, Ex Formel I-Weltmeister, eine Bedarfsflugkonzession der Alpair übernahm. Mit zwei Fokker F-27 begann noch im Jahre 1979 der Flugbetrieb. Nach einer Phase der Umstrukturierung und Umwandlung in eine Aktiengesellschaft erhielt diese 1985 zwei Rombac 1-11 im Leasingverfahren von Tarom. Diese wurden ergänzt und später gegen Boeing 737-200 und -300 ausgetauscht. Lauda Air flog zu dieser Zeit vorwiegend nach Griechenland und Spanien. 1986 beantragte Lauda Air die Linienkonzession für Flüge nach Australien, die schließlich 1988 erteilt wurde. In diesem Jahr erhielt Lauda Air die erste Boeing 767-300ER. Im November 1989 folgte eine zweite Maschine diesen Typs. Der Linienverkehr nach Sydney, Hongkong und Singapur wird weiter ausgebaut. Weltweite Linienrechte liegen vor. Erste europäische Linien werden Ende 1990 aufgenommen von Wien nach London-Gatwick. Im Herbst beteiligte sich der Lufthansa-Konzern über die Condor mit 25% des Kapitals an Lauda Air. In Zusammenarbeit mit diesem fliegt Lauda Air nach Miami und Los Angeles.

Routen

Linienmäßig fliegt Lauda Air nach Bangkok, Phuket, Hongkong, Singapur und Sydney, Miami, Los Angeles. Charterverkehre insbesondere ins Mittelmeergebiet, auch von Salzburg, Graz und Linz neben Wien.

Flotte	Bestellt
3 Boeing 767-300ER	1 Boeing 737-400
2 Boeing 737-300	4 Boeing 777-200ER
2 Boeing 737-400	6 Canadair Regionaljet

Foto: DeHavilland DHC-8

LIAT

P.O. Box 819 V.C. Bird Intl. Airport
St. Johns, Tel. 8094620701
Antigua

3 L-Code	IATA-Nr.	ICAO-Callsign
LIA	140	Liat

Geschichte:

Leeward Island Air Transport Services Ltd., kurz LIAT, wurde 1956 von zwei amerikanischen Geschäftsleuten gegründet. Mit einer Piper Apache begann LIAT Flüge nach Montserat. Schon 1 Jahr später war LIAT Teil der British West Indian Airways. Beech Bonanza und DH Heron waren die idealen Flugzeuge für kleine Inselsprünge zu anderen Inseln der Virgin Islands. Am 1. 2. 1965 wurde die erste HS-748 übernommen. 1971 übernahm die britische Court Line Ltd. die Gesellschaft und führte die BAC 1-11 und BN-Islander ein. 1974 wurde, nach dem Konkurs von Court Line, eine Auffanggesellschaft gegründet. Gesellschafter waren die Regierungen von sechs karibischen Inselstaaten, weitere kamen mit Beteiligungen im Laufe der Jahre hinzu. Die ersten DHC-8 werden 1987 gekauft und tragen zum Ausbau des weiteren Streckennetzes bei. 1993 flogen mit LIAT-The Caribbean Airline etwa eine halbe Million Fluggäste.

Routen

Anguilla, Antigua, Barbados, Caracas, Grenada, Guadoloupe, Guayana, Martinique, Monteserat, St. Croix, St. Kitts, St. Lucia, St. Maarten, St. Thomas, St. Vincent, San Juan, Trinidad, Tobago und Tortula.

Flotte

4 BAe HS-748
8 DeHavilland DHC-8-100
6 DeHavilland DHC-6
2 Pilatus BN-Islander

Foto: Boeing 727-200 (Josef Krauthäuser/Frankfurt)

LIBYAN ARAB AIRLINES

Haiti Street, P.O. Box 2555
Tripolis, Tel. 602083
Volksrepublik Libyen

3 L-Code	IATA-Nr.	ICAO-Callsign
LAA	148	Libair

Geschichte:

Aus dem Zusammenschluß der Gesellschaften Libiavia und United Libyan Airlines wurde die staatliche Kingdom of Libya Airlines 1964 ins Leben gerufen, um eine staatliche Fluggesellschaft zu haben. Ab August 1965 wurden mit zwei Caravelle, Strecken nach Europa und im Norden Afrikas, sowie dem Mittleren Osten bedient. 1969 kamen für Inlanddienste einige Fokker F-27 zur Flotte. 1969 änderte nach politischen Veränderungen im Lande, auch die Fluggesellschaft ihren Namen. Boeing 707, 727 und später auch Airbus A 310 ergänzten die Flotte. Durch politische-und auch Handelssanktionen war die Flotte nur bedingt einsatzbereit. Aus diesem Grund erfolgte ab 1990 eine Erweiterung um sowjetische Flugzeuge vom Typ Tu-154M. Diese Maschinen wurden im Jahre 1992 einer eigenen Frachtdivision, der Libyan Cargo, zugeordnet. Aufgrund politischer Sanktionen hat Libyen keine Verkehrsrechte mehr ins Ausland.

Routen

Von Tripolis und Bengasi Verbindungen in die Nachbarregionen.

Flotte

15 Fokker F-27
3 Fokker F-28
9 Boeing 727-200
3 Boeing 707-300

Foto: McDonnell Douglas DC-8-63

LINEAS AEREAS PARAGUAYAS

Oliva 455, Asuncion
Tel. 91040
Paraguay

3 L-Code	IATA-Nr.	ICAO-Callsign
LAP	705	Air Paraguay

Geschichte:

Als nationale Fluglinie 1962 gegründet, nahm LAP den Betrieb im August 1963 auf. Zum Einsatz kamen Convair CV 240, diese wurden 1969 durch Lockheed L-188 Electra ersetzt. Mit der 1978 eingeführten Boeing 707 waren ab 1979 auch Flüge nach Übersee, hier Europa, möglich.

Routen

Von Asuncion nach Asturias, Brüssel, Buenos Aires, Frankfurt, Lima, Miami, Montevideo, Rio de Janeiro, Santiago, Sao Paulo.

Flotte

2 McDonnell Douglas DC-8-63/70
3 Boeing 707-300
3 Lockheed L-188 Electra
1 McDonnell Douglas DC-10-30
1 BAe 146-300

Foto: Boeing 737-200 Adv. (Patrick Lutz/Berlin)

LITHUANIAN AIRLINES

8 Radunes, Vilnius Airport, Vilnius
Tel. 637817
Litauen

3 L-Code	IATA-Nr.	ICAO-Callsign
LIL	874	Lituanian Air

Geschichte:

Als erste Fluggesellschaft der von der ehemaligen Sowjetunion in die Unabhängigkeit entlassenen Baltischen Republiken, begann 1991 Lithuanian Airlines mit eigenen Flügen. Die Flugzeuge wurden vom ehemaligen Direktorat der Aeroflot übernommen. Lithuanian orientierte sich sofort nach Westeuropa und Skandinavien und nahm als erstes Flüge dorthin auf. Eine geleaste Boeing 737 kam am 20. Dezember 1991 zum Ersteinsatz nach Kopenhagen. Beim Aufbau des Flugbetriebs assistierte Malev und schulte die Piloten auf Boeing 737. Ende 1992 wurde Lithuanian in die IATA aufgenommen.

Routen

Berlin, Frankfurt, Hamburg, Kopenhagen, Kiew, London, Moskau, St. Petersburg, Tallin, Warschau werden linienmäßig bedient. Charterflüge nach Athen und Istanbul.

Flotte

6 Antonow An 24
1 Boeing 737-200 Adv.
9 Tupolev Tu-134 A/B
6 Yakolev Yak-40
12 Yakolev Yak-42

Foto: BAe 146-200 (Josef Gietl/Salzburg)

LOGANAIR

St. Andrews Drive, Glasgow Airport, Paisley
Renfrewshire PA3 256, Tel. 8891311
Großbritannien

3 L-Code	IATA-Nr.	ICAO-Callsign
LOG	122	Logan

Geschichte:

Duncan Logan Contractors gründete am 1. Februar 1962 Loganair in Glasgow. Mit Piper PA 22 begann ein Flugdienst zu den Orkney Inseln und Hebriden. 1968 übernahm die Royal Bank of Scotland die Gesellschaft. Für die zum Teil unbefestigten Pisten der angeflogenen Plätze mußten robuste Flugzeuge wie DHC-6 Twin Otter oder Fokker F-27 angeschafft werden.
1983 übernahm British Midland Airways die 75% Anteile der Bank of Scotland. Der Flugbetrieb wurde ausgeweitet und mit dem Liniennetz von Manx Airlines und British Midland abgestimmt. Loganair gehört zur „Airline of Britain" Gruppe und erhält von dieser die benötigten Flugzeuge, so auch für Charterflüge die BAe 146 und als eine der ersten Kunden die neue BAe Jetstream 41.

Routen

Belfast, Blackpool, Glasgow, Inverness, Kirkwall, Londonderry sowie weitere 20 Ziele in Schottland, Irland, Shetland-Inseln, Orkney- und Hebriden Inseln. Charterdienste zu den Kanalinseln.

Flotte	Bestellt
5 BAe Jetstream 31 3 BAe Jetstream 41 5 BAe Jetstream 61/ATP 7 Shorts 360 5 Pilatus BN 2 Islander	3 BAe Jetstream 61/ATP

Foto: Boeing 767-200ER

LOT

Uliczka 17 Stycznia 39, 00906 Warzawaa
Tel. 461251
Polen

3 L-Code	IATA-Nr.	ICAO-Callsign
LOT	80	LOT

Geschichte:

Auf Beschluß der Regierung wurden zum 1. Januar 1929 Aero Lloyd Warschau und Aero T2 zur künftigen staatlichen Polskie Linie Lotnicze-LOT, vereinigt. Mit Junkers F-13 flog man nach Wien, Berlin, Moskau und Helsinki. Bedingt durch den 2. Weltkrieg erfolgte ein Neubeginn mit Flugzeugen aus sowjetischer Produktion erst 1946. Während in den fünfziger Jahren die IL-14 Bestandteil der Flotte war, kamen doch auch westliche Flugzeuge wie CV 240 oder Vickers Viscount, zum Einsatz. An Jet-Gerät bildeten die Tu-134 und Tu-154 das Rückgrat der Kurz- und Mittelstrecke, während die IL-62M die Langstrecke bediente. Seit 1989 kamen auch wieder westliche Boeing 767 zum Einsatz. Die Flotte wird schnellstens auf westlichen Standard gebracht. Ebenso arbeitet LOT an Serviceleistungen und wird immer mehr zum Konkurrenten für etablierte Gesellschaften.

Routen

Dichtes innerpolnisches Flugnetz mit An 24 und ATR-72. Europäische Großstädte, Bangkok, Beijing, Singapur, Delhi, Montreal, Chicago, New York.

Flotte		Bestellt
2 Boeing 767-200ER	3 Boeing 737-400	5 Boeing 767-300ER
14 Tupolev 154 M	2 Antonow 24	3 ATR-72
7 Tupolev Tu-134	5 ATR-72	1 Boeing 737-400
1 Boeing 767-300ER		
5 Boeing 737-500		

Foto: Boeing 757-200 (Uwe Gleisberg/Frankfurt)

LTE INTERNATIONAL AIRWAYS

Gran Via Asima 4, 07009 Palma de Mallorca
Tel. 757051
Spanien

3 L-Code	IATA-Nr.	ICAO-Callsign
LTE	—	Fun Jet

Geschichte:

LTE-Lineas Transportadores Espanola wurde am 29. 4. 1987 gegründet. 25% der Anteile hielt LTU, mehr war gesetzlich nicht möglich, den Rest spanische Anteilseigner. Mit zwei Boeing 757 konnte ab 1. November 1987 der Flugbetrieb aufgenommen werden. Die Maschinen stammten von der LTU-Tochtergesellschaft LTS und hatten eine leicht veränderte blau-weiße Bemalung. Heute ist LTU alleiniger Besitzer der LTE.
LTE betreibt innerspanische Flüge nach Barcelona und Madrid und ist ab diesen Flughäfen auch im Langstreckencharter ab 1990 tätig. 1991 verändert sich das Erscheinungsbild der Flotte, diese wurde inzwischen auf fünf Einheiten der B-757 erweitert, es paßt sich jetzt dem Gesamtunternehmen an. LTE wird nach der Wiedervereinigung in Deutschland besonders in den neuen Bundesländern aktiv und operiert von Flugplätzen mit geringerem Passagieraufkommen. Innerhalb der LTU-Gruppe werden die Flugzeuge bei Bedarf ausgetauscht und untervermietet.

Routen

Charterflüge von Deutschland, Österreich, Schweiz, auch Finnland Norwegen, Italien nach Spaniens Festland, zu den Balearischen und Kanarischen Inseln. Auch Flüge in die Dominikanische Republik und Kenia.

Flotte

5 Boeing 757-200

Foto: McDonnell Douglas MD-11

LTU

Parsevalstr. 7a, 40468 Düsseldorf
Tel. 0211-9418-0
Deutschland

3 L-Code	IATA-Nr.	ICAO-Callsign
LTU	266	LTU

Geschichte:

Die LTU wurde am 20. Oktober 1955 von dem Engländer Mr. Dromgoole gegründet. Hauptgesellschafter und bald auch Alleininhaber war aber der Duisburger Bauunternehmer Conle. Die ersten Flugzeuge vom Typ Vickers Viking waren bis 1963 im Einsatz. Weiter waren Bristol 170, Fokker F-27 und DC-4 bei LTU, bis in Form einer ersten Caravelle 1965 der Jetbetrieb aufgenommen wurde. Ab 1969 war LTU eine der ersten Charterfluggesellschaften die ausschließlich mit Düsenflugzeugen flog. Neben der Caravelle kamen noch Fokker F-28 Fellowship zum Einsatz. 1973 wurde das Zeitalter der Großraum-Flugzeuge mit Übernahme der ersten Lockheed L-1011 TriStar eröffnet. Dieser Flugzeugtyp war es auch, der für LTU den Durchbruch zur größten Charterfluggesellschaft Deutschlands brachte. So standen bis zu 11 TriStars in Diensten der LTU und ermöglichten so auch die Aufnahme von Zielen im Ferntourismus. 1989 beantragte man auch die Zulassung als Linienfluggesellschaft. Ab Herbst 1990 wurde die Genehmigung dazu auf einigen Strecken erteilt. Mit Zukauf der ersten MD-11 Ende 1991 erneuert LTU die Flotte und ersetzt die TriStar.

Routen

Fernziele sind Miami, New York, Los Angeles, Bangkok, Mombasa, Recife, Male, Havanna, Puerto Plata. Weiter bedient LTU ab Köln, Düsseldorf, Berlin, Hamburg und München die klassischen Touristikziele in der Mittelmeerregion, den Kanarischen Inseln, Türkei, Griechenland, Nordafrika.

Flotte	Bestellt
6 Lockheed L-1011-100 TriStar 3 Lockheed L-1011-500 TriStar 4 McDonnell Douglas MD-11	5 Airbus A330-300

Foto: Boeing 757-200ER

LTU-SÜD

Postfach 231844, 85327 München
Tel. 089-97810
Deutschland

3 L-Code	IATA-Nr.	ICAO-Callsign
LTS	—	LTS

Geschichte:

Als Tochterunternehmen der LTU wurde im Jahre 1983 LTS gegründet. Im Juli 1984, nach Lieferung der ersten Boeing 757, begann der Charterverkehr von der Heimatbasis München. Die blauen Jets der Lufttransport Süd starteten zu Zielen im Mittelmeergebiet und den Kanarischen Inseln und Kenia. Die Umbenennung und Anpassung der Flugzeuge in farblicher Hinsicht auf die Muttergesellschaft LTU, erfolgte 1988/89 mit Ablieferung der ersten Boeing 767. LTU Süd transportiert jährlich etwa 2 Millionen Fluggäste.

Routen

LTU-Süd bedient ab München, Düsseldorf, Hamburg und Berlin, in Verbindung mit LTU Ziele im Mittelmeerraum, Bangkok, Kenia, Malediven, Brasilien und Karibik.

Flotte

7 Boeing 757-200
4 Boeing 767-300ER

Foto: Airbus A 320-200 (Airbus Industrie)

LUFTHANSA

von Gablenz-Str. 2-6, 50679 Köln
Tel. 0221-8261
Deutschland

3 L-Code	IATA-Nr.	ICAO-Callsign
DLH	220	Lufthansa

Geschichte:

Die „alte" Lufthansa, gegründet 1926, wurde von den Siegermächten des 2. Weltkrieges liquidiert. Anfang 1950 waren die Bemühungen um die Erlangung der Lufthoheit und eine eigenständige nationale Luftverkehrsgesellschaft das Bemühen der Bundesregierung. Zu diesem Zweck wurde 1953 die „Luftag" gegründet, diese benannte sich 1954 nach der alten Lufthansa um, ohne jedoch in rechtliche Verhältnisse und Verpflichtungen der Vorkriegs-Lufthansa zu treten. Der Erstflug mit Convair 340 war am 1. April 1955, der erste Auslandsflug nach New York startete am 8. Juni 1955 mit einer Lockheed-Constellation. Eine Ausweitung des Streckennetzes nach Südamerika, den Mittleren und Fernen Osten folgte in den nächsten Jahren. 1960 setzte Lufthansa erstmals Boeing 707 im Transatlantik-Dienst ein, für Routen nach Afrika und den Mittleren Osten wurde die Boeing 720 beschafft. Als erster Kunde außerhalb der USA erhielt Lufthansa die Boeing 727 im April 1964 für die Mittelstrecken. Maßgeblichen Anteil an der Entwicklung der Boeing 737 hatte die Lufthansa als Erstbesteller dieses Typs der ab 1967 geliefert wurde. Die Boeing 737 ist für die Kurzstrecken seit vielen Jahren das „Arbeitspferd" der Gesellschaft und wird innerhalb der Flotte mit dem neuesten Modell erneuert. Das Großraum-Zeitalter bricht mit Einführung der Boeing 747 im März 1970 an. Mit Bestellung von DC-10 und später Airbus Flugzeugen, vergibt Lufthansa Aufträge nicht nur an den Hauptlieferanten Boeing, sondern unterstützt auch das europäische Airbus Konsortium. Lufthansa ist bekannt für seine Flottenerneuerungspolitik. So wurde z. B. die gesamte 747-100 Flotte gegen neuere 747-200 Modelle eingetauscht. Der Airbus A310 ersetzte bereits ab April 1983 den 1980 eingeführten A 300B4, die letzte Boeing 707 wird am 31. 12. 84 ausgemustert. 1989 wurden gleich zwei neue Flugzeuge eingeführt, die Boeing 747-400 und der Airbus A320. Kooperationspartner seit Herbst 1993 ist United Airlines. 1993 flogen 28 Millionen Passagiere weltweit mit Lufthansa. Damit gehört Lufthansa zu den führenden Fluggesellschaften weltweit.

Routen

Lufthansa fliegt zu über 190 Zielen in 90 Länder weltweit, innerdeutsch als „Lufthansa Express".

Flotte		Bestellt
9 DC-10-30	33 Airbus A 320	20 Airbus A321-100
42 Boeing 737-300	12 Airbus A 310-300	4 Airbus A 340
36 Boeing 737-200 Adv.	13 Airbus A 310-200	4 Boeing 747-400
16 Boeing 747-400	11 Airbus A 300-600	
5 Boeing 747-200F	33 Boeing 737-500	
10 Boeing 747-200SCD	4 Boeing 747-200	
10 Airbus A 340	6 Boeing 737-400	

Foto: Canadair Regionaljet

LUFTHANSA CITYLINE

Postfach 1111, Am Holzweg 26
65830 Kriftel, Tel. 016192-4070
Deutschland

3 L-Code	IATA-Nr.	ICAO-Callsign
DLT	683	DLT

Geschichte:

DLT-Deutsche Luftverkehrsgesellschaft mbh ist die Nachfolgegesellschaft von OLT (Ostfriesische Lufttransport GmbH) und wurde 1974 gegründet. Mit Short 330, einigen Twin Otter und HS-748 wurde im Auftrag der Lufthansa ein Ergänzungsluftverkehr betrieben. 1987 wurden Embraer EMB-120 eingeführt, diese Flugzeuge waren aber bald für die weitere Expansion zu klein und wurden durch Fokker 50 ersetzt. Heute ist Lufthansa mit 52% an DLT beteiligt. Diese ist verantwortlich für den Regionalverkehr der mit Jet-Gerät (B-737) nicht wirtschaftlich bedient werden kann. DLT beförderte 1990 fast 1 Million Passagiere. Um den Passagieren eine bessere Identifikation mit der „Muttergesellschaft" zu geben, erfolgte die Umbenennung in Lufthansa Cityline. Dieses wirkte sich auch auf das äußere Erscheinungsbild aus. Mit Einführung der Canadair Regionaljets wird auch hier „der Kranich im Leitwerk" eingeführt.

Routen

LH-Cityline fliegt von allen deutschen Verkehrsflughäfen und verbindet insgesamt 47 Ziele wie Kopenhagen, Paris, Genf, Nizza, Zürich, Venedig, Wien, Prag, Brüssel, Mailand, Turin, Rom, Budapest, Oslo, Göteborg, Amsterdam, Basel, Toulouse, Bologna, Florenz, Verona, Triest, Linz, Glasgow, Sofia, Barcelona.

Flotte

20 Fokker 50
13 Canadair Regionaljet

Foto: Fokker 50

LUXAIR

Bp 2203, 2987 Luxembourg-Airport
Tel. 4798311
Großherzogtum Luxemburg

3 L-Code	IATA-Nr.	ICAO-Callsign
LGL	149	Luxair

Geschichte:

Die Societe Luxembourgeoise de Navigation Aerienne, oder kurz, Luxair wurde 1961 mit Unterstützung der Regierung, von Banken und Radio Luxemburg, gegründet. Mit einer Fokker F-27 wurde im April 1962 der regelmäßige Linienverkehr nach Amsterdam, Frankfurt und Paris aufgenommen. 1966 setzte Luxair die Vickers Viscount und ab März 1970 die SE 210 Caravelle ein. Diese wurde 1977 durch Boeing 737 ersetzt. Für Langstreckenflüge kamen geleaste Boeing 707 ab 1980 zur Flotte. Nur recht kurze Zeit kam bei Luxair auch ein Airbus A300B4 zum Einsatz, dieser war aber für den Bedarf der Gesellschaft zu groß. Der Airbus wurde dann gegen eine Boeing 747SP eingetauscht und mit diesem Flugzeug künftig die Langstrecken bedient. Ein Flottenerneuerungsprogramm begann 1989 mit Ablieferung der ersten Fokker 50.

Routen

Luxembourg, Paris, Nizza, Hamburg, Frankfurt, München, Saarbrücken, Amsterdam, London, Kopenhagen, Genf, Rom, Palma de Mallorca, Malaga und Nairobi. Neben den Liniendiensten bietet Luxair auch Charterflüge an.

Flotte	Bestellt
1 Boeing 747SP 3 Boeing 737-200 4 Fokker 50 2 Boeing 737-400 2 Boeing 737-500	3 Fokker 50

Foto: Boeing 737-300

MAERSK AIR

Airport Dragoer, 2791 Kopenhagen
Tel. 534444
Dänemark

3 L-Code	IATA-Nr.	ICAO-Callsign
DMA	349	Maerskair

Geschichte:

Die Reederei A. P. Moeller errichtete als Nebenbetrieb die Maersk Air im Jahre 1969 zunächst als reines Charterunternehmen. Der Flugbetrieb konnte im Dezember 1969 mit einer HS-127 und einer Fokker F-27 aufgenommen werden. Der Expansionsdrang der jungen Gesellschaft führte bereits im Jahre 1970 zur Übernahme von Falckair, einer Inlandsfluggesellschaft und deren Strecken nach Odense und anderen Zielen. Air Business, eine weitere Regionalgesellschaft wurde 1983 erworben. Mit DeHavilland DHC-7 wurde die Strecke Billund nach Sonthad eröffnet. Weitere Liniendienste verbinden Kopenhagen mit Billund und Ronne. Neben Linien-und Charterflügen erwirtschaftet Maersk Air beachtliche Umsätze auch aus dem Flugzeug-Leasinggeschäft.

Routen

Linien- und Charterflüge, davon zu 7 Linienzielen auch in europäische Nachbarländer und zu den Faröer Inseln.

Flotte		Bestellt
8 Fokker 50	1 Shorts 360	3 Boeing 737-600
2 Boeing 737-200	1 BAe 125	
5 Boeing 737-500		
11 Boeing 737-300		
1 Boeing 737-400		

Foto: Boeing 747-400 (Albert Kuhbandner/München FJS)

MALAYSIA AIRLINES

Jalon Sultan Ismail Bangumon MAS
50250 Kuala Lumpur, Tel. 03-2610555
Malaysia

3 L-Code	IATA-Nr.	ICAO-Callsign
MAS	232	Malaysian

Geschichte:

Malaysian Airline System entstand 1971 nach der Aufteilung der ehemaligen MAS (Malaysia-Singapore Airlines). Mit 9 F-27 und 3 Britten-Norman Islander wurden die Verbindungen innerhalb Malaysias bedient. Ab 1974 wurde erstmals London mit Boeing 707 wöchentlich angeflogen. Weitere Ziele in Europa wie Amsterdam, Zürich und Frankfurt folgten bald nach. 1976 wurde die erste DC-10-30 geliefert und 1982 kamen 2 Boeing 747-200 dazu, die ab 1985 den Flugverkehr auch zu Zielen in den USA aufnahmen. Am 15. Oktober 1987 führte MAS ein neues Erscheinungsbild ein und der Name wurde gekürzt (Airline System entfiel). Als zweite Destination in Deutschland wurde 1992 München angesteuert. Als Ersatz für DC-10 erhielt Malaysian Anfang 1994 die ersten Airbus A 330.

Routen

Etwa 35 Ziele im Inland, dazu Verbindungen nach Australien, Japan, Korea, Hongkong, Indonesien, Philippinen, Thailand, Taiwan in Ostasien, Mittlerer Osten und Europa.

Flotte		Bestellt
9 Boeing 747-400	3 Boeing 737-500	1 Boeing 747-400
1 Boeing 747-300	1 Boeing 737-300	19 Boeing 737-400
2 Boeing 747-200	38 Boeing 737-400	10 Airbus A 330-300
6 McDonnell Douglas DC-10-30	11 Fokker 50	
4 Airbus A 300 B4	6 DeHavilland DHC-6	

Foto: Boeing 737-300

MALEV-HUNGARIAN AIRLINES

V. Roosevelt ter 2, 1051 Budapest
Tel. 118-9033
Ungarn

3 L-Code	IATA-Nr.	ICAO-Callsign
MAH	182	Malev

Geschichte:

Am 29. März 1949, mit Beteiligung der UdSSR, gegründet setzte die Gesellschaft Lisunow Li-2 ein. Ab November 1954 wurde der Name Magyar Legiközlekedesi Vollat (MALEV) angenommen. Mit Lieferung der IL-18, ab Mai 1960, wurden europäische Ziele wie Amsterdam, Wien und Moskau bedient. Die Tupolev 134 war das erste Jet-Flugzeug 1968, gefolgt von der Tu-154 ab 1973. Die sowjetischen Muster werden seit 1989 von Boeing 737 ersetzt. Ebenfalls von Boeing kommen auch die Flugzeuge für die Langstrecken. Die erste B-767 erhielt Malev Ende 1992.

Routen

Von Budapest regelmäßige Flüge nach Zürich, Wien, Köln, Frankfurt, München, Stuttgart, Tel Aviv, Algier, Abu Dhabi und weitere Destinationen in Europa. Neben den Linienflügen werden auch Charterflüge veranstaltet.

Flotte

12 Tu 154
6 Tu 134
3 YAK 40
3 Boeing 737-200
3 Boeing 737-300
2 Boeing 767-200ER
1 BAe 146-200QT

Foto: BAe ATP/Jetstream 61 (BAe-Foto)

MANX AIRLINES

Ronaldsway Airport, Ballasalla, Isle of Man
Tel.824111
Großbritannien

3 L-Code	IATA-Nr.	ICAO-Callsign
MNX	916	Manx

Geschichte:

Unmittelbar nach dem 2. Weltkrieg wurde 1947 die Manx Air Charter gegründet. Bereits 1948 ging diese bankrott und wurde in Silver City integriert. Erst im Jahre 1982 konnte der klangvolle Name wiederbelebt werden. Am 1. November dieses Jahres wurde von British Midland Airways und der Commenwealth Shipping Line — diese ist an UK Air beteiligt — Manx Airlines gegründet. Mit Fokker Friendship und Vickers Viscount startete man von Ronaldsway nach London-Heathrow. Die Gesellschaft erhielt auch Saab SF 340, BAC-1-11 sowie eine BAe 146 als ersten Jet überhaupt. Manx Airlines ist Mitglied der Airlines of Britain Group. 1993 erhielt Manx die neue Jetstream 41. Neben Linienflügen werden auch Charterflüge angeboten.

Routen

Aberdeen, Belfast, Birmingham, Blackpool, Brüssel, Cardiff, Cork, Dublin, Glasgow, Jersey, Liverpool, London, Luton, Manchester, Paris werden linienmäßig bedient.

Flotte	Bestellt
3 BAe Jetstream 31 5 BAe Jetstream 41 4 BAe ATP/Jetstream 61 1 BAe 146-200 3 Shorts 360-100	3 BAe ATP/Jetstream 61

Foto: Boeing 737-400 (Dirk Herforth/Hannover)

MARKAIR

P. O. Box 6769 Anchorage, Alaska 99502
Tel. 907-2431414
USA

3 L-Code	IATA-Nr.	ICAO-Callsign
MRK	478	Markair

Geschichte:

1947 als eine Nurfrachtgesellschaft wurde die Air Interior gegründet. Diese wiederum änderte 1972 den Namen in International Air. Schließlich entstand im Jahre 1984 der heute bekannte Firmenname „Markair". Am 1. 3. 1984 wurde neben den Frachtflügen auch ein regelmäßiger Passagierdienst aufgenommen. Zum Einsatz kamen Boeing 737. Mit dem Kauf von Wien Air Alaska expandierte Markair kräftig und weitete seine Aktivitäten aus. Für Markair fungieren mehrere kleinere Gesellschaften unter dem Titel „Markair Express" als Zubringer. Über 400 000 Passagiere flogen 1989 mit Markair. Nach einem ruinösen Preiskampf mit Alaska Airlines mußte sich die Gesellschaft 1992 unter Gläubigerschutz stellen. Nach Reorganisation konnten Ende 1993 wieder positive Ergebnisse verbucht werden.

Routen

Passagierflüge innerhalb Alaskas von Anchorage, Fairbanks, Juneau, Borrow, Bethel, Kotzebue, Nome, Prudhoe Bay.

Flotte

6 Boeing 737-200
2 Boeing 737-300
3 Boeing 737-400

Foto: Boeing 747-200 (Josef Krauthäuser/Hongkong)

MARTINAIR

Postbus 7507, 1118 ZG Schiphol
Tel. 020-6011222
Niederlande

3 L-Code	IATA-Nr.	ICAO-Callsign
MPH	129	Martinair

Geschichte:

Martin Air Holland, oder korrekt Martin's Luchtvervoer Maatschappij N.V., wurde im Mai 1958 von Martin Schröder gegründet. Zunächst hieß die Gesellschaft. Martins Air Charter, bis 1967 der jetzige Titel eingeführt wurde. Rund-und Taxiflüge wurden angeboten, 1964 eine kleinere Gesellschaft, Faiways Rotterdam übernommen. KLM beteiligte sich mit 25% am Unternehmen, weitere Anteile gingen an eine Reederei. Von KLM erhielt Martinair DC-7, Lockheed Electra und DC-8. Mit diesen Flugzeugen stieg Martinair in den Charterflugverkehr großen Stils ein. 1973 bekam Martinair die DC-10, 1984 Airbus A 310 und führte 1988 die erste Boeing 747 ein.

Routen

Weltweite Passagier- und Fracht-Charterflüge.

Flotte	Bestellt
3 Boeing 747-200 5 Boeing 767-300ER 2 McDonnell Douglas DC-10-30	4 McDonnell Douglas MD-11

Foto: Airbus A 310-200 (Frank Schorr/Frankfurt)

MEA - MIDDLE EAST AIRLINE

P.O.Box 206, Beirut
Tel. 316316
Libanon

3 L-Code	IATA-Nr.	ICAO-Callsign
MEA	76	CedarJet

Geschichte:

MEA, mit vollem Titel als Middle East Airline SA bekannt, wurde 1945 im September als privates Unternehmen gegründet. Mit drei DH 89 A Dragon Rapide wurde seinerzeit der Flugbetrieb aufgenommen. 1949 beteiligte sich Pan American an dem Unternehmen und tauschte als erstes die DH 89A gegen die DC-3 ein um so mehr Kapazitäten beim Frachttransport zu erhalten. Pan American zog sich bereits 1955 aus dem Unternehmen zurück, den Anteil übernahm die britische BOAC. Mit Vickers Viscount wurde der planmäßige Liniendienst, am 2. 0ktober 1955, mit London aufgenommen. Es folgten Karachi und Bombay. Erstes Strahlflugzeug war die Comet 4 B. MEA setzte diese ab 6. Januar 1961 auf der Strecke nach London ein. Veränderungen gab es 1963, Air Liban wurde übernommen und damit auch deren Flugzeuge wie DC-6 und SE210 Caravelle. Als neuer Anteilseigner wurde Air France bekannt. Boeing 707 kamen 1968 zum Einsatz und 1969 wurde Lebanese International Airways (LIA) samt Flotte, Routen und Personal übernommen. Dieser Zusammenschluß wurde von der Regierung gewünscht, da während eines israelischen Angriffs auf den Beiruter Flughafen 1968 mehrere Maschinen von LIA und MEA völlig zerstört wurden. Im Mai 1975 erhielt MEA die erste Boeing 747. Der Flugbetrieb ist durch die bürgerkriegsänlichen Kämpfe seit über 10 Jahren immer wieder beeinträchtigt worden, jedoch ist MEA die einzige Gesellschaft die — trotz aller Widrigkeiten — die Verbindung zur Welt aufrecht erhält. Darüber hinaus werden auch Subcharter für andere Gesellschaften durchgeführt. Auch neue Flugzeuge finden Zulauf, so 2 Airbus A 310, welche geleast wurden, um Boeing 707 ausmustern zu können.

Routen

Der offizielle Flugplan nannte im Herbst 1993 noch über 30 Destinationen im Mittleren Osten, Europa, Asien und Afrika.

Flotte

8 Boeing 707-300
4 Boeing 720 B
3 Boeing 747-200
2 Airbus A 310-200

Foto: BAe 146-200 (Frank Schorr/Frankfurt)

MERIDIANA

193 Corso Umberto, 07026 Olbia,
Zona Industrielle, Tel. 52600
Italien

3 L-Code	IATA-Nr.	ICAO-Callsign
ISS	191	Merair

Geschichte:

Meridiana ging aus dem operativen Zusammenschluß der italienischen Alisarda und der spanischen Universair im Jahre 1991 hervor. Bis zum Konkurs Ende 1992 der spanischen Meridiana operierten beide Partner koordiniert, aber doch relativ unabhängig. Alisarda wurde am 24. 3. 1963 in Olbia gegründet. Mit DC-9 flog man zu Zielen in Frankreich, Schweiz und innerhalb Italiens. Es folgten saisonal auch andere Ziele wie Frankfurt oder München, zunächst als Charter später auch linienmäßig. Weitere Ziele in Europa wurden ab 1991 erschlossen, 1992 erstmals London-Gatwick.

Routen

Barcelona, Bologna, Cagliari, Catania, Florenz, Frankfurt, Genua, London, Mailand, München, Neapel, Nizza, Olbia, Palermo, Paris, Pisa, Turin, Zürich.

Flotte	Bestellt
3 BAe 146-200 6 McDonnell Douglas DC-9-51 8 McDonnell Douglas MD-82	4 BAe/Avro RJ 85

Foto: McDonnell Douglas DC-9-32 (Björn Kannengiesser/Medan)

MERPATI

Jolan Angkasa 2, Kotak pos 323
Jakarta 10002, Tel. 21413608
Indonesien

3 L-Code	IATA-Nr.	ICAO-Callsign
MNA	621	Merpati

Geschichte:

Die indonesische Regierung gründete Merpati Nusantara Airlines im Jahre 1962 mit Unterstützung der indonesischen Luftwaffe, um den Flugbetrieb der Fluggesellschaft „De Kroondruif" zu übernehmen. Diese Vorgängergesellschaft war besonders in West-Guinea tätig. Bei Merpati kamen an Flugzeugen zum Einsatz: DC-3, HS-748, Vickers Viscount, Vickers Vanguard, NAMC-YS 11, Dornier 28, Pilatus Porter. Zahlreich sind auch die in Lizenz gefertigten CASA-Flugzeuge im Einsatz, wie die IPTN 235, welche ältere Typen ersetzt. Mit dem Eintreffen der ersten DC-9 wurde im Herbst 1990 auch eine neue, moderne Bemalungsvariante der Flugzeuge eingeführt. Garuda, die nationale Fluggesellschaft, ist Mehrheitsgesellschafter bei Merpati.

Routen

Balikpapan, Bandar Lampg, Bandung, Banjarmasin, Denpasar, Dumai, Ketapang, Kupang, Maumere, Medan, Padang, Palankarya, Paembang, Pekanbaru, Pontianak, Rengat, Semarang, Surabaya, Tanjung Pinan, Waingapur.

Flotte		Bestellt
14 IPTN-CN-235-10	2 Lockheed L-382 Hercules	68 ITPN-250
11 IPTN-212 AB4/CC4 Aviocar	9 DC-9-32	9 Fokker 100
14 Fokker F-27	11 DeHavilland DHC-6 Twin Otter	
27 Fokker F-28	3 Fokker 100	
5 BAe ATP		

Foto: Airbus A 320-200

MEXICANA

Xola 535, Colonia de Valle 03100 Mexiko Stadt
Tel. 660-4433
Mexiko

3 L-Code	IATA-Nr.	ICAO-Callsign
MXA	132	Mexicana

Geschichte:

Die Compania Mexicana de Aviacion ist eine der ältesten Fluggesellschaften der Welt. Im Jahre 1924 wurde sie gegründet, um zunächst Lohngelder zu den Erdölfeldern in der Nähe von Tampico zu fliegen, da ein Landtransport dieser Gelder nicht mehr sicher war. Linienflüge begannen am 15. 4. 1928 zwischen Mexiko Stadt und Tampico. 1929 bis 1968 war Pan American im Besitz der Kapitalmehrheit von Mexicana. 1935 wurde Aerovias Centrales und 1955 Transportes Aereos de Jalinco, gekauft. Neben DC-3 und DC-6 kam ab 1960 auch die Comet 4C auf den Strecken nach Havanna, Los Angeles und New York zum Einsatz. 1966 wurde die Boeing 727 eingeführt und ab Juni 1981 auch DC-10. 1989 erwarben private Unternehmen die Gesellschaft. Eine notwendige Reorganisation brachte Veränderungen im Flugbetrieb und im Streckennetz mit sich. Die relativ alte Flotte der Mexicana wurde ab Mitte 1991 mit Airbus A 320 ergänzt. Aeromexico stieg als Partner ein, so daß die Flugpläne koordiniert werden konnten, um Kosten zu sparen. Für Strecken mit geringem Passagieraufkommen wurde mit der Fokker 100 1993 ein kleinerer Jet eingeführt.

Routen

Mexicana betreibt Linien-und Charterdienste in der Karibik, Mittelamerika, Südamerika und den USA. Ein dichtes Liniennetz verbindet etwa 30 Ziele innerhalb Mexikos.

Flotte	Bestellt
37 Boeing 727-200Adv.	6 Airbus A 320
5 McDonnell Douglas DC-10-15	8 Fokker 100
10 Fokker 100	
22 Airbus A 320	
1 McDonnell Douglas DC-8-71	

Foto: Tupolev 154 B

MIAT-MONGOLIAN AIRLINES

Flughafen Ulan-Bator
Tel. 1072240
Mongolische Volksrepublik

3 L-Code	IATA-Nr.	ICAO-Callsign
AMO	289	Mongolian

Geschichte:

Unter verschiedenen Namen wie „Mongolian Airlines", „Mongolflot" oder „Air Mongol" ist die 1956 gegründete Gesellschaft bekannt. Mit Hilfe der UdSSR und der Aeroflot wurde MIAT aufgebaut. Am 7. Juli 1956 erfolgte der erste Flug mit An-24 von Ulan Bator nach Irkutsk. Eine Verbindung nach Peking wurde bald wieder eingestellt, da kein Bedarf bestand. Im Rahmen einer „Entwicklungshilfe" und Kooperation erhielt Miat eine Boeing 727 von Korean Airlines.

Routen

Von Ulan Bator werden Ziele in der Mongolei, wie Darchan und Eerdenet, bedient. Weitere Verbindungen gibt es nach Moskau und Irkutsk. Charterflüge nach Korea und Japan.

Flotte	Bestellt
1 Tupolev Tu-154B	2 Boeing 757-200
18 Antonow 24/26	
1 Boeing 727-100	
7 Harbin Y 12	

Foto: DC-9-32 (Björn Kannengiesser/Fort Lauderdale)

MIDWEST EXPRESS

4915 South Howell Ave.
Milwaukee, Wisconsin 53207, Tel. 507-532-3164
USA

3 L-Code	IATA-Nr.	ICAO-Callsign
MEP	453	Midwest

Geschichte:

Midwest Express entstand nach der Deregulierung 1983 im November. Mit DC-9 wurde der Flugbetrieb am 11. Juni 1984 aufgenommen, und zwar die Linie Milwaukee-Boston. Im Laufe der Jahre wurden die Strecken bis Dallas und nach Los Angeles ausgedehnt. Insgesamt werden etwa 20 Ziele in USA bedient. 1992 buchten etwa 808 000 Passagiere ihre Flüge mit Midwest Express.

Routen

Milwaukee, Dallas, Minneapolis, Appletown, Atlanta, Boston, Detroit, Fort-Lauderdale, Grand Rapids, Indianapolis, Lansing, Los Angeles, Madison, New York, Philadelphia, San Francisco, Washington.

Flotte

8 McDonnell Douglas DC-9-14/15
6 McDonnell Douglas DC-9-32
2 McDonnell MD-88

Foto: Boeing 737-300

MONARCH

Luton Airport, Luton Bedfordshire
LU2 9NV, Tel. 0582-424211
Großbritannien

3 L-Code	IATA-Nr.	ICAO-Callsign
MON	974	Monarch

Geschichte:

Monarch Airlines ist eine bekannte britische Charterfluggesellschaft, welche von Cosmos Tours am 5. Juni 1967 gegründet wurde. Mit einer Bristol Britannia wurde der Flugbetrieb am 5. April 1968 aufgenommen. Ziele waren die Urlaubsregionen im Mittelmeergebiet. 1971 konnte mit der Boeing 720 das erste Jet-Gerät beschafft werden. BAC 1-11 folgten 1975, die Boeing 707 im Jahre 1978 und die erste Boeing 737 dann 1980. Monarch ist neben dem Charterfluggeschäft auch sehr stark im Flugzeug-Leasing tätig. So ist die gesamte Euroberlin-Flotte seit Jahren von Monarch geleast. Mit den eigenen Flügen konnte Monarch im Jahre 1993 etwa 3,2 Millionen Fluggäste befördern.

Routen

Charterflüge, besonders ins Mittelmeergebiet, Ostafrika, die Karibik und USA, im Winter Skicharter nach Österreich, Schweiz und München.

Flotte	Bestellt
8 Boeing 737-300 8 Boeing 757-200/200ER 4 Airbus A 300-600	2 Airbus A 320-200

Foto: Boeing 737-300 (Francois Stock via HARD/Los Angeles)

MORRIS AIR

260 Morris Ave. Salt Lake City, UT 84115
Tel. 801-4836464
USA

3 L-Code	IATA-Nr.	ICAO-Callsign
MOA	—	Morris Air

Geschichte:

June Morris ist Gründerin eines Reisebüros in Salt Lake City und spezialisierte sich schon früh auf eigene Veranstaltertouren. Da man keine eigene Fluglizenz hatte, wurden Flüge nach Los Angeles, Las Vegas, Hawaii, Mexiko und weiteren Zielen, von verschiedenen Fluggesellschaften durchgeführt.
So flogen im Auftrag von Morris, Ryan International, American Trans Air und Sierra Pacific regelmäßig diese Routen. Erst im Jahre 1992 erhielt Morris Air die Genehmigung die bislang regelmäßigen Charterflüge als Linienflüge zu betreiben. Bis zu diesem Zeitpunkt operierte man mehr als 300 wöchentliche Flüge. Mit 11 Boeing 737-300 in eigenen Farben konnte Morris Air das Streckennetz im Überschalltempo ausbauen und wurde schnell zu einer Konkurrenz für etablierte Gesellschaften, da zu günstigen Tarifen die Passagiere befördert werden.
Im Dezember 1993 führte diese Situation zum Kauf der Morris Air durch Southwest Airlines. Für 130 Millionen $ wird in den Jahren bis 1995, Morris Air in Southwest integriert, bis zu diesem Zeitpunkt operiert Morris Air selbstständig und baut weitere Strecken auf.

Routen

28 Ziele im Westen der USA, von Anchorage bis San Diego.

Flotte

21 Boeing 737-300

Foto: Fokker F-28 (Josef Krauthäuser/Bangkok)

MYANMA AIRWAYS

104 Strand Road, Yangon
Tel. 84566
Myanmar (Birma) Soz. Republik

3 L-Code	IATA-Nr.	ICAO-Callsign
UBA	209	Unionair

Geschichte:

Ursprünglich im Jahre 1948 von der birmesischen Regierung als „Union of Burma Airways" gegründet, änderte die Gesellschaft den Namen im Dezember 1972 in Burma Airways Corporation und letztlich im Jahre 1990 in Myanma Airways. Dazwischen liegen über 40 Jahre Flugbetrieb, der mit DeHavilland „Dove" im Jahre 1948 aufgenommen wurde. Diesen folgten DC-3 und Vickers Viscount, die Einführung nationaler und internationaler Verbindungen. Die erste F-27 wurde im Oktober 1963 geliefert. 1969 ersetzte eine B-727 die Vickers Viscount auf internationalen Flügen. Mit Ablieferung der F-28 im Jahre 1977 setzt Myanma nur noch Fokker-Flugzeuge ein. Mit Royal Brunei wurde 1993 eine Kooperation vereinbart, welche vorsieht, daß die internationalen Strecken von einer gemeinsamen Gesellschaft durchgeführt werden sollen.

Routen

Yangon, Akyab, Bangkok, Bhamo, Kalemyo, Kawthaung, Kengtung, Khamti, Mandalay, Penang, Singapur und etwa 10 weitere Destinationen im Inland.

Flotte

5 Fokker F-27-600
3 Fokker F-28

Foto: McDonnell Douglas DC-10-30

NIGERIA AIRWAYS

PMB 1024, Ikeja
Tel. 01-900810
Nigeria

3 L-Code	IATA-Nr.	ICAO-Callsign
NGA	87	Nigeria

Geschichte:

In der ehemals britischen Kolonie West-Afrika war ab 1946 die WAAC tätig. Diese wurde im Juni 1958 von West African Airways Corporation in Nigeria Airways umbenannt. Der Flugbetrieb, im jetzt unabhängigen Staat Nigeria, wurde dann mit Hilfe der BOAC und von dieser geleasten Flugzeugen im Oktober 1958 aufgenommen. Mit Boeing 377-Stratocruiser wurde auch eine Verbindung von Lagos nach London aufgenommen, ab 1. April 1962 kam die Comet 4B auf dieser Strecke zum Einsatz. 1961 übernahm der Staat die Kontrolle über die Gesellschaft, eine Boeing 707 war die erste eigene Maschine der jungen Fluglinie. Mit Eintreffen der ersten DC-10 im Oktober 1976 erhielt Nigeria Airways das erste Großraumflugzeug. 1983 und 1984 wurde jeweils von Airbus zwei A 310 ausgeliefert. Diese bedienen hauptsächlich afrikanische Strecken.

Routen

Abidjan, Abuja, Accra, Banjul, Benin, Calabar, Conakry, Cotonou, Dakar, Douala, Enugu, Freetown, Ilorin, Jeddah, Johannesburg, Jos, Kaduna, Kano, Libreville, Lome, London, Makurdi, Malabbo, Monrovia, New York, Port Harcourt, Rom, Sokoto und Yola sind die Ziele.

Flotte

2 McDonnell Douglas DC-10-30
4 Airbus A310-200
2 Boeing 707-3F
8 Boeing 737-200Adv.

Foto: Airbus A 320

NORTHWEST

Minneapolis / St. Paul Intl. Airport
St. Paul, Min. 55111, Tel. 726-6599
USA

3 L-Code	IATA-Nr.	ICAO-Callsign
NWA	12	Northwest

Geschichte:

Als Northwest Airways wurde diese Gesellschaft am 1. August 1926 in Minneapolis/St. Paul gegründet. Zunächst flog man mit einer Stinson Post von Chicago nach St. Paul. 1933 begann mit DC-3 auch der regelmäßige Passagierverkehr nach Seattle und Winnipeg. 1934 konnte ein Mitbewerber, die Northern Air Transport übernommen werden. Der Name wurde in diesem Jahre ebenfalls in Northwest Airlines geändert. Am 15. Juli 1947 wurde die erste Polarroute mit DC-4 aufgenommen. Diese Strecke führte von Seattle über Anchorage nach Tokio und weiter nach Manila. Seit diesem Zeitpunkt nannte sich die Gesellschaft Northwest Orient Airlines. Bis zur Übernahme der Regierung durch Mao Tse Tung in China konnte Northwest diverse Ziele in China anfliegen. 1950 folgten dann Taiwan, Seoul, Okinawa. Auf den Strecken nach Ostasien kamen Boeing Stratocruiser zum Einsatz. Lockheed Constellation, DC-6, DC-7 und Lockheed L-188 Electra waren während der Prop-Ära die wichtigsten Flugzeuge bis zum Eintreffen der ersten DC-8, mit der zunächst die Strecke von Seattle nach Chicago bedient wurde, um dann auch auf den Asien-Strecken die Propellerflugzeuge zu ersetzen. Am 30. April erhielt NW mit der Boeing 747 den ersten Großraum-Jet, gefolgt von DC-10-40 Ende 1972. 1979 wagte Northwest auch den Sprung über den Atlantik nach Kopenhagen und London. Auch Hamburg wurde in den achtziger Jahren bedient, jedoch verlegte Northwest ihre Aktivitäten nach Frankfurt. Anders als viele andere Gesellschaften wuchs Northwest nur durch eigene Anstrengungen. Mit Käufen von anderen Gesellschaften hielt man sich bis 1986 zurück, dann wurde Republic gekauft. Es gab seither viele finanzielle Schwierigkeiten mit der Anpassung und Integrierung der Flotten. 1988 wurde wieder der alte Name Northwest Airlines angenommen, Airbus A320 bestellt und die gesamte Gesellschaft umstrukturiert. Mit Ablieferung der ersten A 320 Ende 1989 führte Northwest auch das neue Farbschema ein. Mit KLM besteht eine enge Zusammenarbeit.

Routen

Glasgow, London, Paris, Amsterdam, Frankfurt, Tokio, Osaka, Seoul, Okinawa, Schanghai, Taipeh, Hongkong, Saipan, Guam, Manila, Bangkok, Singapur, Montego Bay, Grand Cayman, Montreal, Winnepeg, Toronto und Edmonton sind ausländische Ziele, hinzu kommen noch über 150 Ziele in den USA, die von Northwest Airlines bedient werden.

Flotte		Bestellt
149 McDonnell Douglas DC-9 Serien 14/15/31/32/51	8 McDonnell Douglas DC-10-30	4 Boeing 747-400
8 McDonnell Douglas MD-82	33 Boeing 757-200	40 Boeing 757-200
21 McDonnell Douglas DC-10-40	41 Boeing 747-100/200	16 Airbus A 320
68 Boeing 727-200	12 Boeing 747-400	
	49 Airbus A 320	

Foto: McDonnell Douglas MD-83 (André Dietzel/München FJS)

OASIS

Calle Gobelas 17, 28023 Madrid
Tel. 3729102
Spanien

3 L-Code	IATA-Nr.	ICAO-Callsign
AAN	—	Oasis

Geschichte:

1986 als Andalusair in Malaga gegründet, nahm diese mit MD-83 den Flugverkehr Ende 1987 nur kurzfristig auf. Schon nach wenigen Monaten beteiligte sich die Oasis Hotelgruppe an der Gesellschaft und übernahm die Kapitalmehrheit und auch das Management. Daraufhin wurde der Name geändert und die MD-83 erschienen in den unterschiedlichsten Bemalungsvarianten. Durchgesetzt hat sich letztendlich eine blaue Leitwerksbemalung mit weißem Rumpf. 1992 erhielt Oasis einen ersten Airbus A 310. Die Gesellschaft arbeitet mit der mexikanischen Aerocancun zusammen und man verleast bei Bedarf gegenseitig Flugzeuge.

Routen

Charterflüge von Westeuropa, Großbritannien, Skandinavien nach Spanien. Auch Flüge nach Kuba, Mexiko und die Dominikanische Republik.

Flotte

2 Airbus A 310-200
3 McDonnell Douglas MD-83

Foto: BAe BAC 1-11-400

OKADA AIR

Airport Road, Benin City
Tel. 019-63881
Nigeria

3 L-Code	IATA-Nr.	ICAO-Callsign
OKJ	—	Okadaair

Geschichte:

Um regionale und internationale Charterflüge zu unternehmen, gründete ein Firmenkonsortium 1983 Okada Air. Mit BAC 1-11, DC-8 und Boeing 707 wurde der Flugverkehr aufgenommen. Erste ausländische Destination war London. Gelegentliche Charter führen auch nach Frankfurt oder Zürich. Okada fliegt auch Subcharter für andere Fluggesellschaften und Fracht.

Routen

Charterflüge nach Europa, dem Mittleren Osten und zu ad hoc-Zielen.

Flotte

1 Boeing 707-300C
19 BAe BAC 1-11-400
5 Boeing 727-200Adv.

Foto: Airbus A-300-200 (André Dietzel/München FJS)

ONUR AIR

Sipahioglu Caddeshi 5, Yesilyurt, Istanbul
Tel. 573-2382
Türkei

3 L-Code	IATA-Nr.	ICAO-Callsign
OHY	—	Onur Air

Geschichte:

Die erst 1992 gegründete Airline ist ein Tochterunternehmen des türkischen Reiseveranstalters „TK Air Travel". Mit werksneuen Airbus A-320 konnte im Mai 1993 der Flugbetrieb aufgenommen werden. Neben den Charter- und IT-Reisen will man auch Liniendienste aufnehmen. In der Hochsaison werden, neben den eigenen Flugzeugen, noch weitere Airbus A 320 geleast. Ab Istanbul, der Heimatbasis von Onur Air, soll bis Ende der 90er Jahre auch ein innertürkisches Liniennetz aufgebaut werden.

Routen

Charterflüge von allen deutschen und vielen europäischen Flughäfen zu Zielen in der Türkei.

Flotte	Bestellt
3 Airbus A-320-200	1 Airbus A-320

Foto: Airbus A 300-600 (Airbus Industrie)

OLYMPIC AIRWAYS

96 Syngrou Ave. Athen
Tel. 9292111
Griechenland

3 L-Code	IATA-Nr.	ICAO-Callsign
OAL	50	Olympic

Geschichte:

Kein geringerer als Aristoteles Onasis gründete Anfang des Jahres 1957 die Olympic Airways. Der bekannte Reeder übernahm die damalige TAE, diese bestand seit 1951 und gehörte dem griechischen Staat. Bis zur ersten Ölkrise machte Onasis die Olympic zu einer modernen Gesellschaft, geriet doch durch die Ölsituation in finanzielle Bedrängnis und stellte 1974 den Flugbetrieb für mehrere Monate ein. Um eine völlige Pleite abzuwenden, sprang der griechische Staat wiederum ein und übernahm Olympic. Nach einer völligen Umstrukturierung und der Einstellung unrentabler Strecken, ging es langsam wieder aufwärts. Olympic ist im Linienverkehr, aber auch im Charterbereich tätig. Bereits zu Beginn des Flugbetriebs im April 1957, mit DC-3 und DC-4, flog Olympic internationale Strecken nach London und Paris. Zeitweilig wurden geleaste DeHavilland Comet 4B eingesetzt und 1966 kam die erste Boeing 707 zur Flotte. Mit diesem Typ werden die Langstrecken nach New York, Johannesburg und Australien eröffnet. Noch unter der Onasis-Regie kamen auch die ersten Boeing 747 zur Olympic. Im Rahmen einer Flottenerneuerungspolitik wurden die Boeing 707 und Boeing 727 der Gesellschaft bis 1992 durch neue Boeing 737-400 und Airbus ersetzt, diese erhielten alle die neue attraktive Bemalung. 1993 flogen etwa 7 Millionen Passagiere mit Olympic, allerdings ca. 4 Millionen im Inland mit der Tochtergesellschaft Olympic Aviation.

Routen

Von Athen nach New York, Chicago, Toronto, alle wichtigen Städte in Westeuropa, den Mittleren Osten, nach Singapur und Sydney.

Flotte		Bestellt
4 Boeing 747-200 3 Boeing 727-200 11 Boeing 737-200 8 Airbus A 300B4 6 Boeing 737-400	2 Airbus A 300-600	2 Airbus A 300-600 6 Boeing 737-400

Foto: Dornier 228 (DASA)

OLYMPIC AVIATION

96 Snygrou Ave. Athen
Tel. 9292111
Griechenland

3 L-Code	IATA-Nr.	ICAO-Callsign
OAV	—	Olympic

Geschichte:

Mit seinen zahlreichen Inseln, dem zergliederten und bergigen Festland ist Griechenland, neben einem dichten Netz von Fährverbindungen, auf einen gut funktionieren Regionalflugverkehr angewiesen. Zur touristischen Erschließung kleinerer Inseln und um den Touristen lange Transferzeiten zu ersparen, wurde 1971 Olympic Aviation gegründet mit dem Ziel, einen regionalen Flugverkehr aufzubauen. Dazu mußten auf vielen Inseln erst einmal Pisten neu angelegt, verlängert oder instandgesetzt werden. Da viele Pisten keinen festen Belag haben, kamen so robuste Flugzeuge wie Short Skyvan und Dornier 228 zum Einsatz. Geflogen wird vor allen Dingen da, wo die Muttergesellschaft-Olympic Airways mit ihren Flugzeugen nicht verkehren kann und im Zubringerdienst zu internationalen Flügen nach Athen.

Routen

Vom Inlandsflughafen Athens nach über 30 Zielen in der Ägäis, den Pelepones und dem griechischen Festland.

Flotte

7 Dornier 228-200
5 Short 330
4 ATR-72
4 ATR-42
1 Aerospatiale AS 350 Ecureil
1 Agusta A 109

Foto: Boeing 747-200 (Josef Gietl/Frankfurt)

PAKISTAN INTERNATIONAL

PIA Buildg., Karachi-Airport
Tel. 412011
Pakistan

3 L-Code	IATA-Nr.	ICAO-Callsign
PIA	214	Pakistan

Geschichte:

Pakistan International Airlines wurde von der Regierung bereits 1951 eingerichtet, der Flugbetrieb international aber erst im März 1955 aufgenommen, nachdem die private Orient Airways übernommen wurde. Bis dahin wurde lediglich Ost-Pakistan (heute Bangladesh) bedient. Mit Lockheed Constellation begann dann ab März 1955 der regelmäßige Verkehr nach Kairo und London. Im Inland kamen CV-240 und DC-3 zum Einsatz. Diese werden durch Vickers Viscount ersetzt und später durch HS-Trident. 1960 erfolgte die Umstellung der Langstreckenflüge auf Boeing 707, 1961 wurde mit diesem Typ erstmals New York angeflogen. Erstes Großraumflugzeug war 1974 die DC-10-30. Von TAP-Air Portugal wurden auch 1976 zwei Boeing 747 geleast, später dann gekauft. 1971 werden durch die kriegerischen Ereignisse und die Abtretung Ostpakistans viele Flüge und Verbindungen eingestellt. Nach Reorganisation der Gesellschaft nahm dann ab Ende 1972 der Flugbetrieb wieder zu und aufgegebene Strecken z. B. New York, konnten wieder aufgenommen werden.

Routen

Von Karachi und Islamabad nach Lahore, Dubai, Teheran, Bagdad, Amman, Damaskus, Kairo, Tripolis, Moskau, Istanbul, Athen, Rom, Frankfurt, Kopenhagen, Amsterdam, Paris, London, New York, Toronto, Tokio, Beijing, Zürich, Manila, SIngapur, Kuala Lumpur, Bangkok, Kathmandu, Nairobi, Jeddah, Bahrain und zu über 20 Zielen im Inland.

Flotte		Bestellt
8 Boeing 747-200	7 Airbus A 300 B4	1 Airbus A310-300
5 Boeing 707	14 Fokker F-27	
7 Boeing 737-300	2 DeHavilland DHC-6	
4 Airbus A 310-300		

Foto: Fokker F-28 (Uwe Gleisberg/München FJS)

PALAIR MACEDONIAN

Nef 1, 91001 Skopje
Tel. 411083
Mazedonien

3 L-Code	IATA-Nr.	ICAO-Callsign
PMK	—	Palair

Geschichte:

Gegründet wurde Palair Macedonian im Jahre 1991 nachdem die jugoslawische JAT den Flugbetrieb einstellen mußte. Mit geleasten Tu-154 wurden die Verbindungen nach Westeuropa aufrecht erhalten, besonders wichtig für die zahlreichen Gastarbeiter aus dem ehemaligen Jugoslawien und der Türkei. Trotz fehlender Infrastruktur in Skopje sind die Zuwachsraten im Luftverkehr an diesem Flughafen enorm und im Oktober 1993 leaste Palair zwei weitere Fokker 100. Palair Macedonian betreibt vorläufig nur Charterflüge, will aber auch ab 1994/95 mit regelmäßigen Linienflügen starten.

Routen

Amsterdam, Berlin, Brüssel, Düsseldorf, Frankfurt, München, Paris, Salzburg, Wien, Zürich.

Flotte

2 Fokker F-28
2 Fokker 100
2 Tupolev Tu-154B

Foto: Boeing 737-300 (Josef Krauthäuser/Manila)

PHILIPPINES

1, Legaspi P.O.Box 954, Manila
Tel. 02-8180111
Philippinen

3 L-Code	IATA-Nr.	ICAO-Callsign
PAL	79	Philippine

Geschichte:

Philippine Air Lines wurde bereits am 25. Februar 1941 gegründet, mußte aber Ende 1941, bedingt durch die japanische Invasion, den Flugbetrieb einstellen. Nach der Befreiung der Philippinen nahm PAL mit fünf DC-3 den Service am 14. 2. 1946 wieder auf. Far East Air Transport, ein Konkurrent, wurde samt Routen nach Hongkong, Shanghai, Bangkok und Kalkutta, sowie fünf DC-4 im Jahre 1947 übernommen. Im selben Jahre eröffnete PAL eine Linienverbindung nach San Francisco. Alle internationalen Flüge, mit Ausnahme von Hongkong-Diensten, wurden 1954 nach einem DC-6 Absturz eingestellt. Der Streckenausbau innerhalb der Philippinen konnte dafür aber umso stärker ausgebaut werden. Erst 1962 wurde, in Kooperation mit KLM, wieder die erste Auslandsroute nach San Francisco eröffnet. Ab Mai 1966 trafen die ersten BAC 1-11 ein, mit DC-8 erfolgten ab 1969 auch wieder Flüge nach Europa, und zwar wurden Amsterdam, Frankfurt und Rom bedient. 1974 werden zwei inländische Gesellschaften, Air Manila und Filipinas, gekauft. Ab diesem Jahr treffen die ersten geleasten DC-10-30 ein und ersetzen die DC-8. Boeing 747 und Airbus A 300 B4, der als „Lovebus" bezeichnet wird, können 1979 eingeführt werden. Mit Zulauf der Fokker 50 ab 1988 werden ältere HS-748 ausgemustert, ebenso ab 1990 auch die BAC 1-11, diese werden durch die Boeing 737-300 ersetzt.

Routen

Amsterdam, Frankfurt, London, Paris, Rom, Los Angeles, New York, San Francisco, Dharan, Dubai, Bangkok, Brisbane, Ho Chi Minh City, Hongkong, Seoul, Taipei, Tokio, Sydney, Singapur, Kuala Lumpur, Karachi, dazu ein dichtes inländisches Streckennetz.

Flotte		Bestellt
10 Boeing 747-200	10 Fokker 50	4 Boeing 737-300
2 DC-10-30	7 Short 360-300	2 Boeing 747-400
8 Airbus A 300B4	11 Boeing 737-300	6 Airbus A 340-300

Foto: Boeing 737-200 Adv.

PLUNA

Colonia 1021, P. O. Box 1360 Montevideo
Tel. 2-916591
Uruguay

3 L-Code	IATA-Nr.	ICAO-Callsign
PUA	286	Pluna

Geschichte:

Primeras Lineas Uruguayas de Navegazion Aera wurde bereits im September 1935 von den Gebrüdern Marquez Vaeza gegründet. Mit zwei DH 90 Dragonfly wurde am 15. November 1936 der Flugbetrieb aufgenommen. Die Gesellschaft expandierte und bestellte noch eine DH 86B, bis dann am 15. 3. 1943 der Betrieb eingestellt werden mußte. Nach dem Ende des 2. Weltkrieges übernahm die Regierung von Uruguay 83 % Anteile der Gesellschaft, 1951 gingen dann auch die restlichen Anteile am Kapital in den Besitz des Staates. Mit DC-3 wurden die Nachbarländer bedient und ein Inlandstreckennetz aufgebaut. Neben den DC-3 wurden DeHavilland „Heron" sowie Vickers Viscount eingesetzt. Ende 1967 übernahm PLUNA das Streckennetz und Flugzeuge der CAUSA, den ersten Jet, eine Boeing 737-200, erhielt PLUNA Ende 1969. Die einzige Überseestrecke unterhält PLUNA mit einer wöchentlichen Verbindung nach Madrid. Diese wird seit 1982 mit der Boeing 707 bedient. Mit den Flügen von Montevideo nach Madrid ging man 1993 eine Kooperation mit Spanair ein, diese betreibt mit B-767 die Flüge, da kein eigenes Gerät zur Verfügung steht.

Routen

Artigas, Asuncion, Buenos Aires, Madrid, Melo, Paysandu, Porto Alegre, Rio de Janeiro, Santiago de Chile, Sao Paulo.

Flotte

1 Boeing 707-300
3 Boeing 737-200Adv.

Foto: Boeing 737-300 (Uwe Gleisberg/Sydney)

POLYNESIAN

Beach Road, Apia
Tel. 21261
West-Samoa

3 L-Code	IATA-Nr.	ICAO-Callsign
PAO	162	Polynesian

Geschichte:

Nach dem Zusammenbruch einer Vorgängergesellschaft, Samoan Airlines, wurde im Mai 1959 Polynesian Airlines Ltd. gegründet. Der erste Flug führte von Apia nach Pago Pago. Zum Einsatz kam eine Percival Prince. Nach der staatlichen Unabhängikeit im Jahre 1962 wurden weitere Verbindungen zu den Cook Inseln erschlossen und eine DC-3 beschafft. 1968 erhielt Polynesian eine DC-4, ab Januar 1972 dann moderne Turbopropflugzeuge in Form von zwei HS-748. Die Modernisierung war möglich geworden nach einer Beteiligung des Staats. Mit der Lieferung einer Boeing 737 im Jahre 1981 begann auch bei Polynesian das Düsenzeitalter, gefolgt von neuen Strecken nach Australien. Für Regionalstrecken erwarb man noch diverse GAF-Nomad, BN-Islander und DHC-Twin Otter. Anfang der 90er Jahre erhielt Polynesian die neueste Boeing 737-300. 1993 folgte dann, geleast von Air New Zealand, eine Boeing 767 die auf Strecken nach USA eingesetzt wird.

Routen

Apia, Auckland, Nine, Noumea Pago Pago, Papeete, Nadi, Vila, Sydney, Vara'u, Tongatapu und Los Angeles.

Flotte

2 Boeing 737-300
1 Boeing 767
1 DeHavilland DHC-6 Twin Otter
1 Pilatus BN 21 Islander

Foto: Fokker 100 (Stefan Schlick/Frankfurt)

PORTUGALIA

Avenida Almirante Gago Coutinho 88,
1700 Lissabon, Tel. 8486693
Portugal

3 L-Code	IATA-Nr.	ICAO-Callsign
PGA		

Geschichte:

Portugalia wurde als Regional-Liniengesellschaft am 25. Juli 1989 gegründet und nahm ein Jahr später, am 7. Juli 1990 den Linienverkehr mit Fokker 100 auf. Die ersten beiden Jahre hatte man noch einen Verlust von 12 Millionen US-Dollar, 1993 einen ersten kleinen Gewinn. Portugalia hat ihre Basis in Lissabon und ist auch im Chartergeschäft tätig.

Routen

Amsterdam, Brüssel, Faro, Frankfurt, Köln/Bonn, London, Lissabon, Madrid, Paris, Porto, Straßburg, Turin.

Flotte

5 Fokker 100

Foto: McDonnell Douglas MD-83 (Björn Kannengiesser/Miami)

PRIVATE JET

P. O. Box 228 Atlanta GA 30085
Tel. 404-939-5001
USA

3 L-Code	IATA-Nr.	ICAO-Callsign
PJE	333	Pee Jay

Geschichte:

Private Jet Expeditions wurde als „Reiseclub" 1989 gegründet und startete mit einer Boeing 727 zu den Clubflügen. Im Jahre 1991 beteiligte sich die spanische Oasis und weitere private Investoren am Kapital der Pee Jay und erweiterte die Aktivitäten zu einem Charter-und Linienunternehmen. Ende 1991 erfolgte die Ablieferung der ersten MD-83, diese wird das künftige Standardflugzeug der Gesellschaft sein. Private Jet zählt zu den „Discount"-Airlines in USA und bedient überwiegend nachfragestarke Strecken, mehrmals täglich, in Konkurrenz zu etablierten Gesellschaften.

Routen

Atlanta, Chicago, Miami, Newark weiter auch Charterflüge in die Karibik und zu den Ferienresorts innerhalb der USA.

Flotte

12 McDonnell Douglas MD-83
1 McDonnell Douglas MD-87
1 McDonnell Douglas MD-82
1 Boeing 727-100

Foto: Boeing 767-200ER (Josef Krauthäuser/Bangkok)

QANTAS

P.O.Box 489, International Square,
Sydney NSW 2000, Tel. 6122363636
Australien

3 L-Code	IATA-Nr.	ICAO-Callsign
QFA	81	Qantas

Geschichte:

Im Jahre 1990 feierte Queensland and Northern Territory Aerial Service Ltd., abgekürzt QANTAS, das 70jährige Bestehen. In Longreach wurden zwei Avro 504 stationiert, zunächst waren Taxi- und Rundflüge möglich, die ersten Strecken von Charleville nach Cloncurry wurden 1922 geflogen. Mit Qantas-Maschinen konnte auch der berühmte Flying Doctor Service aufgebaut werden, das war im Jahre 1928. In Zusammenarbeit mit Imperial Airways bediente Qantas die Route London-Brisbane, Qantas auf der letzten Etappe von Singapur nach Brisbane. 1934 nannte sich die Gesellschaft bis 1967 dann Qantas Empire Airways. QEA setzte, wegen größerer Kapazitäten, bis zum Ausbruch des 2. Weltkrieges auf dieser Strecke die Short „Empire"-Flugboote ein, die Strecke wurde bis Sydney geführt. Während des Krieges führte QEA Flüge für die Streitkräfte durch, der Flugverkehr in Australien selbst kam fast zum Erliegen. Nach dem Krieg konnte die gesamte Flotte modernisiert werden, Lockheed Constellation, DC-3 und DC-4 angeschafft. 1947 übernahm die australische Regierung die Aktienmehrheit der Qantas. Mit Lieferung von sieben Boeing 707 stieg auch Qantas ins Jet-Zeitalter ein. Neue Möglichkeiten und Routen werden erschlossen. Die erste Boeing 747 wird im August 1971 geliefert, gleichzeitig eine neue Bemalung der Flugzeuge eingeführt. Als zweite Generation von Großraumflugzeugen wird die Boeing 767 ab 1985 angeschafft. Mit Einführung dieser Flugzeuge wird auch wieder ein neues Livery eingeführt, das heutige bekannte. 1993 kommt es zur Übernahme von Australian Airlines.

Routen

Flüge nach Japan, Europa, USA, nach Harare, Argentinien, Kanada und Fernost, sowie dem Pazifikbereich und nach Übernahme von Australian auch ein dichtes Inlandsnetz.

Flotte		Bestellt
18 Boeing 747-400	33 Boeing 737-300	2 Boeing 767-300ER
2 Boeing 747SP	4 Airbus A 300 B4	9 Airbus A 320
7 Boeing 747-200		
6 Boeing 747-300		
20 Boeing 767-200/300ER		

Foto: NAMC YS-11A

REEVE ALEUTIAN

4700 West Intl. Airport Road
Anchorage, Alaska, 99502, Tel. 907-2431112
USA

3 L-Code	IATA-Nr.	ICAO-Callsign
RVV	338	Reeve

Geschichte:

1932 wurde die Gesellschaft von Bob Reeve in Valdez, Alaska gegründet. Künftig flog sie mit dem Namen Reeve Airways für verschiedene Firmen Charterdienste. 1948 schrieb die US-Regierung Flüge zu den Aleuten-Inseln im nordwestlichsten Teil der USA aus. Diese Lizenz erhielt Reeve für zunächst fünf Jahre auf Grund seiner Erfahrungen auf der 2800 km langen Strecke. DC-3 war die geeignete Maschine um diese unwirtlichen und wenig besiedelten Stationen zu erreichen. Mit DC-4 konnte auch die Gruppe der Pribilof-Inseln erschlossen werden. 1962 schließlich kommen DC-6 zur Flotte, 1968 werden Lockheed Electra und 1983 die Boeing 727 eingeführt. Einzige Linienverbindung außerhalb Alaskas ist die Verbindung nach Seattle. Da Reeve Aleutian zur Versorgung der Inseln mit kombinierten Fracht/Passagiermaschinen fliegt ist der Passagieranteil geringer als bei anderen Fluggesellschaften.

Routen

Linien-und Charterflüge von Anchorage nach Seattle und zu Zielen auf den Aleuten.

Flotte

2 Boeing 727C
3 Lockheed L-188 Electra
3 YAMC-YS-11A

Foto: McDonnell Douglas MD-82 (Martin Bach/Reno)

RENO AIR

690 East Plumb Lane, Reno NV 89500
Tel. 702829-5750
USA

3 L-Code	IATA-Nr.	ICAO-Callsign
ROA	384	Reno Air

Geschichte:

Die 1990 gegründete Reno Air erhält im April 1992 die Bewilligung für Flüge zwischen Reno und Los Angeles und nahm den Flugbetrieb zu diesen Zielen im Juni 1992 auf.
Mit günstigen Flugpreisen und gutem Service wirbt Reno Air für ihre Flüge und weitet das Streckennetz zügig aus. Waren Ende 1992 sieben MD-82 im Einsatz, so konnte durch Käufe und Leasing die Flotte Ende 1993 auf mehr als die doppelte Menge Flugzeuge erweitert werden. Unrentable Strecken werden konsequent gestrichen und zu Gunsten neuer Verbindungen aufgegeben. Basis des Flugbetriebs und Hub ist Reno-Cannon International Airport.

Routen

Burbank, Las Vegas, Los Angeles, Ontario, Orange County, Phoenix, Portland, Reno, San Diego, San Jose, Seattle, Tucson.

Flotte

17 McDonnell Douglas MD-82/83

Foto: DeHavilland DHC-8-100

RHEINTALFLUG

Flugplatz, 6845 Hohenems
Tel. 05576-3222
Österreich

3 L-Code	IATA-Nr.	ICAO-Callsign
RTL	915	Rheintal

Geschichte:

1977 als Bedarfsfluggesellschaft gegründet, werden ab 1984 regelmäßige Flüge von Hohenems (Vorarlberg) nach Wien durchgeführt. 1988 schließlich kann eine neue Route, vom benachbarten Flughafen Altenrhein (Schweiz) nach Wien eingerichtet werden. Als Fluggerät kommt eine Grumman Jetprop Commander 900 zum Einsatz. Mit einer täglichen Tagesrandverbindung verbindet Rheintalflug ab Herbst 1989 auch Friedrichshafen mit Wien. Hier kommt eine DeHavilland DHC-8-100 zum Einsatz. Inzwischen werden nur noch DHC-8 eingesetzt. 30000 Passagiere nutzten im Jahre 1993 die Flüge dieser Regionalfluggesellschaft.

Routen

Hohenems/Bregenz, Altenrhein, Zürich, Friedrichshafen nach Wien. Darüberhinaus auch Charter und Bedarfsflugverkehr.

Flotte

3 DeHavilland DHC-8/100
1 Cessna 414

Foto: Boeing 757-200

ROYAL AIR MAROC

Aeroport Arifa, Casablanca
Tel. 364184
Marokko

3 L-Code	IATA-Nr.	ICAO-Callsign
RAM	147	Marocair

Geschichte:

Der Name Royal Air Maroc wurde am 28. Juni 1957 eingeführt, nachdem Marokko die Unabhänigkeit von Spanien und Frankreich erlangte. Die staatliche Royal Air Maroc geht hervor aus der Societe Air Atlas und Avia Maroc Aerienne, die beide gemeinsam die Compagnie Cherifienue de Transport Aerien (CCTA) bildeten. Zunächst wurden nur Inlandsflüge und einige Strecken nach Frankreich bedient. 1957 kam eine Lockheed Constellation zum Einsatz und bediente die neu eingeführten internationalen Strecken. Bereits im Juli 1958 erhielt Air Maroc die erste Caravelle. Für die Langstrecken wurde ab 1975 die Boeing 707 gekauft. Für Regional-und Mittelstrecken ist die Boeing 727 ab 1970 im Einsatz. Mit Ablieferung der ersten Boeing 757 im Juli 1986 wurde ein Erneuerungsprogramm der Flotte durchgeführt, die erste ATR-42 konnte am 24. 3. 1989 übernommen werden. Diese kommt auf den Inlandsrouten zum Einsatz. 1993 erhielt RAM auch wieder ein neues Großraumflugzeug, eine Boeing 747-400.

Routen

Nach Europa, Nordafrika, Mittlerer Osten, USA, Südamerika sowie zahlreiche Charterdienste.

Flotte

1 Boeing 747SP
1 Boeing 747-200
2 Boeing 707-300
2 Boeing 757-200
1 Boeing 747-400

5 Boeing 737-500
10 Boeing 727-200
4 Boeing 737-400
6 Boeing 737-200
3 ATR-42

Foto: Boeing 767 (Josef Krauthäuser/Bangkok)

ROYAL BRUNEI

P.O.Box 737, Bandar Seri Begawan
Tel. 40500
Brunei

3 L-Code	IATA-Nr.	ICAO-Callsign
RBA	672	Brunei

Geschichte:

Royal Brunei Airlines ist als nationale Fluggesellschaft im Januar 1975 gegründet worden. Mit zwei Boeing 737 wurde der Flugbetrieb aufgenommen. Am 6. Mai 1986 wurde die kleine, aber feine Flotte um zunächst eine Boeing 757 erweitert. Mit Auslieferung dieser Maschine erhielt Royal Brunei auch ein neues Farbschema an allen Flugzeugen. Mitte 1990 eröffnete Royal Brunei mit der Boeing 757 auch eine Verbindung nach Frankfurt. Ende 1990 traf noch eine Boeing 767-200 ein. Der 1993 gelieferte Airbus A340 dient dem Sultan von Brunei als Reiseflugzeug.

Routen

Bangkok, Darwin, Dubai, Jakarta, Kota Kinabalu, Kuala Lumpur, Kuching, Manila, Perth, Singapur, Taipei, London, Zürich, Frankfurt und Hongkong findet man im Liniennetz.

Flotte

3 Boeing 757-200
5 Boeing 767-300ER
1 Boeing 727-200Adv.
1 Airbus A 340

Foto: Airbus A 310-300

ROYAL JORDANIAN

P.O.Box 302, Amman
Tel. 06-672872
Jordanien

3 L-Code	IATA-Nr.	ICAO-Callsign
RJA	512	Jordanian

Geschichte:

König Hussein erklärte am 8. Dezember 1963, kraft Gesetz, die Gründung der jordanischen nationalen Fluggesellschaft mit Namen „ALIA". Mit zwei Handley Page Herald und einer DC-7 wurde der Flugbetrieb von Amman nach Beirut, Kairo und Kuwait aufgenommen. 1964 kam die zweite DC-7 zur Flotte. Mit Einführung von SE 210 Caravelle wird erstmals 1965 eine europäische Route nach Rom eröffnet. Es folgen Paris und London 1966. Im israelisch-arabischen „6-Tage-Krieg" werden die DC-7 zerstört und später durch F-27 ersetzt. 1969 wird das Streckennetz um München, Istanbul und Teheran ergänzt, 1970 folgt Frankfurt. 1971 erhält ALIA die ersten Boeing 707, die Caravelle wird im Jahre 1973 durch Boeing 727 ersetzt und 1977 schließlich zwei Boeing 747 „Jumbos" gekauft. 1984 erfolgt die Aufnahme der Flüge in die USA, nach New York und Los Angeles. 1986 wird das Erscheinungsbild der Gesellschaft mit Einführung des Airbus A 310, geändert. ALIA heißt künftig Royal Jordanian. Im Golfkonflikt erleidet die Gesellschaft schwere Einbrüche, so daß einige Flugzeuge verleast werden. 1992 werden Berlin, Djakarta und Aden neu ins Liniennetz genommen, ebenso erfolgte die Wiederaufnahme der Flüge nach Athen.

Routen

Mittlerer Osten, Europa mit Wien, Athen, Berlin, Frankfurt und Zürich, USA, Bangkok, Djakarta und Singapur werden regelmäßig bedient. Charterflüge überwiegend als Pilgerflüge.

Flotte

3 Boeing 707-320 CF
2 Boeing 727-200
5 Lockheed L-1011-500
6 Airbus A 310-300
2 Airbus A 320

Foto: Boeing 757-200

ROYAL NEPAL AIRLINES

RNAC Buildg., P.O.Box 401, Kantipath,
Kathmandu, 711000, Tel. 9771220757
Nepal

3 L-Code	IATA-Nr.	ICAO-Callsign
RNA	285	Royal Nepal

Geschichte:

Royal Nepal Airlines Corporation Ltd. wurde von der Regierung am 1. Juli 1958 gegründet. Mit der eigenen Fluggesellschaft wurde die bis zu diesem Zeitpunkt im Auftrag tätige Indian Airlines abgelöst. DC-3, später Fokker F-27 Friendship waren die idealen, weil anspruchslosen Flugzeuge für das rauhe Klima Nepals. Ab 1970 kamen drei HS-748 zum Einsatz, ab 1972 die erste Boeing 727. Bis dahin mußte allerdings der Flugplatz von Kathmandu ausgebaut werden. Ein schwieriges Unterfangen und bis heute ist es noch nicht möglich, dort mit Jumbos zu starten und landen. Mit der Boeing 727 wurde eine Verbindung nach Delhi eröffnet. Die Lieferung der ersten Boeing 757 bedeutet gleichzeitig eine Erneuerung der Flotte. Frankfurt wird seit Winter 89/90 erstmals bedient.

Routen

Bangkok, Kalkutta, Delhi, Dhakka, Dubai, Frankfurt, Hongkong, Karachi, London, Singapur und zu 10 regionalen Zielen in Nepal.

Flotte

2 Boeing 757-200
2 Boeing 727-100
3 BAe HS- 748
9 DeHavilland DHC-6
1 Pilatus Turbo Porter PC-6

Foto: BAe BAC 1-11-500 (Martin Bach/Fairford)

RYANAIR

College Park House, Nassau Street Dublin 2
Tel. 01-794444
Republik Irland

3 L-Code	IATA-Nr.	ICAO-Callsign
RYR	224	Ryanair

Geschichte:

Erst 1984 gegründet, zählt die Ryanair doch schon als Konkurrenz für Aer Lingus, was den Regionalverkehr und Flüge nach Großbritannien angeht. Keine Fluggesellschaft bedient mehr Plätze in Irland, insgesamt 9 Flughäfen, als Ryanair. Zum Einsatz kommen ATR-42 und BAC/Rombac 1-11. Von Aer Lingus wurde auch der Flug Dublin-München übernommen. Diese Strecke bedient Ryanair seit 1988. Eine neue Bemalung der Flugzeuge wurde 1992 eingeführt. Im Finanzjahr 92/93 der Gesellschaft wurden 120000 Passagiere befördert.

Routen

Regionaldienste in Irland und Großbritannien. Ab 9 irischen Flughäfen nach Luton, Birmingham, Cardiff, Coventry, Leeds, Liverpool, Manchester. Charterflüge nach Deutschland.

Flotte

3 ATR-42
6 BAe/Rombac-BAC 1-11

Foto: Boeing 727-100 (Sammlung B. I. Hengi)

RYAN INTERNATIONAL AIRLINES

1600 Airport Road, Wichita, KS 67209
Tel. 316-9420141
USA

3 L-Code	IATA-Nr.	ICAO-Callsign
RYN	—	Ryan International

Geschichte:

Seit 1973 existiert Ryan Aviation, eine Gesellschaft die als Unterauftragnehmer Charterflüge betreibt. Ryan International ist ein Teilbereich dieser Operationen bis zum Verkauf 1985 an die PHH-Gruppe. Im Februar 1989 kaufte Ronald Ryan die Firma zurück und begann mit acht DC-9 und neun B-727 für die US-Post einen Frachtdienst ab Indianapolis. Mit weiteren Boeing 727 ist die Gesellschaft im Auftrag für Emery Worldwide tätig. Eine weitere Tätigkeit suchte Ryan im Pazifik. Ab Saipan fliegt eine Boeing 727 fangfrischen Fisch nach Japan. Für einen Reiseveranstalter steht in Cleveland eine weitere Maschine für Passagierflüge bereit. Ryan International operiert zur Zeit keine Maschinen in eigenen Farben, alle Flugzeuge haben die Bemalung der jeweiligen Auftraggeber, nur ein kleiner Schriftzug benennt den Operator.

Routen

Umgangreiche Frachtrouten im Auftrag der US-Post, für Emery Worldwide und andere.

Flotte

7 McDonnell Douglas DC-9-15F
20 Boeing 727F
1 Boeing 727C

Foto: Boeing 737-200 Adv. (Thomas Ziegler/München FJS)

SABENA WORLD AIRLINES

35 rue Cordinal Mercier 1000 Bruxelles/Brussels
Tel. 02-7233111
Belgien

3 L-Code	IATA-Nr.	ICAO-Callsign
SAB	82	Sabena

Geschichte:

Am 23. Mai 1923 wurde die Societe Anonyme Belge d'Exploitation de la Navigation Aerienne (SABENA) gegründet. Hauptaugenmerk war die Erschließung der damaligen Kolonie Belgisch-Kongo und den Aufbau einer Verbindung mit dem Mutterland. 1938 beflog SABENA in Europa ein Streckennetz von 5970 km. Nach dem Kriege baute SABENA ihr Streckennetz sehr schnell aus. DC-3 Flugzeuge waren in Europa im Einsatz, diese wurden 1950 durch Convair CV 240 ersetzt. Ab 1947 gab es bereits eine Verbindung nach New York mit DC-4, später DC-6, ebenso von Brüssel in den Kongo. Ab 1957 folgte die berühmte DC-7 „SevenSeas". Einschneidende Veränderungen gab es für SABENA 1960 durch Gründung des Staates Zaire und die Aufgabe der früheren Strecken im Kongo. Im Jahre 1960 kamen auch die ersten Boeing 707 zur Flotte und wurden nach USA eingesetzt. Für die europäischen Strecken kam die SE 210 Caravelle zum Einsatz, ab 1967 die Boeing B-727 und ab 1973, die Boeing B-737. Die Boeing B-737-200 wurde dann ab 1987 um die modernere B-737-300 ergänzt. 1971 und 1974 hielt dann auch Widebody-Gerät seinen Einzug bei SABENA. Mit DC-10 und B-747werden heute die Langstrecken bedient. Die im Jahre 1984 erhaltenen Airbus A 310-300 werden auf starkfrequentierten Strecken eingesetzt. Mit Air France ging Sabena 1993 eine enge Partnerschaft ein, diese führte zu einer 49%igen Beteiligung von AF an Sabena.

Routen

Besonders stark vertreten sind die Strecken ab Brüssel nach Afrika, hier alleine werden 27 Destinationen angeboten. Das Streckennetz reicht aber bis in den Fernen Osten, nach USA und zu allen Großstädten in Europa.

Flotte		Bestellt
1 Boeing 747-100	1 Airbus A 310-200	2 Airbus A 340
2 Boeing 747-300	2 Airbus A 310-300	
2 DC-10-30	6 Boeing 737-300	
1 Boeing 747-200	13 Boeing 737-200	
6 Boeing 737-500	3 Boeing 737-400	

Foto: Boeing 727-200 Adv. (Björn Kannengiesser/Miami)

SAETA

Avenida C. J. Arosemeria KM 2.5. Guayaquil
Tel. 203559
Ecuador

3 L-Code	IATA-Nr.	ICAO-Callsign
SET	156	Saeta

Geschichte:

SAETA SA-Ecuatoriana de Transportes Aereos begann als Bedarfsfluggesellschaft mit DC-3. Die 1967 gegründete Gesellschaft stieg aber bereits 1969 ins Liniengeschäft ein mit Verbindungen von Quito nach Guayaquil, Esmeraldas und Tulcan. Zum Einsatz kamen zwei Vickers Viscount. Im Juni 1975 konnten diese mit SE 210 Caravelle ersetzt werden. Für Kurzstrecken kam auch zeitweise eine DHC-6 Twin Otter zum Einsatz. Mit einer 1981 gelieferten Boeing 727 begann SAETA auch mit Flügen ins benachbarte Ausland. Neuestes Fluggerät ist Airbus A 310-300 der ab 1992 zum Einsatz kommt. 1993 übernahm man von Ecuatoriana die Strecken nach New York und Miami.

Routen

Bogota, Curacao, Guayaquil, Esmeraldas, Los Angeles, Miami, New York, Panama, Quito.

Flotte

2 Airbus A310-300
1 Boeing 707-300
1 Boeing 727-200 Adv.
2 Boeing 727-100

Foto: Boeing 737-200

SAHSA

Ave. Colon y 4 a Calle, Teguciagalpa
Tel. 2201-31234
Honduras

3 L-Code	IATA-Nr.	ICAO-Callsign
SHA	274	Sahsa

Geschichte:

Mit Unterstützung von Pan American World Airways, die 40 % der Anteile hielten, gründeten im Jahre 1944 hondurianische Geschäftsleute diese Fluggesellschaft. Mit einer DC-3 wurde der Flugbetrieb im Oktober 1945 aufgenommen. Bereits 1953 wurden TACA de Honduras und 1957 auch ANSAH mehrheitlich übernommen. Pan American verkaufte die SAHSA-Anteile 1970 an TAN. Neben der DC-3 kamen Convair 440, Convair 580, Curtiss C-46 und Lockheed L-188 Electra zum Einsatz. Im Januar 1974 erhielt SAHSA mit der Boeing 737 ihren ersten Jet. Weitere Boeing 737 ersetzten die älteren Propeller-Flugzeuge.

Routen

Belize, Guatemala City, Houston, La Ceila, Managua, New Orleans, Panama, San Andres, San Jose, San Pedro Sula, San Salvador.

Flotte

4 Boeing 737-200
2 DC-3
1 Lockheed L-188 Electra

Foto: Boeing 747-100

SAUDIA

P.O.Box 620, Jeddah
Tel. 6860000
Saudi-Arabien

3 L-Code	IATA-Nr.	ICAO-Callsign
SDI	65	Saudia

Geschichte:

Saudia, National Carrier des Königreiches von Saudi Arabien wurde Ende 1946 als Saudi Arabian Airlines Corporation gegründet. Mit DC-3 begann ab 14. März 1947 der Flugverkehr. Zu Beginn der 50er Jahre kamen fünf Bristol Freighter 21, DC-4 und Convair 340 zum Einsatz. Das Jet-Zeitalter begann für Saudia im April 1962 mit Einführung der Boeing 720 B. Mit diesem Flugzeugtyp stieg die Gesellschaft auch ins Langstreckengeschäft ein. Es wurden Kairo, Karachi und Bombay, 1968 auch Ziele in Europa mit London, Rom, Genf und Frankfurt erschlossen. 1975 erhielt Saudia mit der Lockheed L-1011 das erste Großraumflugzeug und im Juni 1977 dann auch Boeing 747. Die stets sehr vorsichtige Expansionspolitik machte Saudia über Jahre hinweg zur größten Fluggesellschaft im arabischen Raum und mit etwa 11 Millionen Fluggästen gehört Saudia zu den weltweit größten internationalen Gesellschaften. Unter Saudia-Flagge sind nicht nur die Maschinen des saudischen Königshauses, sondern auch noch weitere Regierungsmaschinen im Einsatz. Saudia will die gesamte Flotte Mitte der 90er Jahre erneuern, konkrete Kaufabsichten wurden jedoch noch nicht geäußert.

Routen

Etwa 30 Ziele im Inland und weitere 50 im Ausland wie Kairo, Casablanca, Nairobi, Amsterdam, Athen, Frankfurt, Genf, Istanbul, London, Madrid, Paris, Rom, Bangkok, Bombay, Delhi, Jakarta, Manila, Tokio, Seoul, New York und Washington.

Flotte

2 Boeing 747SP
8 Boeing 747-100
10 Boeing 747-300
2 Boeing 747-200
19 Boeing 737-200 Adv.
11 Airbus A 300-600
17 Lockheed L-1011 TriStar
1 McDonnell Douglas DC-8-63

Foto: Boeing 767-300ER (Josef Krauthäuser/Bangkok)

SCANDINAVIAN-SAS

16187 Stockholm-Bromma
Tel. 08-7970000
Schweden

3 L-Code	IATA-Nr.	ICAO-Callsign
SAS	117	Scandinavian

Geschichte:

SAS-Scandinavian Airlines entstand am 1. August 1946 durch Fusion der DDL (Dänemark), DNL (Norwegen) und ABA (Schweden). Die Erkenntnis, daß diese drei Länder keinen eigenständigen Luftverkehr betreiben könnten, ließ nach dem Krieg alte Pläne von 1940 wieder aufleben. Mit einer DC-4 nimmt SAS am 16. 9. 1946 den Liniendienst zwischen Stockholm, via Kopenhagen, nach New York auf. Ende 1946 wurde Buenos Aires bedient und 1949 bereits Bangkok angeflogen. Mit der leistungsfähigeren DC-6 startete SAS 1953 erstmals nach Johannesburg. Pionierleistungen vollbrachte SAS bei Erkundung der Polrouten nach Los Angeles und Tokio, die in den Jahren 1954 und 1957 jeweils aufgenommen wurden. In Europa kamen neben der DC-3 auch Saab Scandia und Convair 440 zum Einsatz. Erster Jet der SAS war die SE 210 Caravelle, die erste Maschine konnte im April 1959 auf der Strecke Kopenhagen-Beirut eingesetzt werden. Für Interkontinentalstrecken folgte 1960 die DC-8, welche die DC-6 und DC-7 ersetzte. Anfang 1971 folgte mit der Boeing 747 auch das erste Großraumflugzeug. Ergänzt wurde in den späten siebziger Jahren die SAS-Flotte durch DC-10-30 und A 300B4. Strukturelle Veränderung der Gesellschaft und Anpassung der Kapazitäten führten Mitte der achtziger Jahre dazu, die Boeing 747 und Airbus A 300 zu verkaufen. Bestellt wurden MD-80 und Boeing 767 Flugzeuge. Diese werden inzwischen auf allen Strecken eingesetzt. SAS ist an mehreren anderen Fluggesellschaften beteiligt, ist im Catering-, im Hotelgeschäft und in weiteren Branchen tätig. 1993 wurde Linjeflyg vollständig übernommen, mit anderen Airlines die Zusammenarbeit verstärkt.

Routen

Dichtes Liniennetz in den beteiligten Ländern Schweden, Norwegen und Dänemark. Tokio, Los Angeles, New York, Bangkok, Singapur, Südamerika, Afrika und Ziele in Europas wichtigste Städte.

Flotte

36 McDonnell Douglas DC-9-21/41
16 McDonnell Douglas MD-87
48 McDonnell Douglas MD-81/82/83
14 Boeing 767-300ER
3 Boeing 737-300
11 Boeing 737-500
19 Fokker F-28

Bestellt

3 Boeing 737-500
2 Boeing 767-200
6 McDonnell Douglas MD-90

Foto: Airbus A320-200 (Frank Schorr/München FJS)

SHOROUK AIR

1191 Corniche EL Nil, Kairo
Tel. 771400
Ägypten

3 L-Code	IATA-Nr.	ICAO-Callsign
SHK	273	Shorouk

Geschichte:

Shorouk Air ist eine 1992 gegründete Joint Venture-Gesellschaft von Egypt Air und Kuwait Airways. Basis und Wartungsbetrieb ist in Kairo. Geplant sind Charterflüge von Westeuropa nach Ägypten, sowie Linienflüge im nahen Osten. Mit den bestellten Boeing 757-200F sind Frachtflüge für Kuwait Air vorgesehen. Auch fliegt Shorouk im Subcharter für Air Sinai und Egyptair.

Routen

Kairo, Berlin, Beirut, Düsseldorf, Frankfurt, Hamburg, München.

Flotte	Bestellt
2 Airbus A 320-200	3 Airbus A 320-200 6 Boeing 757-200F

Foto: Boeing 737-300 (Björn Kannengiesser/Singapur)

SILKAIR

77, Robinson Road 01-06 SIA Buildg
Singapore 0106, Tel. 2212277
Singapur

3 L-Code	IATA-Nr.	ICAO-Callsign
SLK	629	Silkair

Geschichte:

Als Tochtergesellschaft von Singapore Airlines wurde Tradewinds 1975 gegründet. Bis 1988 wurden vom Seletar Airport einige Flüge in der Region durchgeführt. Als Chartergesellschaft mietete man das Fluggerät von SIA. Mit Einsatz der MD-87 und Flügen im Liniendienst zu fünf Destinationen in Malaysia und Brunei wurde Tradewinds inzwischen zur zweiten Linienfluggesellschaft Singapurs. 1991 wurde die Gesellschaft in Silkair umbenannt. Neue Verbindungen nach Cebu, Medan, Phnom Penh und Ho Chi Minh City wurden aufgenommen. Neben Linienflügen werden auch weiter Charterdienste angeboten.

Routen

Von Singapur nach Kota Kinabalu, Kuala Lumpur, Cebu, Medan, Phnom Penh u. a.

Flotte

4 Boeing 737-300
1 Airbus A 310-200

Foto: Boeing 747-300

SINGAPORE AIRLINES

P.O.Box 501, Singapore 9181
Tel. 5423333
Singapur

3 L-Code	IATA-Nr.	ICAO-Callsign
SIA	618	Singapore

Geschichte:

Singapore Airlines ging am 1. 10. 1972 aus der ehemaligen MSA hervor, als die bis dahin von Singapur und Malaysia gemeinsam betriebene Fluggesellschaft aufgelöst wurde. Von MSA wurden Boeing 707 und 737 übernommen. Bereits 1973 wurde aber auf Boeing 747-200 umgestellt. Seither gehört Singapore Airlines zu den Gesellschaften, die eine besonders lebhafte Expansionsphase durchliefen. Mit Zulauf weiterer Boeing 747 konnten Strecken nach Australien, Neuseeland, USA und Europa ausgebaut werden. 1979 über Honolulu nach San Francisco wurde bereits täglich geflogen. 1992 führte eine neue Route über Frankfurt nach New York. Die Passagierzahlen kletterten auf knapp 9 Millionen. Singapore erhält regelmäßig die besten Auszeichnungen für Service und Qualität.

Routen

Singapore Airlines bedient etwa 60 Städte in insgesasmt 37 Ländern von Neuseeland, Australien, USA, Japan, Korea, Philippinen, China, Hongkong, Mauritius, Indien, Pakistan, Golfregion bis nach Europa. Hier werden Frankfurt, Zürich und Wien bedient.

Flotte	Bestellt
21 Boeing 747-400	2 Airbus A 310-300
14 Boeing 747-300	20 Boeing 747-400
4 Boeing 747-200	7 Airbus A 340-300
3 Boeing 747F	
21 Airbus A 310-300	

Foto: Boeing 737-400 (Uwe Gleisberg/München FJS)

SOBELAIR

131, Ave. Frans Courten 1030 Bruxelles
Tel. 022162175
Belgien

3 L-Code	IATA-Nr.	ICAO-Callsign
SLR	—	Sobelair

Geschichte:

Societe Belge de Transports par Air SA wurde am 30 Juli 1946 etabliert. Diese Gesellschaft sollte Charterflüge vorzugsweise nach Belgisch-Kongo durchführen. Diese Flüge erfolgten mit DC-4. 1948 übernahm SABENA die Mehrheit der Anteile an Sobelair. Von 1957 bis 1962 wurden mit Cessna 310 im Auftrag von SABENA ein inländisches Streckennetz aufgebaut. Neben einer DC-6 erhielt Sobelair auch ex SABENA SE 210 Caravelle als erstes Jetgerät. Seit den frühen 60er Jahren werden überwiegend nur noch Charterflüge in die bevorzugten Ferienregionen des Mittelmeeres durchgeführt. Nachdem 1988 die letzte Boeing 707 verkauft wurde, sind bei Sobelair nur noch Boeing 737 im Einsatz. In Anlehnung an die neue Bemalung von Sabena führt im Frühjahr 1993 auch Sobelair eine solche ein.

Routen

Ziele im Mittelmeergebiet, den Kanarischen Inseln und Nordafrika und sonstige Subcharter oder Charterflüge.

Flotte

4 Boeing 737-200 Adv.
1 Boeing 737-300
2 Boeing 737-400

Foto: Boeing 737-400 (Uwe Gleisberg/Cairns)

SOLOMONS

P. O. Box 23, Honaira
Tel. 30704
Solomon-Inseln

3 L-Code	IATA-Nr.	ICAO-Callsign
SOL	193	Solomon

Geschichte:

Solair, eine Tochtergesellschaft von Macair (Melanesian Airline Charter Company) wurde 1968 gegründet. Vorausgegangen war die Übernahme der Routen von Megapade Airways, einer Gesellschaft die von Papua Neuguinea aus die Salomon Inselhauptstadt Honaira bediente. Der Erstflug als Solair war am 1. Juni 1968. Im Jahre 1975 ging Solair an Talair, einer Gesellschaft ebenfalls aus Neuguinea. Erst nach einiger Zeit ging Solair dann in die Hände der Inselverwaltung über. Diese erhielt im Jahre 1979 49 % der Anteile, schließlich 1982 und 1985 alle Anteile an Solair. Den heutigen Namen, Solomon Airlines, führte man Anfang 1990 ein.

Routen

Auckland, Brisbane, Cairns, Honaira, Nadi, Port Moresby, sowie etwa 20 Ziele auf den Salomon Inseln.

Flotte

2 Pilatus BN2-Islander
1 DeHavilland DHC-6-300
1 Piper Aztec
1 Boeing 737-400

Foto: Boeing 747-200 (Uwe Gleisberg/München FJS)

SOUTH AFRICAN AIRWAYS

39, Wolmarans Street, Johannesburg
2000, Transvaal, Tel. 713-2600
Rep. Südafrika

3 L-Code	IATA-Nr.	ICAO-Callsign
SAA	83	Springbok

Geschichte:

South African Airways wurde mit Übergang der Union Airways an die Regierung, im Jahre 1934 gegründet. Mit Junkers F 13, W 34, Ju 52 und Ju 86 wurden bis Ausbruch des 2. Weltkrieges zahlreiche Strecken, u. a. bis Nairobi beflogen. Im November 1945 erfolgte die Aufnahme des „Springbok"-Dienstes nach London. Zum Einsatz kamen DC-4, DC-7 und Lockheed Constellation. Mit diesem Typ eröffnete SAA 1957 einen Kurs nach Perth in Australien, mit Einführung der Boeing 707 im Jahre 1960 wurde diese Linie bis Sydney verlängert, eine weitere Langstrecke nach Rio de Janeiro im Jahre 1969 eröffnet. Aus politischen Gründen, viele afrikanische Staaten entzogen die Überflugrechte, mußte SAA seine Linien auf wenige europäische Ziele beschränken. Um Direktflüge durchführen zu können, wurden Boeing 747SP und später Boeing 747-300 mit extremer Reichweite geordert. Zum Ausbau des regionalen und inländischen Dienstes, wurden Airbus A300 und Boeing 737 bestellt die die Vickers Viscount und ältere Typen ablösen. Nach der Unabhängikeit Namibias und einem politischen Ausgleichskurs, erhält SAA jetzt wieder mehr Linienrechte in Afrika. 1992 fliegt SAL/SAA einen wöchentlichen Kurs nach München, der 1993 auf 2 Flüge erhöht wird. Neu sind auch Flüge nach Hamburg. Für Frachtflüge wird erstmals russisches Gerät beschafft, in Form von IL-76.

Routen

Abidjan, Amsterdam, Hongkong, Hamburg, Lissabon, London, Manchester, München, Paris, Port Louis, Rio de Janeiro, Rom, Taipeh, Tel Aviv, Wien, Zürich. Regional fliegt SAL noch zu etwa 15 Destinationen im südlichen Afrika.

Flotte

17 Boeing 737-200	6 Boeing 747-200
8 Airbus A 300 B4	2 Boeing 747-300
3 Boeing 747SP	4 Boeing 747-400
4 IL-76	7 Airbus A 320-200

Foto: Boeing 737-300

SOUTHWEST AIRLINES

P. O. Box 37611 Love Field, Dallas
Texas 75235, Tel. 214-9021100
USA

3 L-Code	IATA-Nr.	ICAO-Callsign
SWA	526	Southwest

Geschichte:

Unter dem Namen Air Southwest trat am 15. März 1967 die Gesellschaft erstmals in Erscheinung. Es dauerte aber noch einige Zeit bis der Flugbetrieb aufgenommen werden konnte. Die etablierten Gesellschaften wollten mit allen Mitteln den unbequemen Neuling am Fliegen hindern, hatte dieser doch vor, eine „Einklassengesellschaft“ zu besonders günstigen Preisen zu verwirklichen. Im März 1971 wurde der Name geändert in Southwest Airlines und ab Juni 1971 konnte Southwest erstmals von Dallas nach Houston und San Antonio fliegen. Nach der US-Deregulation ging es dann kometenhaft aufwärts mit Southwest. Die kostenbewußt operierende Gesellschaft gilt als einer der Gewinner dieser Deregulation. Mit einer homogenen Flotte von Boeing 737 wurden Jahr für Jahr mehr Passagiere zu immer mehr Zielen in USA geflogen. Basis ist der Flughafen Love Field in Dallas, Texas.

Routen

Zu über 30 Zielen, vorwiegend im Südwesten der USA wie Austin, Dallas, Houston, Las Vegas, San Francisco, Los Angeles, San Antonio, San Diego, Tulsa.

Flotte	Bestellt
43 Boeing 737-200 80 Boeing 737-300 25 Boeing 737-500	47 Boeing 737-300

Foto: McDonnell Douglas MD-83 (Björn Kannengiesser/Salzburg)

SPANAIR

Airport P.O. Box 50086 Palma de Mallorca
07000, Tel. 71-492012
Spanien

3 L-Code	IATA-Nr.	ICAO-Callsign
SPP	—	Sunwing

Geschichte:

1987 gründeten die Reiseveranstalter Vingresor AB und Scandinavia & Viajes Marsoms SA eine eigene Charterfluggesellschaft mit Namen Spanair. Basis der Gesellschaft ist die Ferieninsel Mallorca. Mit fabrikneuen MD-83 werden vor allen Dingen skandinavische Urlauber an die spanischen Sonnenstrände geflogen, Spanair fliegt aber auch ab deutschen Flughäfen, ab Zürich und Salzburg. Mit Erhalt der Boeing 767-300ER im Jahre 1992 wurden auch Ziele in USA, Mexiko und der Karibik bedient. 1993 konnte Spanair erstmals 2 Millionen Passagiere befördern.

Routen

Charterflüge von Nord- und Mitteleuropa nach Spanien, den Balearen und Kanarische Inseln. Von Spanien nach New York, Orlando, Cancun, Puerto Plata, Punta Cona, Montevideo.

Flotte

9 McDonnell Douglas MD-83
2 Boeing 767-300ER

Foto: Fokker 50

SUDAN AIRWAYS

P. O. Box 253, Khartoum
Tel. 74133
Sudan

3 L-Code	IATA-Nr.	ICAO-Callsign
SUD	200	Sudanair

Geschichte:

Sudan Airways wurde 1947 von der sudanesischen Regierung gegründet. Mit Unterstützung der British Independent Airways konnte ein Strekennetz aufgebaut werden. Erste Verbindung ins Ausland war die Strecke nach Kairo, diese wurde mit DC-3 bedient. 1959 wurde eine Linienverbindung über Kairo-Athen-Rom nach London aufgenommen. Zum Einsatz kam Vickers Viscount, ab 1962 die Comet 4C. Die zweite Jet-Generation wurde in Form der Boeing 707 eingeführt. Mit dieser wurde auch regelmäßig Frankfurt angeflogen. Für Inlandsdienste wurden vorwiegend F-27 genutzt, diese werden ab Frühjahr 1990 von der modernen Fokker 50 abgelöst. Neu in der Flotte von Sudan sind ab 1992/93 auch jeweils Airbus A 310 und A 320.

Routen

Abu Dhabi, Athen, Bagdad, Bahrain, Bangkok, Belgrad, Bombay, Brüssel, Damaskus, Dharan, Dubai, Istanbul, Kairo, Jakarta, Jeddah, London, Ndjema, Nyala, Port Sudan, Tripolis.

Flotte

6 Boeing 707-300
2 Boeing 737-200
2 Fokker 50
3 DeHavilland DHC-6
1 Airbus A 310-300
1 Airbus A 320-200

Foto: Boeing 737-300 (Uwe Gleisberg/München FJS)

SUN EXPRESS

Falez Hotel, Konyaalti Merkii, 07050 Antalya
Tel. 473858
Türkei

3 L-Code	IATA-Nr.	ICAO-Callsign
SXS	—	Sunexpress

Geschichte:

Am 11. September 1989 gründeten Lufthansa (40% der Anteile) Turkish Airlines (40%) und türkische Investoren (20%) die Fluggesellschaft Sun Express mit Sitz in Antalya. Mit einer geleasten Boeing 737-300 konnte am 4. April 1990 der Flugbetrieb aufgenommen werden. Der Erstflug führte von Nürnberg nach Antalya. Zwei weitere Boeing 737-300 stießen 1991 zur Flotte, von Lufthansa wird außerdem zusätzliches Fluggerät bei Bedarf gemietet. Erstmals nach zwei Jahren Anlaufzeit und Verlusten konnte 1992/93 ein Gewinn erwirtschaftet werden.

Routen

Lebhafter Charterverkehr von Flughäfen in Deutschland, Österreich, Schweiz, England und weiteren westeuropäischen Ländern nach Izmir, Antalya und anderen türkischen Zielen.

Flotte

3 Boeing 737-300
1 Boeing 737-400

Foto: McDonnell Douglas MD-11 (B. I. Hengi/Zürich)

SWISSAIR

Postfach CH-8058 Zürich-Flughafen
Tel. 1-8121212
Schweiz

3 L-Code	IATA-Nr.	ICAO-Callsign
SWR	85	Swissair

Geschichte:

Am 26. März 1931 schlossen sich der Basler Luftverkehr (Balair) und Ad Astra Aero AG zur Schweizerischen Luftverkehrs AG zusammen. Das Unternehmen nannte sich Swissair und führte die Routen der Vorgängergesellschaften weiter. Zum Einsatz kamen Fokker F VIIb und die berühmte Lockheed Orion auf der Strecke Zürich-München. 1935 erwarb Swissair DC-2 und vor dem Kriege auch DC-3 die nach London zum Einsatz kamen. 1949 kamen Convair 240, später 440. 1947 wird Alpair Bern übernommen und die Swissair ist künftig der offizielle Carrier der Schweiz. DC-6B und DC-7 waren die letzten Propellermaschinen, die Swissair vor Einführung der Caravelle und der DC-8 hatte. Convair 990 Coronado wurden ab September 1961 in den Fernen Osten eingesetzt. Die erste DC-9 wird am 20. Juli 1966 ausgeliefert. Mit der Boeing 747 erhält die Swissair den ersten Jumbo-Jet im Januar 1971, gefolgt von der DC-10 ein Jahr später. Auch Airbus A 310, hier war Swissair Launching Customer, kamen zur Flotte die wiederum im Erneuerungsprozeß ist. So konnte man Anfang 1991 die erste MD-11 in Empfang nehmen. Swissair transportiert regelmäßig mehr Passagiere weltweit, als die Schweiz Einwohner hat. 1993 flogen etwa 8 Millionen mit Swissair. Swissair hält Mehrheitsbeteiligungen an Crossair, weitere Anteile bei Austrian, Delta Airlines. Eine 100%ige Tochtergesellschaft ist die fusionierte Balaircta.

Routen

Swissair fliegt nach USA, Kanada, Südamerika, Afrika, Mittlerer und Ferner Osten. Alle wichtigen Städte in Europa werden täglich, z. T. mehrfach bedient, so München, Wien, Salzburg, Frankfurt, Düsseldorf, Berlin, Hamburg, Stuttgart. Ausgangsflughäfen für alle Flüge der Swissair sind die Flughäfen Zürich, Genf und Basel.

Flotte	Bestellt
10 Fokker 100	1 McDonnell Douglas MD-11
25 McDonnell Douglas MD-81/82	19 Airbus A 321
10 Airbus A 310-200/300	
12 McDonnell Douglas MD-11	
5 Boeing 747-300	

Foto: Boeing 747 SP (Josef Krauthäuser/München-Riem)

SYRIANAIR

P.O.Box 417, Damaskus
Tel. 220700
Syrien

3 L-Code	IATA-Nr.	ICAO-Callsign
SYR	70	Syrianair

Geschichte:

Von der syrischen Regierung wurde die Gesellschaft im Oktober 1961 etabliert, nachdem die Vorgängergesellschaft „Syrian Airways“ (gegründet 1946) mit „Misrir“ die „United Arab Airlines“ bildeten. Diese Vereinigung hielt aber nur ein Jahr. Je nach politischer Ausrichtung der jeweiligen Regierung kommen sowohl westliche Typen, als auch Flugzeuge sowjetischer Bauart, zum Einsatz. Ab 1965 die SE 210 Caravelle, ab 1976 die Boeing 747 SP, daneben auch Tu-154 und Tu-134.

Routen

Von Damaskus gibt es Verbindungen innerhalb Syriens nach Aleppo, Latika, Kameschli. International reicht das Streckennetz von Delhi über diverse Destinationen im Mittleren Osten, Nordafrika nach Europa. Hier werden München, Frankfurt, Berlin-Schönefeld, Moskau, Rom, Prag, Kopenhagen und Paris bedient.

Flotte

6 Yakolew 40
1 Antonow 24
5 Antonow 26
6 Tupolev Tu-134B
3 Tupolev Tu-154M
4 Iljuschin IL-76M
2 SE 210 Caravelle
2 Boeing 747 SP
3 Boeing 727-200Adv.

Foto: Lockheed L-1011-500 TriStar

TAAG ANGOLA AIRLINES

R. da Missao, C P 3010, Luanda
Tel. 2332990
Volksrepublik Angola

3 L-Code	IATA-Nr.	ICAO-Callsign
DTA	118	DTA

Geschichte:

Im Jahre 1938 wurde Direccao de Exploracao dos Transportes Aereos (DTA) im Auftrag der portugisischen Regierung eingerichtet. Der Flugbetrieb konnte erst im Jahre 1940 aufgenommen werden, da jegliche Infrastruktur fehlte. Zum Einsatz kamen Dragon Rapide von DeHavilland. Der Name wurde in diesem Jahr in DTA-Linhas Aereas de Angola geändert und unverändert bis 1973 geführt. Aus politischen Gründen ruhte zwischen 1973 und der Unabhängigkeit von Portugal im November 1975 der Flugbetrieb, mit einigen wenigen Ausnahmen. Mit Umbenennung in TAAG - Linhas Aereas de Angola, wurde diese zum Flagcarrier der neuen Volksrepublik. Mit einer gemischten Flotte aus Ost und West werden im Jahr etwa eine Million Passagiere befördert.

Routen

Von Luanda nach Berlin-Schönefeld, Bissau, Brazzaville, Sal, Kinshasa, Lissabon, Lusaka, Maputo, Paris, Moskau, Rio de Janeiro, Rom, Havanna. Darüber hinaus betreibt TAAG einen Regionalverkehr in Angola.

Flotte

1 Lockheed -1011-500 TriStar
2 Iljuschin IL-62 M
3 Boeing 707
5 Boeing 737-200Adv.
6 Fokker F-27
2 YAK 40
1 Pilatus Britten-Norman 2A Islander

Foto: Boeing 737-300

TACA

Edifico Garibe 2 Piso San Salvador
Tel. 232244
El Salvador

3 L-Code	IATA-Nr.	ICAO-Callsign
TAI	202	Taca

Geschichte:

TACA, International Airlines wurde bereits 1939 in El Salvador gegründet, damals als Teilbereich von TACA-Airways SA, einer multinationalen Vereinigung, der heutigen Air Europe vergleichbar. 1942 wurde erstmals mit DC-3 nach Bilbao in der Panama-Kanalzone geflogen, ein Jahr später nach Havanna. Das Unternehmen setzte auch DC-4, Vickers Viscount und DC-6 ein, bis 1966 mit der BAC 1-11 der erste Jet in Dienst gestellt wurde. 20 Jahre später erhielt TACA mit der Boeing 767 das erste Großraumflugzeug. 1992 wurden etwa eine halbe Million Passagiere mit TACA befördert.

Routen

Von San Salvador nach Belize, Guatemala, Houston, Los Angeles, Mexico City, Miami, Montego Bay, New Orleans, Panama, San Francisco, San Jose und Tegucigalpa.

Flotte	Bestellt
4 Boeing 737-300	1 Boeing 767-200ER
4 Boeing 737-200	1 Boeing 767-300ER
1 Boeing 767-200	

Foto: Fokker F-27

TAM

Rue Monsenhor Antonio Pepe 94
CEP 04357 Sao Paulo, Tel. 5777711
Brasilien

3 L-Code	IATA-Nr.	ICAO-Callsign
TAM	877	TAM

Geschichte:

1976 als Transportes Aereos Regionais von VASP und Taxi Aero Marila gegründet, eröffnete mit Fokker F-27 die ersten Strecken ab Sao Paulo (Congonhas) noch im selben Jahr. Für weniger stark frequentierte Strecken kommen Flugzeuge aus heimischer Produktion, Embraer 110 Bandeirante, zum Einsatz. Im Oktober 1990 wurden die ersten Jet-Flugzeuge vom Typ Fokker 100 in Dienst gestellt. Mit einer künftigen gemischten Flotte aus Fokker 100 und F-27 will man weiter expandieren. Basis von TAM ist der Flughafen Congonhas in Sao Paulo.

Routen

Dichtes Inlandsnetz von Sao Paulo nach Brasilia, Merilla, Porta Pora, Rio de Janeiro, Belo Horizonte und Asuncion.

Flotte

4 Embraer 110 C Bandeirante
8 Fokker F-27
12 Fokker 100

Foto: Lockheed L-1011 TriStar (Björn Kannengiesser/Rio de Janeiro)

TAP AIR PORTUGAL

Edifico 25, Aeroporto Lisboa 1704 Lisboa
Tel. 01-8470250
Portugal

3 L-Code	IATA-Nr.	ICAO-Callsign
TAP	47	Air Portugal

Geschichte:

Transportes Aeros Portugueses-TAP ist am 14. März 1945 durch die portugiesische Regierung gegründet worden. Der Flugbetrieb begann am 19. September 1946 mit einigen umgerüsteten C-47 (DC-3) von Lissabon nach Madrid. Ab 31. Dezember 1946 wurden auch Luanda und Laurenco Marques in Mozambik bedient, 1947 folgten London und Paris. Alle diese Flüge wurden mit DC-4 durchgeführt. Zum 1. Juni 1953 wurde TAP in eine Aktiengesellschaft, mit teilweise privaten Aktionären, umgewandelt. Lockheed L-1049 Constellation kamen auf den Langstrecken zum Einsatz. Mit Indienststellung der Caravelle 1962, der Boeing 707 1966, sowie der Boeing 727 ein Jahr später, verfügte TAP über eine reine Jet-Flotte. 1972 erhielt die TAP, mit der Boeing 747, den ersten Großraum-Jet. Die Wirren der Revolution ließen im Jahre 1975 den Flugbetrieb teilweise zum Erliegen kommen, erst 1977 konnte nach einer Reorganisation der Flugbetrieb im vollen Umfange betrieben werden. 1979 erhielten die Flugzeuge die heutige Bemalung und das Logo der TAP erfuhr auch eine Änderung. Im Jahre 1984 wurden mit der Lockheed-L-1011 TriStar für Langstrecken und der Boeing 737 für Kurz-und Mittelstrecken zwei neue Flugzeuge integriert. 1992 kommen die ersten Airbus A 320-200 und für 1994/95 werden die TriStar ausgemustert.

Routen

TAP bedient etwa 10 Ziele im Inland sowie Ziele in Afrika, Südamerika, USA in Europa Frankfurt, Zürich und München.

Flotte	Bestellt
7 Lockheed L-1011-5 TriStar	4 Airbus A 340-200
5 Airbus A310-300	
13 Boeing 737-300	
10 Boeing 737-200	
6 Airbus A 320-200	

Foto: Boeing 737-300 (Boeing via Kauders/Seattle)

TAROM

Otopeni-Aeroport Bucuresti
Tel. 333127
Rumänien

3 L-Code	IATA-Nr.	ICAO-Callsign
ROT	281	Tarom

Geschichte:

Transporturi Aeriene Romana Sovietica (TARS) wurde 1946 als rumänisch-sowjetische Gesellschaft errichtet. Mit Übernahme der Anteile durch den rumänischen Staat im Jahre 1954 wurde eine Umbenennung in TAROM (Transporturile Aeriene Romane) vorgenommen. TAROM flog mit IL-14 zu Zielen in Ost-und Westeuropa. 1968 erhielt TAROM die erste BAC 1-11 (diese wurde später in Lizenz in Rumänien gebaut), 1973 und 1974 wurden IL-62 und Boeing 707 in Dienst gestellt, mit letzterer auch ein Flug nach New York aufgenommen. TAROM fliegt sowohl im Linien-als auch im Charterverkehr und konnte 1993 etwa 1,2 Millionen Fluggäste an Bord begrüßen. Ende 1993 lieferte Boeing die ersten 737-300 aus. Die gesamte Flotte soll Mitte der 90er Jahre auf „westlichen" Standard gebracht werden.

Routen

Beijing, New York, Abu Dhabi, Karachi, Athen, Kairo, Tel Aviv, Rom, Wien, Zürich, Frankfurt, Düsseldorf, Berlin, Amsterdam, Kopenhagen, Paris, London, Madrid, Lissabon, Casablanca, Prag, Warschau, Moskau, Tirana.

Flotte		Bestellt
3 Iljuschin IL-62M	4 Iljuschin IL-18	3 Boeing 737-300
3 Boeing 707	18 Antonow 24	1 Airbus A 310-300
8 Tupolev 154 B	2 Airbus A 310-300	
14 Rombac/BAe BAC 1-11		
2 Boeing 737-300		

Foto: ATR-42

TAT

BP 0237, 37002 Tours Cedex
Tel. 47423000
Frankreich

3 L-Code	IATA-Nr.	ICAO-Callsign
TAT	—	TAT

Geschichte:

Als Touraine Air Transport im Jahre 1968 gegründet, wuchs das Unternehmen von einer lokalen Lufttaxigesellschaft zu einer bedeutenden französischen Regionalgesellschaft. Verschiedene Unternehmen wie Air Alpes, Air Alsac, Taxi Avia France, Air Paris und Air Languedoc wurden im Laufe der Zeit übernommen. Für die unterschiedlichen Aufgaben verfügt Transport Aerien Transregional, so der aktuelle Name der Gesellschaft, über eine gemischte Flotte, die aber langfristig standardisiert werden soll. 1990 wurden über 2,5 Millionen Passagiere befördert. In diesem Jahr wurde auch das Erscheinungsbild geändert und dem allgemeinen Trend angepaßt. 1993 übernahm British Airways eine Mehrheitsbeteiligung an TAT.

Routen

Linienflüge zu 40 nationalen und 10 internationalen Zielen, einige im Auftrag anderer Gesellschaften. Charterflüge.

Flotte		Bestellt
12 ATR-42	14 Fokker 100	6 ATR-72
8 ATR-72	5 Beech Kingair 200	4 Fokker 100
5 Boeing 737	1 Beech 1900	
7 Fairchild FH 227		
22 Fokker F 28		
2 Embraer Brasilia		

Foto: Boeing 737-300

TEA-BASEL

Postfach 238, 4030 Basel
Tel. 061-3253348
Schweiz

3 L-Code	IATA-Nr.	ICAO-Callsign
TSW	—	Transway

Geschichte:

Im Verbund der transeuropäischen TEA-Gesellschaft wurde auch 1988 in der Schweiz eine Gesellschaft mit Sitz in Basel etabliert. Mit neuen Boeing 737-300, die im März 1989 geliefert wurden, startete der erste Flug am 23. 3. 89 von Zürich aus nach Lissabon. Von November 89 bis Mitte März wurde noch eine Maschine nach Australien vermietet. So konnte das erste Betriebsjahr ohne Verlust abgeschlossen werden, immerhin erteilten schon 200 000 Fluggäste der neuen Gesellschaft ihr Vertrauen. 1993 erwirtschaftete man erstmals einen Gewinn. TEA-Basel gründete eine Tochtergesellschaft auf Zypern und auch die TEA-Hellas. Während der Winterzeit werden einige Maschinen verleast.

Routen

Zu 25 Destinationen am Mittelmeer und nach Mombasa.

Flotte	Bestellt
5 Boeing 737-300	1 Boeing 737-300

Foto: Boeing 747-400 (Josef Krauthäuser/Bangkok)

THAI AIRWAYS INTERNATIONAL

89 Vibhavachi Rangit Road
Bangkok 10900, Tel. 02-5130121
Thailand

3 L-Code	IATA-Nr.	ICAO-Callsign
THA	217	Thainter

Geschichte:

Thai Airways konnte im Mai 1990 auf 30 Jahre Flugbetrieb zurückblicken. Gegründet wurde das Unternehmen als sogenanntes Joint Venture zwischen SAS und der regional tätigen Thai Airways Company. Mit drei Flugzeugen vom Typ DC-6B wurde der Flugbetrieb in die benachbarten Länder, nach Hongkong und Tokio, aufgenommen. Bereits 1963 wurde der Flugbetrieb auf Strahlflugzeuge vom Typ Caravelle, umgestellt, 1969 folgte die Umrüstung auf DC-9-41. Mit dem Einsatz von vierstrahligen DC-8-33 erweiterte Thai das Liniennetz nach Australien, ab Juni 1972 nach Kopenhagen, Frankfurt wird erstmals 1973 bedient. Im Mai 1975 erhält, mit Ablieferung einer DC-10-30, Thai auch ein neues Erscheinungsbild. Ab April 1977 ist Thai im Besitz der thailändischen Regierung. Der Ausbau der Flotte erfolgte kontinuierlich. So gelangten Airbus A 300 und Boeing 747 Flugzeuge zur Thai-Flotte. Neue Ziele in USA kamen hinzu. 1988 erfolgte ein Zusammenschluß von Thai-International und TAC, als Vorbereitung zu einer Privatisierung der Gesellschaft.

Routen

Heute bedient Thai Ziele auf vier Kontinenten mit Zielen wie Seattle, Dallas, Sydney, Melbourne, Perth, Brisbane, Wien, Zürich, Düsseldorf, Frankfurt, Seoul, Tokio, Hongkong, Amsterdam, Paris, Rom, Kopenhagen, Stockholm u.a. mehr.

Flotte		Bestellt
3 Boeing 737-200Adv.	16 Airbus A 300-600	8 Airbus A 330-300
7 Boeing 737-400	6 Boeing 747-200	5 Airbus A 300-600
2 Airbus A 310-200	2 Boeing 747-300	8 Boeing 777
1 Airbus A 310-300	7 Boeing 747-400	6 Boeing 747-400
4 McDonnell Douglas MD-11	2 ATR 42	
12 Airbus A 300 B4	2 ATR 72	

Foto: Iljuschin IL-18 (Gottfried Auer/Salzburg)

THE BERLINE

Postfach 145, 10251 Berlin
Tel. 030-67872113
Deutschland

3 L-Code	IATA-Nr.	ICAO-Callsign
TBL	—	Beroliner

Geschichte:

Die Berline, Berlin-Brandenburgisches Luftfahrtunternehmen GmbH, wurde am 1. November 1991 gegründet. Aus den Beständen der „abgewickelten" ex DDR-Staatsfluggesellschaft „INTERFLUG" wurden fünf Turbopropflugzeuge IL-18 erworben. Zwei dieser Maschinen wurden als Transporter umgerüstet und mit einem seitlichen Frachttor versehen. Seit Februar 1993 setzt das Unternehmen auch Fokker 100 ein. Vom Heimatflughafen Berlin-Schönefeld werden ad hoc Charter und Passagierflüge angeboten. Im ersten Jahr des Betriebes beförderte man bereits über 60000 Passagiere.

Routen

Athen, Berlin, Dresden, Erfurt, Düsseldorf, Nürnberg, Palma de Mallorca, Saloniki, Ibiza und weitere Ziele im Mittelmeergebiet, aber auch nach England und Frankreich.

Flotte	Bestellt
4 Iljuschin IL-18 3 Fokker 100	1 Fokker 100

Foto: Airbus A 340-300 (André Dietzel/München FJS)

THY-TURKISH AIRLINES

Atatürk Hava Limani, Yesilköy
Istanbul, Tel. 5747300
Türkei

3 L-Code	IATA-Nr.	ICAO-Callsign
THY	235	Turkair

Geschichte:

THY ging aus der 1933 gegründeten Turkiye Devlet Hava Yollari (DHY) hervor, als der Staat diese 1956 übernahm. Flugzeuge vom Typ DC-3 und andere Muster wurden übernommen. Am 21. Januar 1958 erhielt THY die erste Vickers Viscount. 1960 startete man zu ersten Zielen in Westeuropa, unter anderem nach Frankfurt. Im August 1967 wurde die DC-9 und am 1. Dezember 1972 das erste Großraumflugzeug vom Typ DC-10 in Dienst gestellt. Für regionale Dienste waren sowohl die F-27, als auch die F-28 eingesetzt. Boeing 727-200 wurden 1974 übernommen, 1974 auch der erste Airbus A 310. THY konzentrierte sich über lange Zeit hin mehr um auf den Ausbau der inländischen Routen, als um internationale Strecken. Erst in den späten siebziger Jahren wurde auch dieses mit Verbindungen in die wichtigsten europäischen Zentren erweitert. Bedingt wurde diese Streckenerweiterung durch die zahlreichen Gastarbeiter, welche sich überall in Europa niedergelassen haben. New York konnte 1990 erstmals als Überseeziel bedient werden. Zum Einsatz kam der Airbus A 310. In diesem Jahr änderte THY auch das äußere Erscheinungsbild seiner Flugzeuge. Die Kapazität der Flotte wird erhöht, so kommen 1993 die ersten Airbus A 340 und weitere Boeings.

Routen

Mehr als 30 innertürkische Ziele. New York, Tokio, Bangkok, Kuala Lumpur, Singapur, Bombay, Delhi, Algier, Tunis, Tripolis, Kairo, nahezu alle deutschen Flughäfen, Wien, Zürich und weitere Ziele in Europa und dem Mittleren Osten.

Flotte		Bestellt
9 McDonnell Douglas DC-9-32	2 Airbus A 340-300	14 Boeing 737-400
10 Boeing 727-200Adv.		3 Airbus A 340-300
14 Airbus A310-200/300		
2 Boeing 737-500		
15 Boeing 737-400		

Foto: Boeing 707-320C (Josef Krauthäuser/Frankfurt)

TMA OF LEBANON

P. O. Box 11-3018 Beirut International Airport,
Beirut, Tel. 1-831433
Libanon

3 L-Code	IATA-Nr.	ICAO-Callsign
TMA	270	Tango Lima

Geschichte:

Trans-Mediterranean Airways SAL wurde im Jahre 1953 gegründet um Frachtflüge, überwiegend für Ölgesellschaften, durchzuführen. Zum Einsatz kamen Flugzeuge vom Typ Avro York. Mit Erhalt einer ersten Douglas DC-4 im Jahre 1959, nahm TMA eine planmäßige Verbindung nach Teheran und Frankfurt auf. Größeres Fluggerät vom Typ DC-6 konnten ab 1963 beschafft werden. Eine weitere Kapazitätsausweitung wurde 1966 mit Erhalt einer, von TWA geleasten, Boeing 707 erreicht. Der planmäßige Service konnte bis Tokio erweitert werden und 1971 war TMA die erste Frachtfluggesellschaft mit einem „Round the world"-Dienst. Zwei Boeing 747 konnten gekauft und zu Frachtern umgebaut werden. Der erste Einsatz mit diesen Jumbos erfolgte 1974. Die anhaltenden politischen Spannungen im Nahen Osten führten im Laufe der Jahre auch zu Verlusten bei TMA. Zwei DC-6 wurden von israelischen Kommandoeinheiten 1968 gesprengt, eine B-707 im Jahre 1981 durch eine Bombenexplosion zerstört. Neben Fracht fliegt TMA auch Subcharter für andere Gesellschaften und setzt ihre Flugzeuge zu Pilgerflügen nach Mekka ein.

Routen

Charterflüge nach Europa, USA, Naher und Ferner Osten.

Flotte

7 Boeing 707-320C

Foto: BAe 146 QT (Martin Bach/München FJS)

TNT EXPRESS

Archway House 114-116 St. Leonards Windsor,
Berkshire SLH 3DG, Tel. 753-842168
Großbritannien

3 L-Code	IATA-Nr.	ICAO-Callsign
TNT	—	—

Geschichte:

TNT ist eine der größten Frachtorganisationen in der Welt und hat ihren Ursprung in Australien.
1987 wird das europäische Luftfrachtsystem aufgebaut und eine spezielle Ausführung der BAe 146, die „Quiet Trader“, bestellt. Dieses besonders leise Flugzeug unterliegt keinen Nachtflugbeschränkungen und kann deshalb auf den „Overnight“-Flügen eingesetzt werden. TNT operiert keine eigenen Flugzeuge, sondern verchartert diese an Partner wie; Air Foyle, Euralair, Malev, City Air, Mistral Air, Eurowings, Pan Air und Pazific East Asian Cargo. Sternförmig, aus etwa 40 europäischen Städten, werden die Frachten im Zentral-Hub Köln/Bonn eingeflogen. Dort werden die Frachtgüter verteilt, umgeladen und entsprechend sortiert verlassen die Flugzeuge wieder den Hub. Alles dies wird während der Nachtzeit abgewickelt. Zwischen Köln und New York verkehrt werktäglich eine DC-8. Ab 1993 entsteht in Manila ein weiterer Hub. (Knotenpunkt)

Routen

Etwa 40 Ziele in Europa, Singapur, Taipeh, Manila, Brunei, New York.

Flotte

2 Cessna Citation II
21 BAe 146-200/300 QT
1 McDonnell Douglas DC-8-73F

Foto: Boeing 747-100 (Uwe Gleisberg/München FJS)

TOWER AIR

Hangar B, JFK Internatl. Airport, Jamaica,
New York 11430, Tel. 718-5534300
USA

3 L-Code	IATA-Nr.	ICAO-Callsign
TOW	305	Tee Air

Geschichte:

Als reines Charterunternehmen wurde Tower Air im August 1982 gegründet. Ohne eigene Flugzeuge wurden Flüge nach Europa und Israel vermarktet, diese unternahm Metro Airways im Auftrag. Im November 1983 erhielt Tower Air zwei Boeing 747-100 und führte die Flüge nach Tel Aviv in Eigenregie durch. Ein Jahr später stieg man, als „Billigflieger", auch ins inneramerikanische Liniengeschäft ein. Mit Flügen zwischen New York und Los Angeles ging man in Konkurrenz zu People Express. Der Erfolg war allerdings gering und man stellte diese verlustbringenden Linienflüge 1984 wieder ein. 1992 wurden erstmals Linienflüge nach Berlin angeboten.

Routen

Athen, Berlin, Buenos Aires, Hongkong, Los Angeles, Miami, New York, Paris, Rom, Sao Paulo, San Juan, Taipei werden regelmäßig bedient.

Flotte

10 Boeing 747-100

Foto: Boeing 737-200

TRANSAERO

2 Smolensky Pereulok 3/4, 121099 Moskau
Tel. 2411190
Rußland

3 L-Code	IATA-Nr.	ICAO-Callsign
TSO	670	Transaero

Geschichte:

Als eine der ersten privaten Aktiengesellschaften Rußlands wurde Ende 1991 Transaero gegründet. Aktionäre sind Aeroflot und die Flugzeugbaufirmen Iljuschin und Yakolev. Der Flugbetrieb wurde Anfang 1992 mit Tu-154 aufgenommen. In einer spektakulären Aktion wurden tausende Emigranten von Rußland nach Israel geflogen. Diese Aktion verschafften der jungen Gesellschaft eine medienwirksame Bekanntheit. Ende 1992 wurden zwei Boeing 737-200 geleast und zwei IL-86 beschafft, für Frachtflüge auch IL-76. Ergänzendes Fluggerät wird bei Bedarf von Aeroflot gemietet.

Routen

Moskau, Kiew, Sochi, Surgut, Norilsk, auch Charterflüge nach Antalya, Dubai, Istanbul, Sharjah, Varna.

Flotte

2 Boeing 737-200
1 Iljuschin IL-76 M
2 Iljuschin IL-86

Foto: ATR-72 (Patrick Lutz/Hamburg)

TRANS ASIA AIRWAYS

139 Cheng Chou Road, Taipei
Republik China

3 L-Code	IATA-Nr.	ICAO-Callsign
TNA	170	Foshing

Geschichte:

Als Foshing Airlines 1951 gegründet, erlebte diese Gesellschaft mehr Tiefen als Höhen und gab 1965 die Lizenz zurück. 1990 erfolgte dann die Reaktivierung und seither geht es steil bergauf. Eine Umbenennung in TRANS ASIA AIRWAYS erfolgte 1992 um die geplanten Ambitionen auf ein internationales Streckennetz besser zu reflektieren. Erstes Jet-Gerät war ein A-320 der im August 1992 geliefert wurde. Die Aufnahme von internationalen Routen nach Kambodscha und den Philippinen erfolgte ebenfalls im Jahre 1992.

Routen

Innerhalb Taiwans und nach Phnom Phen sowie Manila.

Flotte	Bestellt
4 ATR-42	1 ATR-42
13 ATR-72	3 ATR-72
2 Airbus A320-200	4 Airbus A300-600
	2 Airbus A 321

Foto: Boeing 737-200Adv. (Uwe Gleisberg/München FJS)

TRANSAVIA

Postbus 7777, 1118 ZM Schiphol
Tel. 020-6046518
Niederlande

3 L-Code	IATA-Nr.	ICAO-Callsign
TRA	979	Transavia

Geschichte:

Transavia Airline, früher Transavia Holland, ist ein Unternehmen der Nedlloyd-Gruppe und seit November 1966 im Flugverkehr aktiv. Zunächst mit drei DC-6 wurden Dienste in den Mittelmeerraum angeboten. Bereits 1969 kam mit der SE 210 Caravelle das erste Jetgerät, dieser Flugzeugtyp ist dann ab 1974 durch die Boeing 737 abgelöst worden. Transavia führte von Amsterdam nach London im Jahre 1986 eine Linienverbindung ein, ist aber ansonsten nur im Charterbereich und im Flugzeugleasing tätig. 1993 flogen etwa 1,4 Millionen Passagiere mit Transavia. Transavia ist eine Tochtergesellschaft von KLM und hat die Heimatbasis auch in Amsterdam-Schiphol.

Routen

Linienflüge Amsterdam-London. Charterflüge in den Mittelmeerraum, Nordafrika, Kanarische Inseln, im Winter auch in die Alpenregion.

Flotte	Bestellt
6 Boeing 737-200Adv. 8 Boeing 737-300 2 Boeing 757-200	4 Boeing 757-200

Foto: Boeing 737-300

TRANSBRASIL

Rua General Panteleao Telles 40
CEP-04355 Sao Paulo, Tel. 011-533-7111
Brasilien

3 L-Code	IATA-Nr.	ICAO-Callsign
TBA	653	Transbrasil

Geschichte:

Der brasilianische Fleischgroßhändler Sadia nahm am 5. Januar 1955 mit einer DC-3 den Flugbetrieb auf, vorwiegend um Fracht zu transportieren. Bereits im Jahre 1956 stieg die Gesellschaft auch ins Passagiergeschäft ein. Mit REAL und Transportes Aeros Salvador begann 1957 eine enge Zusammenarbeit, letztere wurde — nach dem Zusammenbruch von REAL — von Sadia übernommen. Zum Einsatz kamen Handley Page Herald und ab 1970 BAC 1-11, Boeing 727 ab 1974. Sadia änderte 1972 den Namen in Trans Brasil. Eine Flottenerneuerung begann 1983 mit dem Kauf von Boeing 767, die Boeing 727 sind durch moderne Boeing 737-300 und 400 seit 1987 ersetzt worden. Im Linien- und Charterverkehr teilt man sich mit Varig die Strecken auf.

Routen

Liniendienste zu über 30 Zielen in Brasilien und Charterflüge in der Region, die Karibik und USA.

Flotte	Bestellt
4 Boeing 767-200	5 Boeing 767ER
15 Boeing 737-300/400	
1 Boeing 767-300ER	

Foto: DeHavilland DHC-6 Twin Otter

TRANSPORTES AEREOS DE CABO VERDE

Caixa Postal 1, Praia
Tel. 613215
Kapverdische Republik

3 L-Code	IATA-Nr.	ICAO-Callsign
TCV	696	Transverde

Geschichte:

Transportes Aereos de Cabo Verde (TACV) wurde bereits am 27. Dezember 1958 gegründet. 1971 wurden die ersten von drei Britten-Normann „Islander" in Dienst gestellt. Nach der Unabhänigkeit von Portugal wurde TACV 1975 „Flagcarrier" der jungen Republik. Mit dem Erwerb einer BAe HS-748 im Jahre 1973 wurde auch ein wöchentlicher Flug nach Dakar im Senegal aufgenommen, der einzigen Auslandsverbindung der TACV über lange Jahre hinweg. Mit TAP-Air Portugal gibt es einen Direktflug auch nach Lissabon mit einer TCV Flugnummer, allerdings mit einem Airbus der TAP.

Routen

Vom Hauptort Praia nach Dakar und zu den Inseln der Kapverdischen Republik wie Sal, Sao Vincente, Sao Nicolau, Boa Vista.

Flotte

2 BAe HS-748
2 De Havilland DHC-6 Twin Otter
1 Embraer 120 Brasilia
2 CASA 212

Foto: McDonnell Douglas MD-83 (Josef Krauthäuser/Agadir)

TRANSWEDE

P. O. Box 530, 19045 Stockholm-Arlanda
Tel. 076060070
Schweden

3 L-Code	IATA-Nr.	ICAO-Callsign
TWE	—	Transwede

Geschichte:

Als Aerocenter Trafikflyg AB wurde die heutige Transwede im Jahre 1985 gegründet. Mit F-27 gab es zunächst Charterflüge europaweit. Die nächsten Flugzeuge im Flottenpark waren drei SE 210 Caravelle. Zeitgleich mit Zulauf dieser Flugzeuge, wurde der Name geändert und die Flugzeuge erhielten einen blau-gelb-weißen Anstrich. 1986 kamen weitere zwei MD-83 zur Flotte die auch in den folgenden Jahren weiter ausgebaut wurde. Neben Boeing 737 kamen auch neue MD-83 und MD-87 zur Flotte, während die Caravelle an die türkische Tochtergesellschaft, Sultan Air, verkauft wurden. Langfristig will man bei Transwede jedoch eine Flotte mit nur einem Typen haben. Die Entscheidung fiel zugunsten von MD-80, für Kurzstrecken bzw. Inlandsdienste wurden 1993 Fokker 100 gekauft, da eine veränderte Marktlage dies erfordert.

Routen

Charterflüge zu Zielen im Mittelmeergebiet, den Alpenraum (Wintercharter) zu den Kanarischen Inseln und Nordafrika. Linienflüge innerhalb Skandinaviens.

Flotte	Bestellt
4 McDonnell Douglas MD-83 2 McDonnell Douglas MD-87 1 Fokker 100	4 Fokker 100

Foto: McDonnell Douglas MD-82

TRANS WORLD AIRLINES

100 South Bedford Road Mt. Visco
New York 10549, Tel. 914-2423000
USA

3 L-Code	IATA-Nr.	ICAO-Callsign
TWA	15	TWA

Geschichte:

Als Transcontinental and Western Air 1930 gegründet, machte TWA Luftfahrtgeschichte. So eröffnete TWA als erste Gesellschaft einen Liniendienst von Küste zu Küste der USA, erschloß Kalifornien für den Flugverkehr und war Mitinitiator so berühmter Flugzeuge wie der DC-1/2 und der DC-3. Am 25. Oktober 1930 fliegt erstmals eine TWA Fokker F10A von New York nach Los Angeles. Howard Hughes, der bei TWA mehrheitlich beteiligt war, gab 1939 bei Lockheed ein Flugzeug in Auftrag, welches in weniger als 9 Stunden von Küste zu Küste fliegen sollte. 1942 rollte diese Maschine als „Constellation" aus den Werkhallen. Nach dem 2. Weltkrieg eröffnete TWA einen Dienst nach Bombay. Am 21. Mai 1950 nannte sich die Gesellschaft Trans World Airlines . Ab September 1950 waren London und Frankfurt bereits Teil des Streckennetzes. Geflogen wurde international mit der Constellation, innerhalb der USA mit DC-3, Martin 404 und im März 1960 kam als erster Jet, eine Boeing 707, zum Einsatz. Ab August 1969 wurde ein „Round the World"-Dienst eingerichtet. Im Dezember 1969 erhielt TWA den ersten Jumbo mit einer Boeing 747, womit der Dienst von New York nach Los Angeles eröffnet wurde, mit der L-1011 Tristar kam 1972 ein weiterer Großraumjet zu TWA. Neuester Flugzeugtyp ist die Boeing 767, die auf internationalen Strecken eingesetzt wird.

Routen

TWA fliegt in Europa nach Frankfurt, Amsterdam, Brüssel, München, Genf, Wien und Zürich. Wichtigster amerikanischer „Hub" ist in den USA St. Louis. Zusammen mit TWA-Express werden über 100 Ziele bedient.

Flotte		Bestellt
46 DC-9/15/31/32/41	11 Boeing 747-100/200	20 Airbus A 330-300
33 McDonnell Douglas MD-82/83	20 Lockheed L-1011 TriStar	
59 Boeing 727-100/200		
9 Boeing 767-300ER		

Foto: Boeing 727-200Adv.

TUNIS AIR

113 Ave. de la Liberte, 1012 Tunis
Tel. 288100
Tunesien

3 L-Code	IATA-Nr.	ICAO-Callsign
TAR	199	Tunair

Geschichte:

1948 wurde Tunis Air als Tochtergesellschaft von Air France gegründet. Mit DC-3 erfolgte der Flugbetrieb ab 1949 zunächst von Tunis nach Korsika und Algier. 1954 erhielt Tunis Air die erste DC-4 für Flüge nach Paris. Bereits im Jahre 1961 erfolgte mit Aufnahme von Flügen mit SE 210 Caravelle der Einstieg ins Jetzeitalter. Da für die Caravelle ein Nachfolgemodell aus Frankreich nicht verfügbar war, entschied man sich zum Kauf der Boeing 727, die erste kam 1972 zur Flotte. Nach Ausmusterung der Caravelle Ende 1977 stellte man erstmals auch die kleinere Boeing 737 in Dienst. Europäische Flugzeuge kamen dann wieder mit dem Airbus A 300, 1982 und von A 320 in 1990 zur Tunis Air. Das heutige, moderne Erscheinungsbild der Tunis Air wurde mit Einführung des ersten Airbus A 320 angenommen.

Routen

Amsterdam, Athen, Bahrein, Bagdad, Brüssel, Casablanca, Damaskus, Dakar, Düsseldorf, Frankfurt, Genf, Istanbul, Jeddah, Kopenhagen, Kairo, London, München, Wien, Zürich. Charterflüge auch nach anderen Zielen in Europa, Saison bedingt.

Flotte	Bestellt
1 Airbus A 300B4	4 Airbus A320
7 Airbus A320	
5 Boeing 737-200Adv.	
8 Boeing 727-200Adv.	
2 Boeing 737-500	

Foto: McDonnell Douglas MD-83 (Uwe Gleisberg/München FJS)

TUR EUROPEAN AIRWAYS

Rihtim Cas Nesli Han 207/5
80030 Kara Koy, Istanbul, Tel. 1-2525497
Türkei

3 L-Code	IATA-Nr.	ICAO-Callsign
TCT	—	Avrupa

Geschichte:

Eigentümer der 1988 gegründeten TUR ist die Kavala Gruppe, eine der größten Firmen in der Türkei. Mit zwei Boeing 727-200, ex Lufthansa Flugzeuge, wird der Charterbetrieb im April 1988 aufgenommen. 1990 kommen die MD-83 zur Flotte, weitere zwei Boeing 727-200 werden 1991 und 92 angeschafft. Überwiegend nutzen Gastarbeiter und Touristen aus Westeuropa die Flüge der TUR. Technische Basis und Heimatflughafen ist Istanbul.

Routen

Charterflüge u. a. von Düsseldorf, Hamburg, Paris, London, Amsterdam und weiteren Städten zu Zielen in der Türkei.

Flotte

2 McDonnell Douglas MD-83
4 Boeing 727-200

Foto: DeHavilland DHC-7-100 (Josef Krauthäuser/Innsbruck)

TYROLEAN AIRWAYS

Flughafen, 6026 Innsbruck
Tel. 0512-817770
Österreich

3 L-Code	IATA-Nr.	ICAO-Callsign
TYR	734	Tyrolean

Geschichte:

1958 als Aircraft Innsbruck gegründet und bis 1980 im Bedarfsflugverkehr tätig, erwarb Aircraft Innsbruck die Linienrechte von Innsbruck nach Wien. Vor Aufnahme des Flugbetriebes mit DHC-7 im April 1980, änderte man den Namen der Gesellschaft in Tyrolean Airways. Noch im selben Jahr wurden weitere Verbindungen nach Zürich und Frankfurt geschaffen. Tyrolean ist auch ab Innsbruck, dem Heimatflughafen der Gesellschaft, als Urlaubsflieger tätig. Weit über 400 000 Passagiere konnten 1993 befördert werden.

Routen

Liniendienste für andere Gesellschaften und eigene Strecken in Österreich, nach Zürich und Frankfurt, Düsseldorf, Amsterdam, Stuttgart, München. Charterflüge nach Zielen in Italien und Griechenland.

Flotte	Bestellt
2 DeHavilland DHC-7	3 DeHavilland DHC-8-100
8 DeHavilland DHC-8-100	2 DeHavilland DHC-8-300
4 DeHavilland DHC-8-300	

Foto: Boeing 747-400

UNITED AIRLINES

P.O. Box 66100 Chicago, IL 60666
Tel. 708-952-4000
USA

3 L-Code	IATA-Nr.	ICAO-Callsign
UAL	16	United

Geschichte:

United Airlines Inc. of Chicago wurde am 1. Juli 1931 als neue Holdinggesellschaft der ehemaligen Boeing Air Transport, Varney Air Lines, National Air Transport und einiger kleinerer Gesellschaften gegründet. United flog mit der Boeing 247 und zwang, da keine andere Gesellschaft dieses Modell vorläufig kaufen konnte, Douglas zum Entwurf der DC-1/2. Alle produzierten Boeing 247 gingen an United, weil deren Bestellungen so umfangreich waren. Da sich die DC-Maschinen der Boeing 247 überlegen zeigten, entschloß sich United, die DC-3 zu kaufen, um in den 40er Jahren mehr als 100 davon im Einsatz zu haben. Nach dem Kriege kamen DC-4 und DC-6 zum Einsatz, hauptsächlich auf der Rennstrecke der Gesellschaft von New York nach Chicago. 1947 wird erstmals Hawaii bedient, 1959 der erste Jet, eine DC-8 in Dienst gestellt. Als einzige US-Gesellschaft bestellt United auch 20 Caravelle für die Kurz-und Mittelstrecke. Folgeaufträge blieben jedoch aus und Boeing 727 wurden gekauft. 1961 wird mit Capaital Airlines eine der bisher großen Fluggesellschaften übernommen und United wird die größte Gesellschaft der freien Welt, ein Platz den ihr erst Ende der 80er Jahre American abnimmt. Von PanAm werden 1986 Streckenrechte im Pazifik und Lockheed TriStar erworben, gleichzeitig bei Boeing Flugzeuge gekauft, um die Flotte zu erneuern. Boeing 737-300 und 767 sind das Rückgrat der Gesellschaft. Seit 1990 fliegt United auch nach Europa, und ist seit Herbst 1993 Partner der Lufthansa. Das aktuelle Farbschema wurde zum Jahresanfang 1993 vorgestellt.

Routen

Wichtigste Hubs von United sind San Francisco, Chicago, Denver und Washington-Dulles mit Flügen zu über 150 Zielen in USA, nach Hongkong, Tokio, Sydney, Auckland, Bangkok, Melbourne, Manila, Osaka, Seoul, Taipeh, Frankfurt, Cancun, London, Mexiko-City, Beijing, Singapur, München, Zürich.

Flotte		Bestellt
69 Boeing 737-200	26 Boeing 767-300ER	66 Boeing 737
60 Boeing 737-500	10 Boeing 747SP	5 Boeing 767-300ER
102 Boeing 727-200	27 Boeing 747-100/200	23 Boeing 747-400
103 Boeing 737-300	23 Boeing 747-400	34 Boeing 777
90 Boeing 757-200	54 McDonnell Douglas DC-10/10/30	45 Airbus A 320
19 Boeing 767-200	5 Airbus A 320	

Foto: Boeing 727-100C (Sammlung Josef Krauthäuser)

UNITED PARCEL SERVICE

1400 North Hurstbourne Parkway,
Louisville Kentucky 40223, Tel. 502-3296500
USA

3 L-Code	IATA-Nr.	ICAO-Callsign
UPS	—	UPS

Geschichte:

Die Firma UPS-United Parcel Service wurde bereits im Jahre 1907 gegründet. Heute ist sie weltweit die größte Firma ihrer Branche. Im Jahre 1953 wurde erstmals der two-day „UPS-Air" Service initiiert.
Erst im Jahre 1987 etablierte UPS einen eigenen Flugbetrieb, bis zu diesem Zeitpunkt wurden nur andere Gesellschaften mit der Durchführung beauftragt. (Auch heute sind noch zahlreiche Fremdfirmen für UPS im Einsatz.)
Regelmäßige Flüge finden auch zu den europäischen Hub's in London und Köln statt. Von dort werden dann die Pakete weiterbefördert. UPS gab bei Boeing den Anstoß zum Bau einer Frachtausführung der B-757-200 und erhielt diese als erster Kunde. Ältere Boeing 727 werden mit neuen, leistungsstärkeren und umweltgerechteren Triebwerken ausgerüstet. Diese so modifizierten Maschinen kamen erstmals 1993 zum Einsatz, vorwiegend in Europa.

Routen

Regelmäßige Dienste in USA, nach Mexiko, Hongkong, Japan, Korea, London und Köln.

Flotte	Bestellt
11 Boeing 747-100F	30 Boeing 767-300F
52 Boeing 727-100/200	15 Boeing 757-200F
55 Boeing 757-200F	
11 Fairchild-Sweringen Metro/Expediter	
50 McDonnell Douglas DC-8-70	

Foto: Boeing 737-400

US AIR

2345 Crystal Drive, Arlington
Virginia 22227, Tel. 703-418-7000
USA

3 L-Code	IATA-Nr.	ICAO-Callsign
USA	37	US Air

Geschichte:

Am 5. März 1937 als All-American Airways gegründet, betrieb man zunächst Postdienste. 1949 konnte mit DC-3 die erste Passagier- Linienverbindung von Pittsburgh über Washington nach Atlantic City aufgenommen werden. Martin 2-0-2, Convair 340/440 lösen die DC-3 ab, der Name wird 1953 in Allegheny Airlines geändert und neue Strecken, vor allen Dingen im Osten der USA, aufgenommen. 1968 konnte Lake Central Airways übernommen werden, 1972 folgte Mohawk Airlines mit seinem großen Streckennetz und den BAC 1-11 Flugzeugen. Nach der Deregulation werden noch Pacific Southwest Airlines und die wesentlich größere Piedmont Airlines übernommen. 1989 wird mit einem neuen Namen, US Air, auch die neue Größe dokumentiert. Pittsburgh ist der zentrale Hub der Gesellschaft, deren Strecken zu über 150 Zielen in USA führen. 1988 wird London erstmals bedient, diesem Ziel folgen 1990 auch Frankfurt und Zürich. Nach der Integration von Piedmont legt sich die Gesellschaft auch ein neues Erscheinungsbild zu. Fokker 100 werden erstmals 1989 in Dienst gestellt und ebnen diesem Flugzeug den Durchbruch auf dem US-Markt. Von Trump übernimmt US Air den Shuttle-Service von New York nach Washington und Boston. Mit 65 Millionen Passagieren zählt US Air zu den größten Gesellschaften weltweit.

Routen

Zentrale Hubs von US Air sind Wahington, Baltimore, Pittsburgh, Philadelphia, Indianapolis, Dayton und Charlotte. Außerhalb der USA fliegt US Air nach Nassau, San Juan, Bermuda, London, Frankfurt, Zürich, Montreal, Ottawa und Toronto. Insgesamt werden 180 Ziele bedient.

Flotte		Bestellt
41 Fokker F-28	101 Boeing 737-300	32 Boeing 737
40 Fokker 100	54 Boeing 737-400	4 Boeing 737-400
73 McDonnell Douglas DC-9-31/32	8 Boeing 727-200/Adv.	22 Boeing 757-200
37 McDonnell Douglas MD-81/82	12 Boeing 767-200ER	1 Boeing 767-200ER
81 Boeing 737-200	19 Boeing 757-200	

Foto: IL-114 (Sammlung Martin Bach)

UZBEKISTAN AIRWAYS

Proletarskaya 41, 700100 Taskent
Tel. 337357
Uzbekistan

3 L-Code	IATA-Nr.	ICAO-Callsign
UZB	250	Uzbek

Geschichte:

1992 übernahm die Regierung der neu gebildeten Republik von Uzbekistan auch die Lufthoheit über ihrem Staatsgebiet. Gleichzeitig gingen auch die Flugzeuge des vormaligen Direktorats Taskent der Aeroflot in den Besitz von Uzbekistan über. Die Strecken wurden teilweise übernommen und weitergeführt. Besonderes Augenmerk legt man aber auf neue Routen von West-Europa über Taskent nach Fernost. Hier tritt man mit besonders günstigen Tarifen in Konkurrenz zu etablierten Gesellschaften. Um auch dem gehobenen Bedarf von Reisenden aus dem westlichen Ausland nachzukommen, leaste Uzbekistan zwei Airbus A 310-300. Die erste Maschine traf im Juli 1993 in Taskent ein.

Routen

Amsterdam, Bangkok, Frankfurt, Zürich und weitere 30 Ziele innerhalb der GUS und im Inland.

Flotte		Bestellt
2 Airbus A 310-300	27 Yakolev Yak 40	10 Iljuschin IL-114
28 Antonow An-24		
10 Iljuschin IL-62		
13 Iljuschin IL-76		
10 Iljuschin IL-86		

Foto: Boeing 747-300

VARIG

Av. Almirante Silvio de Noronha 365
CEP 20021 Rio de Janeiro, Tel. 021-2975141
Brasilien

3 L-Code	IATA-Nr.	ICAO-Callsign
VRG	42	Varig

Geschichte:

Gegründet 1927 von einem deutschen Einwanderer, entwickelte sich Varig zunächst im Süden Brasiliens. Erstes Flugzeug war ein Dornier „Wal"-Flugboot. Nach dem zweiten Weltkrieg kam Varig in Besitz von 35 C-47 (DC-3) und weitete das Streckennetz stark aus. 1952 wird Aero Geral übernommen und die Routen nach Montevideo und Buenos Aires. Am 2. August 1955 wird mit Lockheed Super Constellation der planmäßige New York-Dienst aufgenommen. Ab 2. 10. 1959 wurde auf Caravelle umgestellt und Ende 1960 kam auf dieser Strecke die Boeing 707 zum Einsatz. 1961 wird eine weitere Gesellschaft, REAL übernommen. Die wesentlich kleinere Varig kam so zu vielen neuen Flugzeugtypen wie CV 990, Lockheed L-188, C-46 und zu einem großen Streckennetz. Dieses wurde auf Anordnung der Regierung, durch verordnete Übernahme der Panair do Brasil, im Jahre 1965 auch international ausgeweitet. Ab Mai 1971 wurde die DC-10-30 eingesetzt, eine weitere Gesellschaft, Cruzeiro do Sol, gekauft und schließlich folgten 1981 Airbus A 300 und Boeing 747-200. Boeing 767, Boeing 747-400 und MD-11 sind die neuesten Typen in der Varig-Flotte. Cruzeiro wurde 1993 als eigenständige Firma aufgelöst und ganz in Varig integriert. Rio de Janeiro, mit Südamerikas modernster Wartungshalle, ist Basis der Varig.

Routen

Varig bedient ein dichtes Netz in Südamerika, fliegt nach USA, Kanada, Südafrika, Japan. In Europa werden Lissabon, Madrid, Rom, Zürich, Frankfurt, Amsterdam, London, Paris und Kopenhagen bedient.

Flotte		Bestellt
5 Boeing 747-300	6 McDonnell Douglas MD-11	6 Boeing 737-300
3 Boeing 747-200	31 Boeing 737-300	6 Boeing 737-400
10 McDonnell Douglas DC-10-30	17 Boeing 737-200	
10 Boeing 767-200/300ER	5 Boeing 727-100	
3 Boeing 747-400		

Foto: Boeing 737-200Adv.

VASP

Edifico Sede VASP 4 andar Congonhas
Airport Sao Paulo SPCEP 04695, Tel. 0115337011
Brasilien

3 L-Code	IATA-Nr.	ICAO-Callsign
VSP	343	VASP

Geschichte:

Viacao Aerea Sao Paulo SA wurde im November 1933 von der Regionalregierung Sao Paulos und der Municipal Bank of Sao Paulo, gegründet. Am 16. April 1934 wurde der Flugbetrieb aufgenommen, 1935 eine Linienverbindung zwischen Rio de Janeiro und Sao Paulo geschaffen. Zum Einsatz kamen zwei 1935 beschaffte Junkers Ju-52/3. Mit Übernahme der brasilianisch-deutschen Aerolloyd Iguassu wurde das Streckennetz um zahlreiche Ziele erweitert. Ab 1950 hatte VASP 6 Saab Scania im Einsatz, später waren alle jemals gebaute Maschinen dieses Musters bei VASP im Einsatz, insgesamt 18 Maschinen. Ab Oktober 1958 erhielt VASP die Vickers Viscount. Zwei Fluggesellschaften, LAN und NAB konnten 1962 übernommen werden, der erste Jet traf im Dezember 1967 in Form einer BAC 1-11 ein. Als Ersatz für Vickers Viscount und DC-4 werden Ende 1968 acht NAMC YS-11A gekauft. VASP entwickelte sich im Laufe der Jahre zur zweitgrößten brasilianischen Gesellschaft und modernisierte ständig die Flotte und paßte diese an die Marktsituation an. Die ersten vier Boeing 737 konnten ab Juli 1969 eingesetzt werden, Ende der 70er Jahre kam das einheimische Regionalflugzeug Embraer 110 Bandeirante kurz zum Einsatz, bevor dann die gesamte Flotte auf reinen Jet-Betrieb umgestellt wurde. VASP steckt seit einiger Zeit in einer tiefen Krise. Diese versucht man durch Reorganisation zu bewältigen.

Routen

Dichtes Liniennetz innerhalb Brasiliens zu mehr als 30 Zielen wie Belem, Belo Horizonte, Brasilia, Campo Grande, Florianapolis, Iguacu, Maceio, Manaus, Porto Alegre, Recife, Rio de Janeiro, Sao Paulo, Vitoria.

Flotte

3 Airbus A300B2
2 Boeing 737-300
17 Boeing 737-200
4 McDonnell Douglas MD-11

Foto: McDonnell Douglas DC-10-30 (Josef Krauthäuser/Frankfurt)

VIASA

Torre Viasa, Avenida Sur 25, Los Caobos
Caracas 105, Tel. 2-5729522
Venezuela

3 L-Code	IATA-Nr.	ICAO-Callsign
VIA	164	Viasa

Geschichte:

Auf Veranlassung der Regierung wurde am 21. November 1960 mit VIASA (Venezolana Internacional de Aviacion SA) eine neue international tätige nationale Fluggesellschaft etabliert. Die internationalen Flüge der beiden Gesellschaften, AVENSA und AEROPOSTAL wurden mit Aufnahme des VIASA Flugverkehrs am 2. April 1961 von dieser übernommen. In Zusammenarbeit mit KLM wurde die junge Airline auf-und ausgebaut. Am 8. August 1961 startete erstmals eine Convair 880 auf der neuen Strecke von Caracas nach New York. Weitere eigene Flugzeuge waren DC-8, 1972 kam eine B-747 und ab 1973 die DC-10-30 zur VIASA-Flotte.

Routen

Nach Europa fliegt VIASA Amsterdam, Frankfurt, Madrid, Paris, London, Lissabon, Zürich und Rom. In den USA werden Miami und New York angeflogen, dazu noch weitere regionale Ziele in der Karibik.

Flotte

5 McDonnell Douglas DC-10-30
5 Boeing 727-200Adv.

Foto: Tupolev TU 134 A (Josef Krauthäuser/Ho Chi Minh City)

VIETNAM AIRLINES

Gialem Airport, Hanoi
Tel. 26611
Sozialistische Republik Vietnam

3 L-Code	IATA-Nr.	ICAO-Callsign
HVN	738	Vietnam Airlines

Geschichte:

Nach Beendigung des Vietnam-Krieges und der Zusammenführung von Nord-und Südvietnam entstand 1976 auch eine neue Fluggesellschaft, Hang Khong Vietnam. Diese übernahm Flugzeuge und Personal der ehemaligen CAAV und auch zum Teil der Air Vietnam. Die Flotte wurde jedoch sehr bald auf sowjetischen Standard gebracht, da für westliche Maschinen keine Ersatzteile beschafft werden konnten. Erst nach politischer Öffnung gegenüber dem Westen und auch der USA war 1990 eine Bestellung für einen westlichen Flugzeugtyp möglich. Als Ersatz für die IL-18 wurden zwei ATR-72 bestellt. Eine langsame Expansion des Streckennetzes ist für die 90er Jahre geplant. 1990 wurden aus Beständen der Interflug einige Tu-134 angekauft, ebenso wurde der Name in Vietnam Airlines geändert und ein neues Farbschema eingeführt. Mit der politischen Öffnung des Landes wurde es möglich, daß sich Air France an Vietnam Airlines beteiligen konnte. So stellt diese ab Ende 1993 A 320 für internationale Flüge und übernimmt Ausbildung und Service.

Routen

Hanoi, Bangkok, Phnom Pen, Ho Chi Minh City, Singapur, Hongkong, Vientiane sowie noch einige Ziele in Vietnam.

Flotte

6 Yakolev 40
3 Antonow 24
1 Iljuschin IL-18
13 Tupolev Tu-134
2 ATR-72
3 Airbus A 320

Foto: Airbus A 340-300 (Virgin)

VIRGIN ATLANTIC

Ashdown House, High Street, Crawley
W-Sussex RH10 1DQ, Tel. 0293562345
Großbritannien

3 L-Code	IATA-Nr.	ICAO-Callsign
VIR	932	Virgin

Geschichte:

Als British Atlantic Airways im Jahre 1982 gegründet, änderte nach dem Einstieg der Virgin Group Ltd. die Gesellschaft den Namen in Virgin Atlantic Airways. Der Zusammenbruch der „Billigfluglinie" Laker-Airways animierte den aus der Popmusikbranche stammenden Richard Branson, eine Gesellschaft nach gleichem Muster zu etablieren, da offenbar ein Bedarf für einen „Billigflieger" ab London bestand. Im März 1984 erhielt Virgin Atlantic die Genehmigung für die Strecke London-New York. Der Erstflug war am 22. Juni 1984. Noch im November 1984 wurde auch ein täglicher Anschlußflug, mit BAC 1-11, nach Maastricht in den Niederlanden aufgenommen. Dieser Flug wurde später auf Vickers Viscount um-und 1990 eingestellt. Aus dem „Nur"-Billigflieger wurde allerdings im Laufe der Zeit und durch einfallsreiche Werbekampagnen auch eine Gesellschaft für gehobene Ansprüche. 1986 kam eine zweite Boeing 747, vier weitere folgten im Jahre 1989, als weitere Destinationen wie Miami, ein zweiter New York-Dienst nach JFK und nach Tokio, via Moskau eingeführt wurde. Mit dem Ende 1993 eingeführten Airbus A 340 will Virgin auch die Strecke nach Hongkong und Australien realisieren.

Routen

Von London-Gatwick nach Los Angeles, Miami, New York JFK, New York/Newark, Moskau, Tokio, Hongkong.

Flotte	Bestellt
1 Boeing 747-100	2 Airbus A 340
7 Boeing 747-200	2 Boeing 747-400
1 Boeing 737-400	
2 Airbus A 340	

Foto: Boeing 737-300 (André Dietzel/Frankfurt)

VIVA AIR

Camiro de la escollera 4, 07012 Palma de Mallorca
Tel. 71713208
Spanien

3 L-Code	IATA-Nr.	ICAO-Callsign
VIV	728	Viva

Geschichte:

Viva Air, die zunächst deutsch-spanische Chartergesellschaft von Iberia und Lufthansa, wurde am 24. Februar 1988 gegründet und startete am 15. April 1988 zu ihrem Erstflug von Nürnberg nach Palma de Mallorca. Mit drei Boeing 737-300 ging man in die erste Saison, zwei weitere B-737 erwarb man 1989. Neben dem reinen Chartergeschäft flog man mit DC-9 ergänzenden Linienverkehr für Iberia. 1993 wurden die DC-9 außer Dienst gestellt und weitere B-737 übernommen. Heute fliegt, inzwischen zu 98% im Besitz der Iberia, Viva Air auch eigenständig Liniendienste im Inland.

Routen

Barcelona, Frankfurt, London, Malaga, Madrid, Manchester, München, Palma de Mallorca, Paris, Salzburg, Wien, Zürich und weitere Ziele im Charterverkehr.

Flotte

9 Boeing 737-300

Foto: DeHavilland DHC-7 (Heinz Kolper/Skolvaer)

WIDERØE

P. O. Box 247, 8001 Bodø
Tel. 13500
Norwegen

3 L-Code	IATA-Nr.	ICAO-Callsign
WIF	701	Widerøe

Geschichte:

Viggo Widerøe gründete am 14. Februar 1934 seine Widerøe's Flyveselskap A/S. Als erstes erhielt er die Genehmigung von Oslo aus eine Linie nach Hangesund zu eröffnen. Im Auftrag der DNL, der damaligen etablierten Luftverkehrsgesellschaft und Vorgängerin von SAS, eröffnete er 1936 einen Postdienst nach Kirkenes im Norden Norwegens. Nach dem 2. Weltkrieg startete Widerøe wieder mit Charter- und Versorgungsflügen. Die in Narvik ansässige Polarfly wurde 1950 übernommen. Besondere Verdienste leistete Widerøe bei der Erschließung Nordnorwegens. Ab 1968 trafen die ersten DHC-6 Twin Otter ein. Mit Unterstützung der Regierung wurde ein Streckennetz ab Bodø und Trondheim aufgebaut, diesem folgten im Laufe der Jahre etwa 30-40 kleinere Flugplätze, alle standardisiert mit einheitlichen Anflughilfen und einer Bahn von 800-1000m Länge. So wurde die notwendige Infrastruktur in diesem schwer zugänglichen, von Fjorden durchzogenen Gebiet, hergestellt. Städte wie Kirkenes und Hammerfest waren bis Aufnahme des Flugverkehrs nur per Schiff erreichbar. An Widerøe sind heute Fred Olsen, SAS und Braathens S. A. F. E. beteiligt.

Routen

Alta, Andenes, Batsfjord, Bervelag, Bodø, Bromnoysund, Hammerfest, Kirkenes, Leknes, Moirana, Mosjoen, Namsos, Narvik, Rost, Skolvaer, Stokmarknes, Tromsøe, Trondheim, Vadso, Vardøe.

Flotte	Bestellt
12 DeHavilland DHC-6 8 DeHavilland DHC-7	15 DeHavilland DHC-8

Foto: McDonnell Douglas DC-10-30 (André Dietzel/München FJS)

WORLD AIRWAYS

13873 Park Center Road,
Herndon, Virginia 22071, Tel. 703-8349200
USA

3 L-Code	IATA-Nr.	ICAO-Callsign
WOA	468	World

Geschichte:

World Airways wurde 1948 gegründet und begann mit einem Boeing 314 Flugboot Charterflüge ab der US-Ostküste. Ein Jahr später verlegte man die Flüge vom Wasser aufs Land und zwar mit zwei Curtiss C-46. 1950 übernahm Edward Daly 81 % der Gesellschaft und führte diese in den nächsten Jahren zu einer der großen und bekannten Chartergesellschaften. Ab 1960 übernahm World Airways immer mehr Flüge für das MAC und DC-4, DC-6 und Lockheed 1049 Constellation wurden gekauft oder geleast. Die erste Boeing 707 erhielt World Airways bereits im Jahre 1963. Mit dieser wurden auch regelmäßige Flüge von und nach Europa eingeführt, auch Dienste in die Karibik und Südamerika. Ab Mai 1973 werden mit Boeing 747 Linienflüge nach London, von Oakland aus, aufgenommen. Das Liniengeschäft wurde mit Einführung der DC-10 weiter ausgebaut, hier waren die Hawaii-Los Angeles-Baltimore-London-Frankfurt Flüge über viele Jahre hinweg die preiswertesten Charterflüge zu diesen Zielen. Nach einer Umstrukturierung im Jahre 1988 zog sich World Airways aus dem Liniengeschäft abrupt zurück. Seither fliegt World Charter und verleast Flugzeuge an andere Gesellschaften.

Routen

Charterflüge weltweit.

Flotte	Bestellt
7 McDonnell Douglas DC-10-30 4 McDonnell Douglas MD-11	3 McDonnell Douglas MD-11

Foto: Boeing 757-200 (Uwe Gleisberg/Hongkong)

XIAMEN AIRLINES

Gaoqi Airport 361009 Xiamen
Tel. 592-622961
Volksrepublik China

3 L-Code	IATA-Nr.	ICAO-Callsign
CXA	—	Xiamen Airlines

Geschichte:

Xiamen Airlines wurde 1991 von China Southern Airlines gegründet und ist praktisch eine Tochtergesellschaft mit eigenem Flugzeugpark und Funktionsbereich. Mit teilweise geleasten Boeing-Flugzeugen wurde der Flugbetrieb 1991 aufgenommen. Es bestehen Verbindungen im Süden und Osten der Volksrepublik. Ende 1992 wurde eine Verbindung nach Hongkong aufgenommen.

Routen

Dichtes Liniennetz in Ergänzung zu China Southern im Süden und Osten der Volksrepublik China, Hongkong.

Flotte

4 Boeing 737-200 Adv.
4 Boeing 737-500
3 Boeing 757200

Foto: McDonnell Douglas DC-10-30

ZAMBIA AIRWAYS

Ndeke House, Haile Selassie Ave.
P.O.Box 30272, Tel. 01-228274
Sambia

3 L-Code	IATA-Nr.	ICAO-Callsign
ZAC	169	Zambia

Geschichte:

Zambia Airways Corporation wurde 1964 als Tochtergesellschaft von Central African Airways gegründet. Den Flugbetrieb nahm man am 1. Juli 1964 auf. Zum Einsatz kamen zwei DC-3 und einige DeHavilland Beaver. 1967 wurde Zambia Airways selbstständig. Zwei BAC-1-11 kamen ab Januar 1968 zum Einsatz und am 1. November wurde, mit DC-8, auch eine Linienverbindung mit London geschaffen via Nairobi und Rom. Die BAC-1-11 wurden durch Boeing 737 ersetzt, am 31. Juli 1984 stellte Zambia Airways die erste DC-10 in Dienst. Mit Anschaffung der ATR-42 wurden die älteren HS-748 im Jahre 1989 außer Dienst gestellt, mit Bestellung von MD-11 wird die kleine Flotte weiter erneuert.

Routen

Bombay, Dar-Es-Salaam, Entebbe, Frankfurt, Harare, Jeddah, Johannesburg, London, Mauritius, Monrovia, Nairobi, New York, Rom, Windhoek und etwa 10 Ziele ab Lusaka im Inland.

Flotte	Bestellt
2 ATR-42 1 McDonnell Douglas DC-10-30 1 McDonnell Douglas DC-8-71 2 Boeing 737-200 Adv. 1 Boeing 757-200F	1 McDonnell Douglas MD-11

Foto: McDonnell Douglas MD-83

ZAS AIRLINE OF EGYPT

c/o Novo Hotel, 21 Fahmyst.
Cairo-Airport, Tel. 2907840
Ägypten

3 L-Code	IATA-Nr.	ICAO-Callsign
ZAS	708	ZAS Airline

Geschichte:

Im Jahre 1981 von Emir Zarkani etabliert, erhielt ZAS zunächst die Lizenz als Frachtcarrier. Die Aufnahme des Flugbetriebs erfolgte am 23. November 1982 mit einem Flug von London nach Kairo, via Amsterdam. Nach und nach kamen neben dem Frachtgeschäft auch Passagiercharterflüge. Zunächst waren es Pilger nach Mekka, dann erhielt ZAS 1987 die Lizenz für weltweite Charterflüge mit Passagieren nach Ägypten. Von Kairo wurde u. a. nach Zürich geflogen, innerägyptische Linienflüge erfolgten ab Ende 1988. Saisonale Spitzen werden mit Zulassen von anderen Flugzeugen, z. B. Airbus 300/310 überbrückt, Kern der Flotte sind aber die MD-83/87.

Routen

Innerägyptische Verbindungen zwischen Kairo, Assuan, Luxor, Hurgada und Alexandria. Charterflüge nach Köln, Frankfurt, Zürich, Paris, München u. a.

Flotte

2 Boeing 707-300
2 McDonnell Douglas MD-83
3 Lockheed Jetstar
3 McDonnell Douglas MD-87

Dreilettercode von Fluggesellschaften (IATA-Kennung in Klammer)

AAA = Ansett (AN)
AAG = Air Atlantique
AAH = Aloha Airlines (AQ)
AAL = American Airlines (AA)
AAN = Oasis International (OB)
AAR = Asiana (OZ)
AAS = Austrian Air Services (SO)
ABB = Air Belgium (AJ)
ABL = Air BC (ZX)
ABR = Hunting Cargo Airlines (AG)
ABW = Albanian Airlines (7Y)
ABX = Airborne Express (GB)
ACA = Air Canada (AC)
ACF = Air Charter (SF)
ACU = Aero Cancun
ADP = Aeronavas del Peru
ADR = Adria Airways (JP)
AEA = Air Europa (KX)
AEF = Aero Lloyd (YP)
AES = ACES Colombia (VX)
AFE = Airfast Indonesia
AFG = Ariana Afghan Airlines (FG)
AFL = Aeroflot Russian Airlines (SU)
AFM = Affretair
AFR = Air France (AF)
AGN = Air Gabon (GN)
AGS = Air Gambia
AGU = Air Guadeloupe (OG)
AGV = Air Glaciers
AHK = Air Hongkong (LD)
AHR = Air Holland (GG)
AHY = Azerbaijan Airlines (J2)
AIC = Air India (AI)
AIE = Air Inuit (3H)
AIH = Airtours International (VZ)
AIZ = Arkia
AJM = Air Jamaica (JM)
AJT = Amerijet (JH)
ALK = Air Lanka (UL)
ALM = ALM Antillean Airlines (LM)
AMC = Air Malta (KM)
AMI = Air Maldives
AML = Air Malawi (QM)
AMM = Air 2000 (DP)
AMT = American Trans Air (TZ)
AMU = Amadeus Air
AMX = Aeromexico (AM)
AMY = Ambassador Airways
ANA = ANA-All Nippon Airways (NH)
ANG = Air Niugini (PX)
ANZ = Air New Zealand (NZ)
AOM = AOM French Airlines (IW)
AOR = Air Comores
APF = Aero Pacifico
API = Panama Air International
APT = LAP Colombia
APW = Arrow Air (JW)
ARG = Aerolineas Argentinas (AR)
ARN = Air Nova (QK)
ARU = Air Aruba (FQ)
ASA = Alaska Airlines (AS)
ASD = Air Sinai (4D)
ASE = ASA-Delta Connection (EV)
ASU = Aerosur
ASW = Air Southwest
ATC = Air Tanzania (TC)
ATI = ATI Linee Aeree Nazionale (BM)
ATL = Air Atlantic (9A)
ATT = Aer Turas Teorante
AUA = Austrian Airlines (OS)
AUC = Austrian Airtransport
AUI = Air Ukraine International (PS)
AUR = Aurigny Air Services
AUT = Austral (AU)
AUY = Aerolineas Uruguayas
AVA = Avianca Columbia (AV)
AVE = Avensa (VE)
AVN = Air Vanuatu (NF)
AWA = Ansett W. A. (MV)
AWE = America West Airlines (HP)
AWI = Air Wisconsin-United Express
AWT = Air West
AYC = Aviaco (AO)
AZA = Alitalia (AZ)
AZE = Arcus Air Logistic (ZE)
AZM = Aerocozumel (AZ)
AZR = Air Zaire (QC)
AZW = Air Zimbabwe (UM)
BAF = British World Airways
BAG = Deutsche BA (DI)
BAL = Britannia Airways (BY)
BAR = Bradley Air Service
BAW = British Airways (BA)
BBB = Balaircta
BBC = Biman Bangladesh (BG)
BCS = European Air Transport
BEE = Norwegian Air Shuttle (BS)
BEN = Business Air
BER = Air Berlin (AB)
BFC = Basler Airlines
BHS = Bahamasair (UP)
BHY = Birgenair (KT)
BIA = Baltic International (TI)
BKP = Bangkok Airways (PG)
BLI = Belair
BMA = British Midland (BD)
BOI = Aboitiz Airtransport
BOT = Air Botswana (BP)
BOU = Bouraq Indonesia (BO)
BRA = Braathens S. A. F. E. (BU)
BRY = Brymon European Airways (BC)
BUR = Businessair
BWA = BWIA International (BW)
BZH = Brit Air (DB)
CAA = Carnival Air Lines (KW)
CAL = China Airlines (CI)
CAV = Calm Air
CAW = Comair (MN)
CAY = Cayman Airways (KX)
CBE = Aerocarribe (QA)
CBF = China Northern Airlines (CJ)
CCA = Air China (CA)
CDN = Canadian (CP)
CES = China Eastern Airlines (MU)
CFG = Condor Flugdienst (DE)
CFP = Faucett Peru (CF)
CGW = Air Great Wall
CHK = Chalks International (OP)
CHP = Aviacsa (6A)
CJG = Zhejiang Airlines
CKS = Kalitta American Interntl. (CB)
CKT = Caledonian Airways
CLC = Classic Air

CLH = Lufthansa Cityline (CL)
CLX = Cargolux (CV)
CMM= Canada 3000 (2T)
CMP = Copa Panama (CM)
CNB = Air Columbus (BO)
CNF = Conifair Aviation
CNW= China Northwest Airlines (WH)
COA = Continental Airlines (CO)
COM= Comair (OH)
CPA = Cathay Pacific (CX)
CRL = Corse Air (SS)
CRN = Aero Caribbean
CRQ = Air Creebec (YN)
CRX = Crossair (LX)
CSA = CSA (OK)
CSC = Sichuan Airlines (3U)
CSH = Shanghai Airlines (SF)
CSN = China Southern Airlines (CZ)
CTH = China General Aviation
CTN = Croatia Airlines (OU)
CUB = Cubana (CU)
CWU= Wuhan Air Lines
CXA = Xiamen Airlines (MF)
CXJ = Xinjiang Airlines (XO)
CXN = China Southwest Airlines (SZ)
CXP = Casino Express (XP)
CYH = Yunnan Airlines (3Q)
CYP = Cyprus Airways (CY)
DAH = Air Algerie (AH)
DAL = Delta Air Lines (DL)
DAT = DAT Belgian Regional
DHL = DHL Airways (ER)
DLA = Air Dolomiti (EN)
DLH = Lufthansa (LH)
DMA = Maersk Air (DM)
DOA = Dominicana de Aviacion (DO)
DQI = Cimber Air (QI)
DRK = Druk Air (KB)
DSB = Air Senegal (DS)
DTA = TAAG Angola Airlines (DT)
DYA = Alyemda (DY)
EBA = EBA-Eurobelgian Airlines (BQ)
ECA = Eurocypria Airlines (UI)
EEB = Euroberlin (EE)
EIA = Evergreen Intl. Airlines (EZ)
EIN = Air Lingus (EI)
ELL = Estonian Air (OV)
ELY = EL AL Israel Airlines (LY)
ENR = Ensor Airlines
EPC = Conti Flug (DD)
ETH = Ethiopian Airlines (ET)
EUL = Euralair (RN)
EVA = Eva Air (BR)
EWW= Emery Worldwide (GJ)
EXC = Excalibur Airways
EXS = Channel Express (LS)
EYT = EAS-Europe Aero Service (EY)
FAB = First Air (7F)
FAJ = Fiji Air
FAT = Farner Air Transport
FAV = Finnaviation
FCN = Falcon Aviation (IH)
FDX = Federal Express (FM)
FEA = Far Eastern Air Transport (EF)
FIN = Finnair (AY)
FJI = Air Pacific (FJ)
FLI = Atlantic Airways
FOF = Fred Olsen Airtransport (FO)
FOX = Jetair
FRS = Flandre Air (IX)
FSH = Flash Airlines
FUA = Futura Intl. Airways (FH)
FWL = Florida West Airlines (RF)
GAA = Bex-Delta Connection (HQ)
GAW = Gambia Airways
GBL = GB Airways (GT)
GBU = TAGB T. A. Guinea-Bissau (YZ)
GCB = Lina Congo (GC)
GFA = Gulf Air (GF)
GHA = Ghana Airways (GH)
GIA = Garuda Indonesia (GA)
GIB = Air Guinee (GI)
GMI = Germania
GNV = Grand Airways (QD)
GRL = Groenlandsfly (GL)
GRN = Greenair (WK)
GUG = Aviateca (GU)
GYA = Guyana Airways (GY)
HAL = Hawaiian Air (HA)
HAS = Hamburg Airlines (HX)
HDA = Dragonair (KA)
HJA = Air Haiti
HLA = Heavylift Cargo Airlines
HLF = Hapag-Lloyd Flug (HF)
HMS = Hemus Air (DU)
HNA = USAir Express-Henson Airlines
HRH = Royal Tongan Airlines (WR)
HTC = Haiti Trans Air (TV)
HVN = Vietnam Airlines (VN)
HZL = Hazelton Airlines (ZL)
IAC = Indian Airlines (IC)
IBB = Binter Canaris (NT)
IBE = Iberia (IB)
ICE = Icelandair (FI)
IMX = Zimex Aviation (MF)
IRA = Iran Air (IR)
IRB = Iran Airtours
IRC = Iran Asseman Airlines
IRK = Kish Air (KN)
IRT = Interot Airways (IQ)
ISS = Meridiana (IG)
IST = Istanbul Airlines (IL)
ITF = Air Inter (IT)
IYE = Yemenia Airways (IY)
JAA = Japan Asia Airways (EG)
JAC = Japan Air Commuter (JN)
JAL = Japan Airlines (JL)
JAS = Japan Air System (JD)
JAZ = Japan Air Charter (JZ)
JEA = Jersey European Airways (JY)
KAC = Kuwait Airways (KU)
KAL = Korean Air (KE)
KBA = Ken Borek Airlines (4K)
KDA = Kendell Airlines
KEY = Key Air International
KGA = Kyrghyzstan Airlines (K2)
KIA = Kiwi Internl. Air Lines (KP)
KIS = Contact Air
KLC = KLM-Cityhopper (HN)
KLM = KLM Royal Dutch Airlines (KL)
KOR = Air Koryo (JS)
KQA = Kenia Airways (KQ)
KRE = Aerosucre
KRT = Cretan Airlines

KZA = Kazakhstan Airlines
LAA = Libyan Arab Airlines (LN)
LAI = Lesotho Airways (QL)
LAM = Linhas Aereas Mocambique (TM)
LAN = LAN Chile (LA)
LAO = Lao Aviation (QV)
LAP = Lineas Aereas Paraguayas (PZ)
LAV = Aeropostal (LV)
LAZ = Balkan Bulgarian Airlines (LZ)
LCO = Ladeco (UC)
LDA = Lauda Air (NG)
LDE = LADE (LD)
LEI = Air UK-Leisure (UK)
LGL = Luxair (LG)
LHN = Express One International (EO)
LIA = Liat Caribbean Airlines (LI)
LIB = Air Liberte (VD)
LIC = LAC Colombia (LC)
LIL = Lithuanian Airlines (TE)
LIT = Air Littoral
LLB = Lloyd Aereo Boliviano (LB)
LOG = Loganair (LC)
LOT = LOT Polish Airlines (LO)
LPR = LAPA (MJ)
LRC = Lacsa (LR)
LTE = LTE Intl. Airways (XO)
LTL = Latavio Latvian Airlines (PV)
LTS = LTU-Süd International Airways
LTU = LTU International Airways (LT)
MAB = Millardair
MAG = Air Margarita
MAH = Malev Hungarian Airlines (MA)
MAM = Meta Aviotransport Macedonia
MAS = Malaysia Airlines (MH)
MAU = Air Mauritius (MK)
MDA = Mandarin Airlines (AE)
MDG = Air Madagascar (MD)
MDL = Mandala Airlines (RI)
MEA = Middle East Airlines (ME)
MEP = Midwest Express (YK)
MES = Northwest Airlink-Mesaba Airlines
MGL = Miat Mongolian Airlines
MGM = MGM Grand Air (MG)
MLD = Air Moldovia (9U)
MNA = Merpati (MZ)
MNX = Manx Airlines (JG)
MOA = Morris Air (KN)
MON = Monarch Airlines (ZB)
MPH = Martinair Holland (MP)
MRK = Markair BF)
MRS = Air Marshall Islands (CW)
MRT = Air Mauritanie (MR)
MSE = Mesa Airlines (YV)
MSR = Egypt Air (MS)
MTM = MTM Aviation
MTQ = Air Martinique
MXA = Mexicana (MX)
NAM = Air Manitoba (7N)
NCA = Nippon Cargo Airlines (KZ)
NEE = Northwest Airlink-Northeast
NFD = Eurowings (NS)
NGA = Nigeria Airways
NMB = Air Namibia (SW)
NOP = Novair
NOV = Avianova (RD)
NSE = Satena (ZT)
NWA = Northwest Airlines (NW)
NWT = NWT Air (NV)
NZM = Mount Cook Airline (NM)
OAL = Olympic Airways (OA)
OAS = Oman Aviation (WY)
OHY = Onur Air (8Q)
OIR = Slov Air
OKJ = Okada Air
OLT = Ostfriesische Luft-transport (OL)
ONT = Air Ontario (GX)
OWS = Cargosur
OXO = Millon Air
PAL = Philippines (PR)
PAO = Polynesian Airlines (PH)
PAS = Pelita Air Service (EP)
PBU = Air Burundi
PDX = Paradise Island Airlines (BK)
PEG = Pelangi Air (9P)
PGA = Portugalia (NI)
PGT = Pegasus Airlines
PIA = Pakistan Intl. Airlines (PK)
PJE = Private Jet Expeditions (5J)
PLI = Aero Peru (PL)
PMK = Palair Macedonia (3D)
PUA = Pluna (PU)
QFA = Qantas (QF)
QNK = Kabo Air (9H)
QSC = ASA African Safari
QXE = Horizon Air (QX)
RAM = Royal Air Maroc (AT)
RAT = Ratioflug
RBA = Royal Brunei (BI)
RIA = Rich Intl. Airways (JN)
RJA = Royal Jordanian (RJ)
RKA = Air Afrique (RK)
RME = Armenian Airlines (R3)
RMV = Romavia (VQ)
RNA = Royal Nepal Airlines (RA)
ROA = Reno Air (QQ)
RON = Air Nauru (ON)
ROT = Tarom (RO)
RQX = Air Engadina (RQ)
RSN = Royal Swazi Natl. Airways
RTL = Rheintalflug (WG)
RVV = Reeve Aleutian Airways (RV)
RWD = Air Rwanda (RY)
RYR = Ryanair (FR)
SAA = South African Airways (SA)
SAB = Sabena (SN)
SAM = Sam Columbia (MM)
SAS = Scandinavian (SK)
SAT = Sata Air Acores
SAY = Suckling Airways (CB)
SBY = Berliner Spezialflug (FC)
SBZ = Scibe Airlift Zaire (ZM)
SCH = Schreiner Airways (AW)
SCX = Sun Country Airlines (SY)
SER = Aero California (JR)
SET = SAETA (EH)
SEY = Air Seychelles (HM)
SFR = Safeair (FA)
SGL = Senegal Air
SHA = Sahsa Honduras (SH)
SHK = Shorouk Air (7Q)
SIA = Singapore Airlines (SQ)

SJM = Southern Air Transport (SJ)
SKW = Skywest-Delta Connection (OO)
SLK = Silkair (MI)
SLL = Saarland Airlines (QW)
SLM = Surinam Airways
SLR = Sobelair
SOA = Skoda Air
SOL = Solomon Airlines (IE)
SPP = Spanair (JK)
SRR = Star Air
SSR = Sempati Air (SG)
SUD = Sudan Airways (SD)
SUE = Aerosur
SVA = Saudia (SV)
SWA = Southwest Airlines (WN)
SWR = Swissair (SR)
SXS = Sunexpress (XQ)
SYR = Syrian Arab Airlines (RB)
TAB = Taba (TT)
TAE = Tame (EQ)
TAI = TACA Intl. Airlines (TA)
TAJ = Tunisavia
TAK = Transkei Airways
TAL = Talair (GV)
TAM = TAM Linha Aerea Regional (KK)
TAP = TAP Air Portugal (TP)
TAR = Tunis Air (TU)
TAT = TAT European Airlines (IJ)
TBA = Transbrasil (TR)
TBL = The Berline (BZ)
TCT = TUR European Airways (YI)
TCV = TACV Cabo Verdes (VR)
TEI = TEA Italia
TEJ = TAESA (GD)
THA = Thai Airways Intl. (TG)
THY = THY Turkish Airlines (TK)
TKE = Flitestar (GM)
TLE = Air Toulouse
TMA = TMA of Lebanon (TL)
TMD = Transmed Airlines
TNA = Trans Asia Airways
TOW = Tower Air (FF)
TPA = TAMPA Columbia (QT)
TPC = Air Caledonie (TY)
TRA = Transavia Airlines (HV)
TRK = Air Truck
TRX = Air Terrex
TSC = Air Transat (TS)
TSO = Trans Aero (4J)
TSW = TEA Basel (BH)
TTR = Tatra Air (QS)
TUI = Tuninter (UG)
TUN = Air Tungaru (VK)
TVO = Transavio
TWA = Trans World Airlines (TW)
TWE = Transwede (TQ)
TYR = Tyrolean Airways (VO)
UAE = Emirates (EK)
UAL = United Airlines (UA)
UBA = Myanma Airways (UB)
UCA = USAir Express-Commutair
UGA = Uganda Airlines (QU)
UKA = Air UK (UK)
UKR = Air Ukraine (GU)
ULA = Zuliana de Aviacion
ULD = LANSA
UPA = Air Foyle (GS)
UPS = United Parcel Service (5X)
USA = US Air (US)
USS = USAir Shuttle (TB)
UYC = Cameroon Airlines (UY)
UZB = Uzbekistan Airways (HY)
VBW = Air Burkina
VDA = Volga Dnepr Cargo Airlines (VI)
VDT = Vayudoot (PF)
VIA = Viasa (VA)
VIR = Virgin Atlantic Airways (VS)
VIV = Viva Air (FV)
VRG = Varig (RG)
VSP = VASP (VP)
VTA = Air Tahiti (VT)
VUN = Air Ivoire (VU)
WDL = WDL Aviation
WIA = Winair
WIF = Wideroe (WF)
WLO = Willowair
WOA = World Airways (WO)
WWM = American Eagle-Wings West
YRR = Scenic Airlines (YR)
YVK = Cyprus Turkish Airlines
ZAC = Zambia Airways (QZ)
ZAN = Zantop International (VK)
ZAS = ZAS Airline of Egypt (ZA)

Länderkennzeichen an Flugzeugen

AP	Pakistan
A2	Botswana
A3	Tonga Inseln
A40	Oman
A5	Bhutan
A6	Vereinigte Arabische Emirate
A7	Qatar
A9C	Bahrain
B	China, sowohl die Volksrepublik, als auch Taiwan
C	Kanada
CC	Chile
CCCP	ehem. Sowjetunion
CN	Marokko
CP	Bolivien
CS	Portugal
CU	Kuba
CX	Uruguay
C2	Nauru
C3	Andorra
C5	Gambia
C6	Bahamas
C9	Mosambik
D	Deutschland
DQ	Fiji Inseln
D2	Angola
D4	Kap Verd. Inseln
D6	Komoren Inseln
EC	Spanien
EI	Irland
EL	Liberia
EP	Iran
ER	Moldawien
ES	Estland
ET	Äthiopien
EW	Weißrussland
EY	Tadschikistan
EZ	Turkmenistan
F	Frankreich
G	Großbritannien
HA	Ungarn
HB	Schweiz (auch Lichtenstein)
HC	Ecuador
HH	Haiti
HI	Dominikanische Republik
HK	Kolumbien
HL	Südkorea
HP	Panama
HR	Honduras
HS	Thailand
HZ	Saudi Arabien
H4	Salomon Inseln
I	Italien
JA	Japan
JY	Jordanien
J2	Dschibuti
J3	Grenada
J5	Guinea Bissau
J6	St. Lucia
J7	Domenica
J8	St. Vincent und Grenadinen
LN	Norwegen
LV	Argentinien
LX	Luxemburg
LY	Litauen
LZ	Bulgarien
MT	Mongolei
N	USA
OB	Peru
OD	Libanon
OE	Österreich
OH	Finnland
OK	Tschechien
OO	Belgien
OY	Dänemark
P	Nordkorea
PH	Niederlande
PJ	Niederländische Antillen
PK	Indonesien
PP	Brasilien
PZ	Surinam
P2	Papua Neuguinea
P4	Aruba
RA	Russland
RDPL	Laos
RP	Philippinen
SE	Schweden
SP	Polen
ST	Sudan
SU	Ägypten
SX	Griechenland
S2	Bangladesh
S5	Slowenien
S7	Seychellen
S9	Sao Thomé
TC	Türkei
TF	Island
TG	Guatemala
Ti	Costa Rica
TJ	Kamerun
TL	Zentralafrika

TN	Kongo
TR	Gabun
TS	Tunesien
TT	Tschad
Tu	Elfenbeinküste
TY	Benin
TZ	Mali
T3	Kiribati
UK	Uzbekistan
UR	Ukraine
VH	Australien
VN	Vietnam
VP-F	Falkland Inseln
VP-LA	Anguilla
VP-LM	Montserat
VP-LV	Britische Virgin Inseln
VQ-T	Turks und Caicos Inseln
VR-B	Bermuda
VR-C	Cayman Inseln
VR-H	Hongkong
VT	Indien
V2	Antigua und Barbua Inseln
V3	Belize
V4	St. Kitts und Nevis Inseln
V5	Namibia
V7	Marshall Inseln
V8	Sultanat Brunei
XA	Mexiko
XT	Burkina Faso
XU	Kambodscha
XY	Myanmar
YA	Afghanistan
YI	Irak
YJ	Vanuatu
YK	Syrien
YL	Litauen
YN	Nicaragua
YR	Rumänien
YS	El Salvador
YU	Jugoslawien (Rest-)
YV	Venezuela
Z	Zimbabwe
ZA	Albanien
ZK	Neuseeland
ZP	Paraguay
ZS	Südafrika
3A	Monaco
3B	Mauritius
3C	Äquatorial Guinea
3D	Swaziland
3X	Guinea
4K	Aserbeidschan
4R	Sri Lanka
4X	Israel
5A	Libyen
5B	Zypern
5H	Tansania
5N	Nigeria
5R	Madagaskar
5T	Mauritanien
5U	Niger
5V	Togo
5W	West-Samoa
5X	Uganda
5Y	Kenia
6O	Somalia
6V	Senegal
6Y	Jamaika
7O	Yemen
7P	Lesotho
7Q	Malawi
7T	Algerien
8P	Barbados
8Q	Malediven
8R	Guayana
9A	Kroatien
9G	Ghana
9H	Malta
9J	Sambia
9K	Kuwait
9L	Sierra Leone
9M	Malaysia
9N	Nepal
9Q	Zaire
9U	Burundi
9V	Singapur
9X	Rwanda
9Y	Trinidad u. Tobago

Die größten Fluggesellschaften Weltweit (Stand: 92/93)

Platz	Name	beförd. Passagiere (Millionen)
1	American Airlines	86.007
2	Delta Air Lines	83.117
3	United Airlines	66.696
4	Aeroflot	62.627
5	USAir	54.655
6	Northwest Airlines	43.052
7	Continental Airlines	38.791
8	ANA All Nippon	34.992
9	Air France (Gruppe)	32.708
10	Lufthansa	27.900
11	Southwest Airlines	27.839
12	British Airways	25.373
13	Japan Airlines	24.005
14	Iberia	23.172
15	TWA Trans World	22.438
16	Alitalia	19.689
17	Korean Air	15.249
18	America West Airlines	15.173
19	SAS Scandinavian	14.514
20	Saudia	11.575
21	Malysia Airlines	10.976
22	Air Canada	9.900
23	KLM	9.183
24	Thai International	8.952
25	Singapore Airlines	8.512

Aufruf an alle Amateur-Luftfahrt-Fotografen!

Fotos gesucht!

Soll auch Ihr bestes Foto in der nächsten Ausgabe dieses Buches veröffentlicht werden, so schicken Sie Ihre Dias oder Fotos an den NARA-Verlag. Alle veröffentlichten und eingesandten Dias oder Fotos gehen in das Eigentum und Nutzungsrecht des Verlages über und können aus organisatorischen Gründen leider nicht zurückgeschickt werden. Eine Jury, unter Vorsitz von Autor und Herausgeber, entscheidet über die Veröffentlichung der besten Fotos.

Im NARA-Verlag erschienen bisher die folgenden Luftfahrt-Bücher:

Aulfinger, Moderne Hubschrauber — Ein Typenbuch

Koos, Luftfahrt zwischen Ostsee und Breitling

Becker, Fokker F-27 Friendship

König, Die Bücker-Flugzeuge

Hengi, CRASH, Flugzeugunfälle 1945 bis heute

Becker, DC-10 (NARA-Typenbuch 1)

Becker, Saab SF 340 (NARA-Typenbuch 2)

Karras, Bunte Vögel der Bundeswehr (NARA-Typenbuch 3)

Becker, F-14 Tomcat (NARA-Typenbuch 4)

Becker, ATR 42 (NARA-Typenbuch 5)

Lenoir, SE 210 Caravelle (NARA-Typenbuch 6)

Grond, DC-9/MD-80 (NARA-Typenbuch 7)

Kappner, Lockheed L-1011 TriStar (NARA-Typenbuch 8)

Die Serie der NARA-Typenbücher wird fortgesetzt.

Gerne schicken wir auch Ihnen unseren ausführlichen Verlagsprospekt.

NARA-Verlag, Postfach 1241
D-85388 Allershausen

Heckhausen
Michael
Tristanstr. 18
82110 Germering
089/8417466